本书为国家社科基金项目"城乡生态连体结构建设的法律制度研究"（15BFX150）研究成果

# 城乡生态连体结构建设的法律制度研究

王　婷◎著

中国社会科学出版社

图书在版编目(CIP)数据

城乡生态连体结构建设的法律制度研究 / 王婷著 . —北京：中国社会科学
出版社，2022.9

ISBN 978-7-5227-0727-3

Ⅰ.①城… Ⅱ.①王… Ⅲ.①城市环境—生态环境建设—环境保护法—
法制—研究—中国 Ⅳ.①D922.684

中国版本图书馆 CIP 数据核字（2022）第 145842 号

| | | |
|---|---|---|
| 出 版 人 | 赵剑英 | |
| 责任编辑 | 梁剑琴 | 高 婷 |
| 责任校对 | 王 龙 | |
| 责任印制 | 郝美娜 | |

| | |
|---|---|
| 出　　　版 | 中国社会科学出版社 |
| 社　　　址 | 北京鼓楼西大街甲 158 号 |
| 邮　　　编 | 100720 |
| 网　　　址 | http://www.csspw.cn |
| 发 行 部 | 010-84083685 |
| 门 市 部 | 010-84029450 |
| 经　　　销 | 新华书店及其他书店 |

| | |
|---|---|
| 印刷装订 | 北京君升印刷有限公司 |
| 版　　　次 | 2022 年 9 月第 1 版 |
| 印　　　次 | 2022 年 9 月第 1 次印刷 |

| | |
|---|---|
| 开　　　本 | 710×1000　1/16 |
| 印　　　张 | 14.5 |
| 插　　　页 | 2 |
| 字　　　数 | 245 千字 |
| 定　　　价 | 88.00 元 |

凡购买中国社会科学出版社图书，如有质量问题请与本社营销中心联系调换
电话：010-84083683

# 目　　录

# 导　言

　　城与乡，不能截然分开；城与乡，同等重要；城与乡，应当有机结合在一起。

——刘易斯·芒福德（Lewis Mumford）

　　一直以来，城乡关系是我国社会结构中最为基础、最为重要的社会关系之一，城乡问题也是我国正在面临的最为严峻、最为棘手的社会问题之一。这一问题在每个领域都有所表现，并且其表现的状况处于不断地消长变化之中。近年来，城乡生态环境问题呈现日益突出的状况，城乡生态关系成为全社会最为关注的焦点之一。如何同步改善城乡生态、补齐农村生态环境建设的短板，真正实现蓝天白云、青山净水、整洁优美的城乡生态面貌，是城乡群众最为迫切的民生需求之一。在这样的社会背景下，重温刘易斯·芒福德在《城市发展史：起源、演变与前景》中所说的"城与乡，不能截然分开；城与乡，同等重要；城与乡，应当有机结合在一起"①，还有埃比尼泽·霍华德（Ebenezer Howard）在《明日的田园城市》中指出的："城乡各有其优缺点，只有城市—乡村才能避免两者的缺陷……城市和乡村必须成婚，只有这种'愉快的结合'才能迸发出新的希望、新的生活、新的文明"②，这些经典论述让作者别有感触、若有所思，仿佛文中揭示了解决现有城乡生态问题的真谛，即城乡在生态治理上"应当有机结合在一起"，应该首先在治理结构上予以完善，建构一种稳定的城乡间的生态连体结构，一体化解决当下割裂式、孤立式、碎片化治理带来的诸多城乡生态问题。

---

　　① 参见沈清基《城乡生态环境一体化规划框架探讨——基于生态效益的思考》，《城市规划》2012年第12期。

　　② ［英］埃比尼泽·霍华德：《明日的田园城市》，金经元译，商务印书馆2010年版，第6—9页。

# 一　研究背景与意义

## （一）研究背景

第一，受困于城乡生态失衡的严峻现状。党的十八大以来，我国生态文明建设取得了举世瞩目的成绩，获得了长足进步。在看到成绩的同时，也必须清醒地认识到，我国生态环境保护结构性、根源性、趋势性压力总体上尚未根本缓解，生态环境事件多发频发的高风险态势没有根本改变。尤其是当前经济社会发展面临的不确定性因素明显增多，生态治理面临困难和问题。党的十九大报告指出，我国社会主要矛盾已经转化为人民日益增长的美好生活需要和不平衡不充分的发展之间的矛盾。当前，破解城乡发展不平衡、不协调问题，依然是我国发展进程中的重大现实性命题。长期以来，我国二元化的城乡格局设计、管理方式，形成了城乡二元结构体系。我国城乡生态建设也同样存在明显的二元化倾向，在生态环境治理结构、功能、质量等方面存在不平衡现象，城乡环境建设差距不断拉大，这与全面建成小康社会的要求很不相称。

城乡生态连体结构是用来治理城乡生态环境问题的。随着治理对象即生态环境问题的演变，"倒逼"效应越来越凸显，治理结构也必须闻风而动，这是现实的需要，因为大自然"倒逼"城乡生态一体治理，与之相匹配的就要在治理结构方面寻求突破，建设与之相适应的城乡生态治理结构。所谓"倒逼"，就是指以目的来控制过程，以结果来规导行为，即以终为始、一以贯之。然而，要如何进行倒逼呢？就是把人类主观意志的相关行为强制到客观规律的轨道上来，以客观规律倒逼人类行为。如果放眼生态环境领域，就会发现这种"倒逼"无处不在，如人类认为可以"先污染后治理""边污染边治理""经济优先，环保在后"……后来发现，这些观念之下的行为不仅带来不可持续发展的风险，更重要的是一系列已造成的恶果是大自然在狠狠地教育人类，即必须要遵循客观规律也就是自然规律来对待大自然，来约束自我行为，这就是大自然对人类行为的"倒逼"。生态环境具有内在性，"倒逼"就是它的内在价值之一，近些年来，累积下来的生态治理"短路"行为，使得城乡生态治理形势依然严峻，一系列"倒逼"现象仍在以重拳敲打着我们，迫使城乡综合治理、整体治理。所以，研究如何建设城乡生态连体结构正好可以在内在结构方面弥补这一欠缺，改变原有以城市为中心的条块分割式的治理模式，就能从城乡发展二元化的失衡状态中脱离出来，按照自然规律对症下药，从结构上根除源于内在的症结，化分裂为一体，变失衡为均衡，将能彻底改变城乡生态治理的结构安排及走向，对相关治理行为具有启迪意义。

第二，源自城乡社会背景的深刻转变。随着经济社会发展，我国城乡发展一体化进程不断加快。生态问题和经济社会问题是同源同质的，在这种形势下，治理城乡环境污染、推进生态文明建设也需要统筹城乡，走环境共治之路。同时，城乡关系是社会关系中的一种，生态治理是社会行为中的一种，治理结构是社会结构中的一种，种种因缘之下，城乡生态治理结构也是深深受制于社会背景的，并随之而改变，否则就会变得不合时宜、应对不能，现有城乡生态治理中的弊端已是充分例证。而无疑，现在我国城乡生态治理的阶段、城乡关系认知的视角都已迥然变异，比如从注重城市的偏向治理时期逐步迈向城乡融合发展的治理时期，从发展优先到保护优先，从线性思维转向系统思维等，必然要研究与之相适应的城乡生态治理结构。

试以针对城乡关系及其生态治理的相关政策法规文件为例，就可窥见一斑。通过梳理与检视，可以相当清晰地发现这一背景的发展脉络及其指向，以及对城乡生态治理结构的现实意义。早在2002年党的十六大就提出统筹城乡发展，紧随其后，2007年党的十七大又提出城乡一体化，但困于实际，一直未能大幅度推动实质性进展。2012年，党的十八大以后城乡发展一体化成为党和国家的工作重心之一，开始加快推进步伐，党的十八大指出"城乡发展一体化是解决'三农'问题的根本途径"。2013年党的十八届三中全会提出形成"以工促农、以城带乡、工农互惠、城乡一体的新型工农城乡关系"。2015年中共中央、国务院发布《生态文明体制改革总体方案》，提出"坚持城乡环境治理体系统一"的改革目标，要求加大对农村地区生态环境保护工作的覆盖，将城市与农村的生态治理作为一个有机整体统筹规划与布局。2016年中央一号文件强调要"坚持城乡环境治理并重"。2017年，党的十九大明确要"建立健全城乡融合发展体制机制和政策体系"。2018年中央一号文件《关于实施乡村振兴战略的意见》强调要"坚持城乡融合发展"。2018年中共中央、国务院发布《乡村振兴战略规划（2018—2022年）》，提出要统筹城乡发展空间，推进城乡统一规划，完善城乡融合发展的政策体系。2019年中央一号文件《关于坚持农业农村优先发展做好"三农"工作的若干意见》提出城乡融合重在优先发展农业农村。2019 年中共中央、国务院发布《关于建立健全城乡融合发展体制机制和政策体系的意见》，提出建立健全城乡融合发展的五大体制机制。2020 年中央一号文件《关于抓好"三农"领域重点工作确保如期实现全面小康的意见》强调实现全面小康不能忽视农村生态环境治理这一短板。2020 年 3 月中共中央办公厅和国务院办公厅发布《关于构建现代环境治理体系的指导意见》，进一步提出坚持城乡融合发展。2020 年 10 月党的十九届五中全会公报再次强调城乡融合发展是必须要坚持的发展理念……应该说，这些发展脉络清晰地告诉我们城乡融合发展是大势所趋，是生态文明建设新的着力点和实施路径。基于社会背景的深刻转变，面向城乡融合发展的生态治理不会止步不前，不是一时权宜之计，而是切实符合城乡生态治理规律的长久之计，是有益于国家整体发展的政策策略，是提升生态环境治理体系和治理能力的必由之路，是生态环境保护工作推进的基础支撑，是生态文明制度体系的重要组成部分。在这样的情形之下，随着城乡生态治理背景的变迁、城乡关系认知视角的转换和城乡生态治理阶段的演化，与之相伴随的城乡生态治理结构也不是一成不变的，否则就会产生严重的不适应，极大影响城乡生态治理的成效，城乡生态治理结构必须予以修正。旧有结构无力应对，就应予以解构，建设新的生态治理结构，方能对城乡生态环境问题的治理施以结构性关怀，并通过有效的制度建设予以巩固和保障。因应这样的社会状况，研究城乡生态治理结构问题势在必行。

第三，源自治理现实的迫切需求。由于缺乏整体性的结构安排，城乡生态治理正陷入一个无法突破的结构性"瓶颈"。当前的城乡区域经济发展迅猛，生态问题和经济问题同源同质、伴生伴随，城乡一体化的结果必然导致城乡生态治理与环境保护的一体化，如何实现城乡融合发展的生态治理结构就是在这种背景下走进我们的视野。因为城乡生态治理中存在众多内生性问题，已有治理结构难以为继，必须要从内在结构方面寻找解决之道，而不仅仅是寻求外力，更不仅仅是投入更多的治理资金、研发更先进的治理技术所能完成的。

同时，在出现了城乡结构性矛盾和结构性症结的情形之下，也充分说明了已有治理结构不能胜任治理之道，而要调整结构性矛盾必须彻底修正旧结构，建设新结构。在城乡经济社会一体化背景下，城乡生态治理也走向一体化的方向，只有通过城乡协同治理才能解决城乡环境问题。城乡生态治理的本质就是突破传统的城乡二元化束缚，确立新的模式，协调城乡关系，突破传统的城乡并立的封闭分割式的生态治理体制，转向城乡整体治理、系统治理、多元治理。很显然，工作中要"既顾低头拉车，又顾抬头看路"，这样的带有城乡融合色彩的城乡生态治理才是我们要建设的，才能回应现实所需，与城乡生态问题的现状高度契合，适应了新型工业化、城镇化、一体化的发展趋势，将成为城乡生态治理的新方向。而如何建设这一全新的城乡生态治理结构？如何通过具体制度的构建来落实、维护、保障这一结构？治理实践中的问题如何传导到治理结构之中？如何通过这一结构来实现城乡生态环境领域的高度融合发展？等等，一系列问题都亟须深入研究，也正是这激发了我们极大的研究兴趣。

第四，源自理论层面的建设需要。除了自然层面上大自然"倒逼"城乡生态一体治理、实践层面上为实施有效生态治理提供结构支持以外，在理论层面研究城乡生态连体结构也是极具必要性的。城乡生态连体结构建设既是历史形成的机遇，又是现实必然的选择，也是一项全新的尝试，有许多理论问题亟须研究。因为结构建设是生态文明建设中的重要一环，在理论层面上对于治理结构的研究也是生态文明制度建设的重要组成部分，对城乡生态连体结构建设的研究将极大丰富生态文明制度理论。开展城乡融合发展的生态治理是全新的尝试，仅仅是一个开端、一种探索，还存在这一治理模式运行基础薄弱、立法安排不足、创新途径缺乏等诸多现实困难及障碍，最为关键的是需要找到切实可行的、高度匹配的治理结构来实施城乡融合发展，需要修正原有的城乡生态治理结构，以避免城乡融合发展理念无法落地、无处实施。这是现实所需和当务之急，是城乡生态连体结构建设的缘起，也是我们的研究意义之所在，即从理论上来探讨为什么要建设城乡生态连体结构？这一结构是什么？如何建设它？相应的法律制度有哪些？制度建设如何进行？等等，一系列问题都亟须在理论上厘清，以期为如何建设城乡融合发展的生态治理实践提供参考价值。

对于生态文明的理解应该随着时代而变，不能固化，对于我国的适用情形要随时审视，深化城乡融合发展阶段的生态文明建设新理论。比如，如何公平均衡地供给城乡生态福利？应该遵循怎样的环境利益分配原则？对于环境弱势群体如何实现矫正正义？如何体现环境正义是平衡分配环境利益和环境负担的根本目标和最终准则？如何理解城乡环境正义？环境正义的城乡结构性关怀是什么？意味着什么？等等，这些理论问题不能凭空解决，必须要在实践中进行思考、构建和检验才能形成，而城乡生态连体结构就是实践的基本场域，为丰富理论发展提供了素材、基础和支撑，所以研究如何建设这一结构有着理论层面的原因、意义和价值，深具必要性。现在正在进行制度文明建设，这也迫切需要建设全新的城乡生态治理结构，孕育新的治理制度，以满足制度建设的需要。结构建设的现实意义落脚在制度这一维度，可以在理论构建上找到生态文明与生态理性的契合点，将生态制度通过治理结构内化为生态文明体系组成部分的现实意义还在于，可以借由目的本身的不可回避性，克服对生态制度建设的忽视，以及对生态文明内涵的窄化。宏观发展全局中微观具体生态制度的缺失被普遍视为我国生态文明建设的主要问题，对建设城乡生态连体结构的研究正是从价值维度转向了制度维度，这也是由"规范外价值"向"规范内价值"转化的过程，[1] 以制度生成与发展的规律做指导，将城乡生态治理推进具体化、可操作化，释放"制度红利"。具体而言，在建设城乡生态连体结构过程中，将会孕育产生哪些制度？这些研究将极大地丰富和发展生态文明建设制度，构成生态文明制度的重要组成内容。

（二）研究意义

第一，本书有助于从结构上厘清城乡生态治理的症结所在。功能来自结构。现有的治理功能不彰源于治理结构不合理，应该从结构上予以调整，因为这一问题是内生性问题，是内在结构的不适应导致了治理功能无法发挥，导致了一系列症结。城乡之间的生态鸿沟是一个社会城乡差距的具体表现，是一种整体性的不平衡的发展结果。由于社会现实与法律条文之间往往存在着一定的差距，因此，要知道法律在社会上的实施情况是否有效，不仅要分析法律条文，还应注意法律的实效问题。而实效抑或功能来自结构，或者说取决于结构问题。由前文可知，城乡生态治理中面临着严重的结构失衡现象，即不是城乡一体化地进行城乡生态治理，而是长期以来城市"偏向"主义发展，农村生态建设、农民生态权益处于被忽视、被遮蔽的境况。由于这一结构性矛盾，带来了内生性问题，就必须要通过重构城乡生态治理结构才能得到彻底解决。如果仅仅从外围措施层面来试图解决现有城乡生态治理中的问题，不仅没有真正解决问题，反而会带来日益扭曲的结构性矛盾，并且随着时间推移，后果日益严重，治理成本日

---

[1] 陈海嵩：《国家环境保护义务论》，北京大学出版社 2015 年版，第 50 页。

益高涨。建设城乡生态连体结构既是历史形成的机遇，又是现实必然的选择，研究这一结构无疑是抓住了核心问题。

第二，本书有助于从理论上对这一全新的城乡生态治理结构进行较为充分的梳理。实践中需要新的城乡生态治理结构，那如何从理论上回应并予以支持和指导呢？通过查找比对，剖析城乡生态治理中的正面效应和负面影响，认为解决当前困境唯一的出路在于打破城乡二元化格局，重新予以构建城乡关系，二者应有合理的生态布局，形成互补制约的生态空间结构。因此，建立和优化城乡生态连体结构极其重要，这是城乡发展一体化的应有内涵，也是本书研究的理论基础。在进一步的研究中，我们对城乡生态连体结构进行了较为充分全面的理论梳理，包括这一结构建设的缘起，以及因为城乡生态治理背景的变迁、城乡关系认知视角的转换、城乡生态治理阶段的演化所带来的城乡生态连体结构的社会建构性，认为建设城乡生态连体结构是必然的要求，也是现实的选择。在此基础之上，还探讨了城乡生态连体结构的概念界定、本质属性、功能特点、理论基础、建设原则等内容，有助于帮助提升治理效能。总体上，对城乡生态治理理论有所拓展和深化。

第三，本书有助于从制度上实现供给侧结构性改革的目标。"各种制度是生态环境治理的'工具箱'。用好制度的工具箱，运用多元化的环境治理工具，通过社会化的环境治理实践，达致协同一致的城乡生态治理目标。"① 任何一项法律制度的建立都离不开一定的社会背景，具有一定的目的性。德国法学家鲁道夫·冯·耶林（Rudolf von Jhering）指出："目的是全部法律的创造者。每条法律规则的产生都源于一种目的，即一种事实上的动机。"② 在研究过程中，我们力求对如何建设这一城乡生态连体结构从制度层面进行构建，以此实现一定的目的性，即带来城乡生态治理的确定性，避免治理中的模糊性；带来城乡生态治理的稳定性，避免治理中的易变性；带来城乡生态治理的权威性，避免治理中的随意性。通过对制度供给的研究，加大治理效能的转化，带来制度层面的供给侧结构性改革。

---

① 马可：《文明演进中利益衡平的法律控制——兼论通向生态文明的法律理性》，《重庆大学学报》（社会科学版）2010 年第 4 期。

② ［美］埃德加·博登海默：《法理学：法律哲学与法律方法》，邓正来译，中国政法大学出版社 1999 年版，第 109 页。

　　第四，本书有助于从实践上满足生态治理体系和治理能力现代化的要求。随着社会发展，如何推进治理体系和治理能力现代化成了新的建设目标，在生态环境领域更是迫切需求，因为这是整个社会发展中最为突出的"短板"之一，也因为这是抓住了治理中的关键环节。党和国家多次下文部署和推进，并制定相关路线图和时间表。而要想达致现代化的城乡生态治理，要有建设的结构依托，要有治理的路径依赖，要有基于自然的解决方案，也要有多重功能的集大成者，否则在哪里实现呢？如何实现从要素性治理到功能性治理再迈向结构性治理的飞跃？城乡生态治理是社会实践，需要一定的结构支持才能进行下去。为了解决对现实问题的应对不能，能有效地实施城乡生态治理，必须要建设与之相匹配的生态连体结构。建设城乡生态连体结构是完善生态治理体系和治理能力的促进机制，是生态治理中最核心的中间环节，它提供结构载体，承上启下，作为不能缺失的重要一环连接宏观与微观，大力推进城乡生态环境共治。城乡生态连体建设强调城乡之间分工协作，优化资源配置，规范开发秩序，控制开发强度，发挥城市对农村的辐射带动作用，形成城乡之间高效、合理、可持续的空间格局，提高生态体系的运行效益与效率。生态系统的整体性决定了生态治理必须城乡协同、多元共治，不能违背自然生态规律割裂治理，需要坚持城乡联防联控联治，坚持城乡生态环境一体规划，山水林田湖草沙综合治理，充分发挥综合治理的协同效应和共治效应，形成改善城乡环境质量的整体效果，发挥治理效能。城乡生态连体建设打破行政区划和层级障碍，总体规划城乡发展与产业支撑、就业转移和人口集聚，促进城乡要素平等交换和公共资源均衡配置，实现环境监测和生态治理城乡全覆盖，强化产业发展"绿色化"布局，统筹考虑城市利益和乡村利益、经济利益和生态利益、局部利益和整体利益、当前利益和长远利益，推进形成资源节约、环境友好和生态保育的城乡生态结构。这决定了城乡生态治理必须在系统内部整体进行，不能割裂式治理。单一要素的环境治理不能解决当前结构性的、复合型的区域环境问题，只能进行多要素综合治理。就治理效率而言，有限的管理资源也难以应对数量庞大的环境污染项目。城乡一体规划要求统筹资源用于城乡整体生态质量提高上，在考察城乡区域整体生态基础之上制定规划并予以实施，既提高治理效率又节约治理成本。由此可见，建设城乡生态连体结构首先是在结构上顺应了自然生态规律的调整，理顺了城乡关系，随之在反哺机制上进行了更新，摒弃了旧有的不合理的以乡哺城机制，代之以城哺乡的新机制，然后部署优先发展农业农村，将增量投向农村，加快补上资金缺乏、设施不足、能力不强的短板，通过带动、扶持和辐射，农村加速实现生态治理现代化，实现城乡环境质量同步稳定提升。而本书聚焦于城乡生态连体结构建设制度，深入探讨治理结构优势如何转化为治理效能，无疑是对完善生态文明制度体系、推动生态治理体系和治理能力现代化这一重大社会命题的回应和关切。

## 二　研究思路与框架

### （一）研究思路

本书从城乡生态治理现状着手，找出现存的主要问题，即城乡生态治理中存在内生性问题，出现结构性矛盾，分析背后的原因，以此作为逻辑起点，提出构建融合发展的城乡生态连体结构应是未来城乡生态治理的重要走向。在研究当前关于生态治理结构各种观点的基础上，按照生态环境系统理论整合得出城乡生态连体结构的相关概念，阐释这一结构的本质属性、功能特点、理论基础等规范内涵，分析构建城乡生态连体结构的现实价值及其对生态环境治理产生的重要影响，进而构建具体的在城乡生态连体结构下的法律制度。重点研究城乡生态治理结构的社会建构性和具体建设制度的内容，主要在以下几个方面展开：城乡生态连体结构建设的缘起、城乡生态连体结构建设的规范内涵、理论基础和内在遵循，以及具体制度的生成与演进。总体而言，循着介绍现状→提出问题→分析原因→寻找路径→理论依据→构建制度的思路进行。为达到研究目的，综合运用了比较分析法、历史分析法、价值分析法、系统分析法等多种研究方法。

在沿袭上述研究思路过程中，有几点需要特别指出：

第一，遵循问题意识展开研究。在探讨城乡生态连体结构建设的法律制度过程中，始终围绕是什么、为什么、怎么办的问题意识展开研究，并且在每个牵涉的具体问题中都遵循这一研究思路。

第二，注重过程导向推进研究。一是注重事物发展过程的推演。如在研究"城乡生态连体结构建设的缘起"时，从城乡生态治理背景的变迁、城乡关系认知视角的转换、城乡生态治理阶段的演化三个方面进行城乡生态问题发生过程的推演，从而得出结论：这一问题是结构性的，是内生性的，是社会建构性的，所以从必要性、可行性两大方面提出必须要建设城乡生态连体结构。即在研究中，从过程角度出发，注重过程导向。二是注重事物建设过程的探讨。在提出了一种新观点、一种解决办法，即应该建设一种全新的城乡生态连体结构之后，就如何建设，即整个建设过程从建设目标、建设原则到具体制度的生成与演进都进行了探讨，整个研究没有停留在概念之上，而是向前推进一步，让"概念"（城乡生态连体结构）如何"落地"（结构建设的法律制度），即注重过程导向，使得研究向内挖掘更具纵深感。

第三，通过目标指引聚焦研究。关于城乡生态问题的研究展开有很多种，如果不聚焦，很容易导致研究偏向散、泛、空。本书研究目标非常明确，即从结构角度查找问题、分析问题、解决问题，紧紧围绕目标进行，不随意延展和旁移。如建设这一结构理论基础的选取、建设基本原则的确定、建设具体内容的安排，都是紧紧围绕如何从结构角度解决城乡生态治理问题、如何进行制度建设予以实施和保障的角度来展开的。

（二）研究框架

本书研究总体框架如图 0-1 所示。

关于这一框架图，有如下几点说明：

第一，本书从提出问题作为探讨的逻辑起点，即为什么要建设城乡生态连体结构，建设的缘起是什么？在这里，研究中探讨了三个方面的因素，分别是城乡生态治理背景的转变、城乡关系认识视角的转换和城乡生态治理阶段的演化，因为这些因素会决定城乡生态治理的结构，这一结构从来不是自生自发的，必然是有着外在强烈的形塑色彩，所以，在提出问题的同时要分析结构之后的种种建构性因素，最终可以推导出城乡关系是社会建构的，生态治理是社会建构的，城乡生态治理结构具有社会建构性。

第二，在此基础之上，指出思考方向，即原有的城乡生态治理结构是二元化的，适应了当时的社会背景，其实这也是一种社会建构，只不过斗转星移、时代变迁，已经难以为继，不足以应对现在的城乡生态环境问题，甚至按照原有建构会愈演愈烈，因为有些问题恰恰是这一结构衍生而来的，也就是说已经产生结构性症结，所以必须要建设新的城乡生态治理结构，这一新结构必然以破除城乡生态治理中的二元结构为出发点，消除城乡环境剪刀差。

第三，有解构就有建构，在前文分析之后，新的城乡生态治理结构可

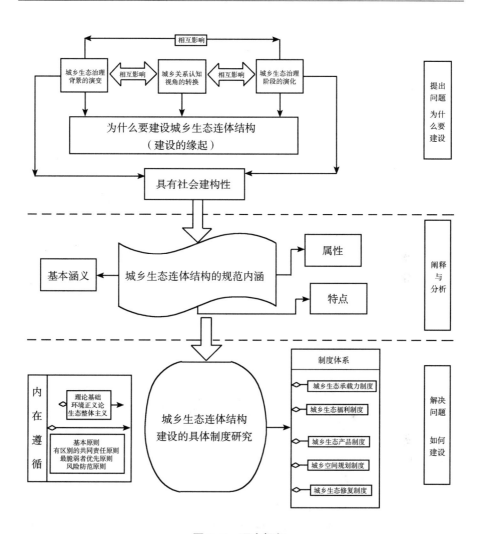

**图 0-1　研究框架**

以说是应运而生了，是基于必然的要求和现实的选择，笔者把这一结构称为"城乡生态连体结构"。循着对其规范内涵的分析，在了解了这一结构是什么之后，进一步明晰结构建设的重点与难点，在阐释与分析中逐步深入具体建设的内在遵循，即探讨建设这一结构的理论基础和基本原则，以此来指导具体制度的生成与回应。

第四，来到本书的最终落脚点——城乡生态连体结构建设的法律制度。它包含哪些制度？是否构成制度体系？如何体现制度的体系观照？基于什么样的理由选择这些制度？这些制度对于构建城乡生态连体结构发挥什么功能及导向？制度建设的标准与要求是什么？制度建设的具体内容是什么？等等，这既是在解决问题，回答应该如何建设这一结构，也是探讨逻辑的终点，整体上形成从为什么、是什么到怎么办的研究思路。

### 三　可能的创新之处

在研究过程中，笔者一直聚焦于从结构层面看待城乡生态治理中存在的症结，并力图沿袭这一视角，在结构方面探讨如何解决这些深层次的内生性问题，并着重在相应制度建设及保障上进行了较为全面的设想。由此而来，研究中的创新之处主要包含以下几个方面：

第一，从治理结构视角研究城乡生态治理中的问题所在。分析城乡生态治理的文章林林总总，也都谈到要把城乡生态治理融入城乡一体化之中，那么如何融入？城乡生态治理暴露出来的问题通过什么手段予以根除？而不是就治理而治理，为治理而治理。这都要回到问题的本源，即城乡生态问题是结构性问题，原有城乡生态治理结构是割裂式、二元化的，在新的社会发展阶段难以为继、应对不能，只有从内在结构方面找出症结，建设全新的城乡生态连体结构，才能找到城乡融合的结构依托、城乡一体化的实施载体、城乡生态治理的现实路径，才是符合城乡关系的时代产物。并且，从治理结构视角分析问题，还能向内发力，从内在结构方面找准内生性问题，有利于构建城乡互补共生关系。从结构上落实城乡共建共享格局，也较具创新性。和谐社会是城乡共建共享共生共荣的社会，建设城乡生态连体结构可以搭建实现的平台，即从结构上落实这一格局，以免落空。

第二，指出城乡生态治理结构具有社会建构性。治理结构至关重要，但从来不是自生自发、自由生长的，比如城乡生态治理背景的转变、城乡关系认识视角的转换和城乡生态治理阶段的演化，都会决定城乡生态治理的结构，是决定性的形塑因素。城乡关系是一种社会关系，环境问题是一种社会问题，生态治理是一种社会治理，治理结构更不用说是一种社会结构，所以不管是静态观察还是动态审视，城乡生态环境问题及其治理都与社会结构、社会阶段分不开，带有浓厚的社会色彩，都受到社会制约，都是在一定社会条件下形成的，甚至某种程度上是社会因素决定的。正如城乡生态环境的产生、恶化早已不再是源于单一的不当行为，而是生活、生产、生态三种不当行为的叠加，城乡生态治理结构也是各种社会因素的共同作用，是社会塑造出来的模型，是社会建设出来的结果，即城乡生态治理结构具有社会建构性。也正因为此，城乡生态连体结构就是一种有意识的社会建构，以力图破解城乡二元结构在生态治理领域的弊端，用具有城乡融合发展内涵的连体结构来应对新时期的生态环境问题。建设城乡生态连体结构是社会发展必然的要求，具有建设的必要性和建设的正当性。建设城乡生态连体结构是当今社会现实的选择，具有建设的可行性和建设的效益性。

第三，较为系统地梳理了城乡生态连体结构的规范内涵。本书提出要构建一个全新的城乡生态治理结构，所以对这一结构的阐释与解读也相应具有一定的新意。城乡生态连体结构"并非法教义学意义上的法律概念，而更多地作为一个描述性、开放性的概念"①，是关于城乡生态治理结构的总称，是一个包含城乡生态治理中的城乡关系历史观、城乡伦理观、城乡生态福祉观、城乡生态产品观等内容的复杂结构。它改变了以城市为中心的固有模式，环境要素、自然资源、生态服务等在城乡之间一体配置，组成城乡整体生态系统的各部分协调发展，形成相互融合、相互依托、相互促进的城乡生态治理新构造类型。这一结构是"城乡"的，强调城乡兼顾以城带乡和优先发展农业农村；这一结构是"连体"的，注重城乡同构、差异定位。它是"结构"性的，强调要素融合与人的融合，是城乡利益共同体与责任共同体，是多重功能的集大成者，即通过结构的改造与重塑来解决城乡生态治理中的二元化结构现象，实现城乡共生共建共享共荣。

第四，在建设城乡生态连体结构的内在遵循方面提出了一些新观点。在定义了城乡生态连体结构规范内涵的基础上，本书提出了建设这一结构的内在遵循，即理论基础与基本原则。因为建设这一结构的初衷就是破除城乡二元结构和弥合城乡割裂治理，所以建设的理论基础应是环境正义论和生态整体主义，建立在这些理论基础之上的城乡生态连体结构体现了一种结构性关怀。而要想实现建设初衷，就要遵循"历史与现实的统一：'有区别的共同责任'原则""城乡环境权益的倾斜性配置：'最脆弱者优先'原则""安全比后悔好：'风险防范'原则"，这些基本原则将创新性地运用在城乡生态连体结构建设之中，能较好地指导城乡生态治理。

---

① 陈海嵩：《国家环境保护义务论》，北京大学出版社 2015 年版，第 51 页。

　　第五，设想了城乡生态连体结构建设包含的制度体系，在制度构建层面有所创新。必须要依赖相应的制度才能建设这一结构，并且不是单一的制度，而是一个制度群，是形成重在体现协同性和整体性的制度体系框架。这一制度体系包含城乡生态连体结构建设的特有基本制度，主要包括城乡生态承载力制度（解决城乡生态利益确定问题）、城乡生态福利制度（解决城乡生态利益供给及分配问题）、城乡生态产品制度（解决城乡生态利益产生及循环、交换问题）、城乡生态修复制度（解决城乡生态利益修复问题）、城乡空间规划制度（解决城乡生态利益分布问题）。这些制度中既有诱致性制度，也有强制性制度；既有协调性制度，也有供给性制度；既有预防性制度，也有控制性制度与补救性制度。这其中既有制度的变迁，也有制度的创新。这些制度结合起来，依据可供性与可及性的标准予以建设，共同发挥"制度红利"，实现制度的规范价值，完成从事理到法理的转变，适应城乡生态治理结构变化的要求，促进城乡生态治理体系和治理能力现代化，建成城乡生态连体结构，达致城乡基本生态公共服务的平等供应和便捷享有。

# 第一章　城乡生态连体结构建设的缘起

在环境哲学的视野中，"生态"是一个主客体一体化的范畴，"生态"是"与自然和周围事物相关的概念，表示对自然和人类的关怀，生态是一种关系，是去中心化的"①，生态以客观存在的自然界为基础和核心。在实践运用中，生态、生态环境、环境之间未作严格区分，本书亦遵从这一约定俗成的使用。人类在生存发展中离不开生态，会对生态进行各种干预，这些可以称为生态治理，而治理是要依从于结构的，并且治理效果也受制于结构状态，所以治理结构是生态治理中至关重要的依托和环节。城乡生态治理也不例外，而且由于城乡生态治理不是城市内部治理，不是乡村内部治理，是城与乡作为整体来进行治理，就更加需要探讨治理结构问题。加之，现在生态文明建设的深入开展，全面小康社会建设、乡村振兴等一系列大政方针的进行，城乡生态治理日益受到关注，那么作为建设载体的结构问题亦越发重要。因此，本书试图梳理我国城乡生态治理结构的演变，从社会建构性角度讨论城乡生态连体结构建设的缘起与缘由。

## 第一节　城乡生态治理结构的演变

生态系统是一个复杂的网络，其复杂性主要指生态系统结构和功能的多样性、自组织性及有序性，所以人们认识、了解、治理生态系统是一个渐进的过程，是一部逐步深入、不断校验和纠偏矫正的发展史。我国的生态治理起步较晚，受制于不同的发展阶段和当时的治理理念，城乡生态治理结构也带有鲜明的时代特色。在社会转型阶段，在生态文明理念大力倡导之下，这一结构也处在演变之中。

---

① 刘茜：《生态福利法律制度研究》，法律出版社 2019 年版，第 12 页。

## 一　城乡生态治理背景的变迁

随着社会发展，城乡互动治理频率增强且形式逐渐多元化，城乡发展在生态治理中也随之进一步地交融互通与彼此借力，这是因为生态所具有的公共性和关系性，生态的这些特性影响范围深远，后果复杂广泛，这就是城乡生态治理变迁的大背景。

### （一）从发展优先到保护优先

生态文明理念的提出及践行，就是把生态环境保护放到前所未有的突出地位，从发展优先过渡到保护优先。因为生态系统是唯一的，自然环境是极其珍贵的，是独一无二的存在，"用之不觉，失之难存"[1]，所以"要像保护眼睛一样保护生态环境，像对待生命一样对待生态环境"[2]。可持续发展首要的是生态可持续了经济社会才能发展。可持续性必须要从生态、经济和社会三个层面考虑，涉及生态层面的有效性、经济层面的效率性以及社会层面的公平性。[3] 三者之间是有紧密联系的，从不同层面来界定着可持续性的内在要求，虽然不能说某一方面具有绝对性地位，因为三者缺一不可，否则就是不完整的可持续性，但仍需强调的是，即便没有绝对性与唯一性，但很显然生态有效性是具有基础地位和前提角色的，所以生态保护应该居于优先地位。

正是上述理念的不断更新，在现实中也日益体现出一系列保护优先的举措。从提出"既要金山银山，也要青山绿水"，到"宁要青山绿水，不要金山银山"，再到"青山绿水就是金山银山"的重要论断，这一步步的演进过程把生态环境及其保护的地位逐步提升，随之而来推行的各地实践如火如荼，这些行动都昭示了生态环境保护的重要性，并日益被放到优先考量的地步。

这一从发展优先到保护优先的生态治理背景的变迁，在环境基本法的修订历程中也有明确的体现。2014 年《环境保护法》修订，第 4 条修改

---

[1]　中共中央宣传部：《习近平总书记系列重要讲话读本》，学习出版社、人民出版社 2016 年版，第 234—235 页。

[2]　中共中央宣传部：《习近平总书记系列重要讲话读本》，学习出版社、人民出版社 2016 年版，第 234—235 页。

[3]　［德］克劳斯·鲍斯曼：《只见树木，不见森林：环境法上的还原主义》，张宝译，《南京工业大学学报》（社会科学版）2019 年第 4 期。

为"经济社会发展与环境保护相协调",而之前的立法表述为"环境保护与经济社会发展相协调"①,这绝不仅仅是语序的简单调整变化,而是从"发展优先"到"保护优先"的重大转变,也就是通常所讲的从"又快又好"变成了"又好又快",更加重视生态保护的优先地位和基础作用,更加注重发展的质量,即建立在保护优先之上的经济社会发展,也就是走绿色发展之路。这一转变让绿色不仅是大自然的底色,也使绿色成为发展的根本属性。

从发展优先到保护优先这一生态治理背景的转换,不是从一个极端到另一个极端,不是环保绝对化,而是在保护生态环境基础之上仍然要致力于经济社会发展,要把生态文明这一理念和环境保护这一行为贯穿于社会发展全过程,"五位一体"融合汇通式发展,并且环境保护可以产业化,绿水青山也是金山银山,生态优势可以转化为经济优势,是真正从根本上、结构上认识二者之间的辩证关系。协调与平衡这两者之间的关系,需要更好发挥法律与政策相互协调转化的优势,完善生态环境与经济社会发展的综合决策机制,将各种因素综合考量,防止单一化、片面化决策,在时机成熟时将综合决策的途径、方式、责任与后果等用法律制度固定下来,通过执行法律确保"保护优先"没有落空,确保生态环境因素切实纳入经济社会全盘统筹,从源头实现可持续发展。

(二) 从被动应对到主动调整

长期以来,我国一直处于高速发展之中,取得了举世瞩目的成绩,但这种高速发展是建立在高消耗、高投入、高污染之上的,是难以持续发展的,如前所述,我国的治理理念也一直是发展优先,生态环境保护是放在其后的,环境保护工作是用来同经济建设和社会发展相协调的,是为经济社会发展服务的,对发展中出现的生态环境问题是被动应对的态度,出现问题再治理,甚至个别情形之下先污染再治理,没有出现问题就不会主动进行调整。这使得我国的生态承载力日益逼近极限,环境问题层出不穷,环境治理疲于应付,经济社会发展也难以为继,整体发展极有可能陷入被动、停顿之中,甚至可能带来不可逆转的灾难性后果。为此,举国上下开

---

① 1989 年《环境保护法》第 4 条规定:"国家制定的环境保护规划必须纳入国民经济和社会发展计划,国家采取有利于环境保护的经济、技术政策和措施,使环境保护工作同经济建设和社会发展相协调。"

始思考我们需要什么样的发展，什么样的生态环境能够支撑这样的发展，我们需要采取什么样的态度应对生态环境问题。痛定思痛之下，开始转变思路，从被动应对到主动调整，从末端治理到防患于未然，从应对处理到调整预防，从无序发展到统筹协调。为此，国家环境立法中制定了一系列主动调整型的原则、机制与制度，如预防为主原则、资源环境承载力监测预警机制、环境影响评价制度等，在相关法律的遵守与执行中，城乡生态治理的背景亦随之发生改变。

（三）从"为城市立法、为污染立法"到"为城乡立法、为污染防治与生态保护立法"

因为我国长期实行城乡二元化的发展模式，城市偏向主义表现突出，再加之最早的比较大规模的环境污染主要都发生在城市，所以，最初的环境立法基本上是为城市立法，特别是为城市的污染防治立法，很少会专门涉及农村、农业、农民，没有给予其应有的立法考量和法律地位，主要围绕规制城市污染防治和企事业单位的污染行为建立规范体系，环境立法内容上的不均衡性和不充分性、形式上的不平等性和不对等性表现明显。随着环境污染从城市逐渐蔓延到农村，农业农村污染问题日益严重，农民环境权益受到关注，我国逐步转变为从"为城市立法"到"为城乡立法"，从城市主义到整体主义，从城市至上到城乡一体考量，相关立法中农业农村生态治理所占比重越来越大，甚至有特有的关注部分，如农村人居环境整治等。

另外，受制于对生态环境问题的认知水平，很长时间里我国一直秉持以污染防治为中心的认知模式，这带来了社会上对环境问题及环境立法的认知局限：环境问题即环境污染，环境法即污染防治法，环境污染只有城市才有、工业才有。所以当时只有"为污染立法"。以污染防治为中心，就是哪里有污染，就在哪里治理，是一种典型的分而治之，且是点源治理、浓度控制的方式。从1973年我国首次制定环境保护的规范性文件开始，一直到1979年制定的《环境保护法（试行）》和1989年制定的《环境保护法》都没有树立"大环保"的理念，规制对象局限于"防治环境污染和其他公害"，所以被称为"小环保法"。后来，逐渐意识到污染防治只是生态环境治理的一部分，认知模式由此发生转变，在2014年新修订的《环境保护法》扩充了立法范围和内容，不仅"防治环境污染和其他公害"，而且还"保护和改善环境"，从以污染防治为中心到兼以生态治理为中心，从"为污染立法"到"为污染防治与生态保护立法"。与以污染防治为中心相比，以生态治理为中心就是一种融合发展，因为生态与治理密不可分，所以这一认知模式带来的治理模式必然是一体的，表现在此即为城乡一体、城乡融合，且是面源治理、总量控制，采用生产、生活、生态三者融为一体的"三生"模式。

可见，我国的生态治理逐步发展到从城市到城乡，从环境要素到生态整体，即使是环境要素治理，也是城乡整体性地环境要素治理。现行环境立法，规制对象从城市、企业到经济社会可持续发展，立法价值取向从控制城市工业生产中的废水、废气、废渣到生态文明建设。随着国家环境保护战略经由"消除污染、保护环境"——"环境保护与经济建设协调发展"——"科学发展观"——"绿色发展"的不断进步，特别是 2014 年新修订的《环境保护法》的实施，实现了从污染防治到公众健康、从发展优先到保护优先、从对环境资源的单一保护到五个文明建设统筹协调的价值取向根本转变。[①]

（四）从单一政府监管到多元主体共治

囿于发展阶段的局限，以及治理手法的不成熟，我国早期对于环境治理主体的认识比较局限，认为主要应该是政府采取监管职能，没有注重调动社会力量参与生态治理活动中。这不仅导致政府疲于应对治理效能不高，过于倚重行政手段，引发治理失灵现象，还会压制社会治理热情，不利于全民共治、公众参与等机制的建立健全，不利于环保意识的增强、环保产业的壮大、社会资本的进入、环保组织的培育等。"伴随着政府改革、市场开放和社会建设三驾马车的协同并进，中国的治理实践在观念、方式、样态多个维度发生了深刻转变。在此背景下，针对'公共问题的复杂性和互赖性'，整合多种途径'以寻求具有合理性与妥适性的解决方案，并贯彻提升其执行能力加以处理'，无疑已成为当前治理革新及其规则系统更新的主要任务。"[②] 改变单一的政府监管模式也在环境基本法和单行法中多有体现，现在的突出问题是如何落实和推动，最主要的是要拆除各种体制机制障碍，在施行结构上予以流畅化，给予结构上的保障。

---

① 吕忠梅、吴一冉：《中国环境法治七十年：从历史走向未来》，《中国法律评论》2019 年第 5 期。

② 杜辉：《公私交融秩序下环境法的体系化》，《南京工业大学学报》（社会科学版）2020 年第 4 期。

所以，生态环境治理已经从从单一政府监管到多元主体共治，进入多主体治理、多方式治理时代。随着城乡互动治理频率增强且形式逐渐多元化，城乡在生态治理中也随之进一步地交融互通与彼此借力。在城乡交融秩序之下，可以从城乡的规范交错、多元利益关系结构的识别、行为互动与责任分层、工具的叠加与选择等互动焦点出发来把握生态环境治理变迁的主线，通过"权力—权利"谱系的塑造推进城乡生态治理权的精准配置，利用联结制度将市场机制、社会机制嵌入城乡机制，走向政府、企业、社会多元主体共治状态。现行环境立法中，公众参与机制、社会组织参与环境公益诉讼模式等，都是很好的多元共治途径，环境法也一步步由"监管法"变为"共治法"，多元共治色彩日益浓厚。

## 二　城乡关系认知视角的转换

上述的城乡生态治理背景的变迁，既有客观性因素，也有主观性因素。这个主观性因素最直接的根源在于对城乡关系认知视角的转换，在于看待城乡关系的认知模式发生变化，而城乡关系认知源于社会结构视野，是基于对不同社会结构视野中的生态环境问题的认识与解决，因为"城乡关系并不是传统社会学研究的基本范畴，它实际上是通过对一定社会中的经济结构、政治结构和社会层面的分析后进行的一种再分类。城乡关系的变迁是我国'社会转型'研究的一个重要视角"①。而 1949 年中华人民共和国成立以来，我国最重要的社会结构是城乡二元化体制，由此形成的城乡关系也是二元化的，城乡二元差异也是造成一系列城乡发展不均衡、城乡不正义现象的最深层次的原因，也是影响全面小康社会建设最大的障碍，在生态环境领域也不例外。为此，近些年来国家一直致力于消除城乡二元化发展差异，大力推进城乡一体化发展战略。这些正是本书所探讨城乡关系认知视角转换的背景和原因。

（一）总体变化

要实现我国整体可持续发展，必须重塑城乡关系，摒弃"割裂式""二元制""碎片化"等诸如此类的陈旧观念，走城乡融合发展之路。正如《乡村振兴法》第 8 条所规定的，"建立健全城乡融合发展的体制机制

---

① 吕忠梅主编：《超越与保守：可持续发展视野下的环境法创新》，法律出版社 2003 年版，第 172 页。

和政策体系，推动形成工农互促、城乡互补、全面融合、共同繁荣的新型工农城乡关系"。所以，"融合"二字是生态文明时代城乡关系的新发展和新定位，它包含以下含义：

第一，城乡共生状态决定了融合发展。在城乡关系之中，首先要认识到无离开城市之乡村，也无离开乡村之城市，城市和农村要打通，污染防治和生态保护要贯通。城、乡的局部利益是建立在城乡社会整体利益之上的。城乡是有机地融合在一起，而不只是简单地聚合在一起，这同时意味着人们对更高层次生态安全状态的需求。生态人、生态理性模式预设下的协调城乡关系的规则，以可持续发展为最高指导思想，反对所谓的"中心说"（以城市为中心），主张以整体、系统、多维的视角看待城乡关系，力图构建城乡和谐共处的可持续发展的秩序。

城乡生态治理中突出的环境区际不公、环境群际不公，是我国的社会结构引发的外在表现，是一个动态的、涉及多层次的问题，是我国现代社会本身的一个深刻的结构性危机。在这场变革中，我国所面临的问题可以概括为分化和失范，在生态环境治理领域也表现得非常充分，即城乡视野分化、生态秩序失范。正因为以前的目标和路径之间存在离合，处于分裂状态，应该从二元治理走向融合一体。城乡是一种共生状态，融合性发展正中肯綮，这是一种内生性诉求。

第二，城乡发展需要融合。反思中华人民共和国成立后的发展历程，不容回避的现实是我国工业化、城镇化、现代化的发展成就中有相当一部分是来自农业、农村、农民的长期无私巨大的奉献，城乡发展形成了巨大的鸿沟，城乡差距明显。这种情形再也不能延续下去了，所以，如何破解城乡二元结构是当下最为艰难和迫切的现实性命题，城乡二元结构既是城乡经济社会发展不平衡不协调的原因，又是这一发展模式的结果，唯一的解决之道就是城乡融合发展，这不是一道选择题，这是唯一正解。基于社会发展，党的十九大提出我国社会主要矛盾已经转化为人民日益增长的美好生活需要和不平衡不充分的发展之间的矛盾，这一问题的集中表现之一就是城乡区域发展差别。国家通过优先发展农业农村、实施乡村振兴战略，目的在于消除城乡剪刀差，补齐填平发展短板，建构平等和谐、共生有序的新型城乡关系，根除以往失衡的具有依附性和从属性的城乡格局，改变以往的以城市为中心的发展模式，城乡统筹共进。所以，城乡融合发展能够充分满足当下的现实需要和乡村振兴的战略远景。

随着城乡互动治理频率增强且形式逐渐多元化，城乡在生态治理中也随之进一步地交融互通与彼此借力。"合"是指城乡"合二为一"，一体建设，建设城乡生态共同体、城乡发展融合体。"'融'即城乡要素的融合发展，而融合发展既是城乡协调发展的核心要求，也是促进乡村全面振兴的有效路径。在城乡分割的二元体制下，城乡要素不仅难以融合，而且是各行其道、渐行渐远。'融'能够克服虹吸效应和掠夺行为，形成城乡互补、工农互促；'融'能够拓展新模式、开辟新空间，也能够形成新格局、实现高效应。随着城乡二元结构的逐步消除，要深入推进城乡各方面和各要素的融合发展。"①

第三，城乡结构转型带来融合发展。城乡是非常重要的社会结构，我国的社会结构正处在转型时期，这也构成了本书的基本研究背景。社会转型是"一种整体性发展，也是一种特殊的结构性交动，还是一种数量关系的分析框架"②。"一方面，原有的结构性失衡现象继续存在，另一方面，又产生了新的结构性失衡现象。"③ "不仅是社会分层结构的变化，而且还表现为人口的城乡结构、文化的深层结构以至意识形态的多元化等社会全面的结构性变化。"④ 城乡生态环境问题是社会问题中的一种，"当代中国环境问题在一定程度上是特定环境状况与特定社会过程交互作用的产物，换句话说，环境问题在一定程度上是经由转型期的特定社会过程建构的"⑤。随着社会发展，城乡也处于不断转型之中，最大的转型就是从城乡二元化转型为城乡一体化，这就使得如何实现城乡"同"构、城乡"统"筹、城乡"融"合成为空间规划中要面对的最重要最艰巨的问题，如何克服空间规划中的各自为政、不开放、不透明、不共享、不公开现象迫在眉睫，解决方案只有一个，唯有融合发展方能统领这些问题的解决，满足城乡转型发展的内在需求。以推行"多规合一"的空间规划制度为例，其功能主要是防止国土空间的功能失调或退化，从规划角度对国土空间进行结构优化，并指导改造建设工作，以提高国土空间的效率、品质和

---

① 范恒山：《推进城乡协调发展的五大着力点》，《经济纵横》2020 年第 2 期。
② 李培林：《另一只看不见的手：社会结构转型》，《中国社会科学》1992 年第 5 期。
③ 宋林飞：《观念、角色、社会结构的三重转换》，《江海学刊》1994 年第 2 期。
④ 李钢：《中国社会转型与代价选择》，《社会科学辑刊》2000 年第 1 期。
⑤ 洪大用：《试论环境问题及其社会学的阐释模式》，《中国人民大学学报》2002 年第 5 期。

整体功能。其主要目标和内容是基于从生态整体主义中发展出的空间整体主义，用以调整人地关系，改善国土空间品质，促进城乡可持续发展。[1] 围绕城乡生态连体结构建设，城乡一体规划也能协调"条块"关系，利用城乡一体规划撬动结构完善和制度改革，要注意这个规划的性质并不是"城乡"规划，虽然其是在城乡之间展开的，也不是关于如何利用土地的规划，我们称为要城乡一体规划，指的是一种规划方法（城乡结合起来考量），它的性质应该是国土空间规划。既然是国土空间规划，说明是把城乡作为整体来看待的，城乡都作为国土空间的一部分，也当然决定了要坚持城乡一体融合发展。

由此可见，我国的社会转型就是摒弃原有的"二元制""割裂式""碎片化"等诸如此类的不合时宜的发展观念，转为全新的融合发展。并且，城乡发展失序是社会转型期需要极力避免的，融合发展可以很好地降低风险、提高效益、增进和谐、实现统筹。

（二）具体表现

融合发展是现在城乡关系认知的总体变化，针对这一总体变化有很多具体表现，除了已经论述的从二元转向一体、从割裂转向融合，还有以下具体表现：

1. 从线性转向系统

对于城乡关系不再是以往的简单线性思考，而是从城乡生态系统的角度出发，秉持整体主义方法论，"山水林田湖草沙"系统治理的思路和实践就是最好的证明方式之一，在系统考虑之上城乡统一规划、统一建设、统一治理。

2. 从一维转向多维

城乡包括生态治理在内的发展过程中，不再是唯城市中心论，也不是只有城市一维，而是多维的，既有城市维度，也有乡村维度，还有城乡维度；既有生态维度，也有经济维度、社会维度等；既有污染防治维度，也有生态建设、生物多样性保护等维度；既有政府监管维度，也有企业治理、公众参与、社会组织提起诉讼等维度。从一维转向多维，是生态环境多元共治的过程，是"五位一体"协调发展的过程。

---

① 何子张、蔡莉丽：《以"多规合一"推动规划体系和规划体制改革——厦门的实践与思考》，中国城市规划年会论文，贵阳，2015 年 9 月。

3. 从外在转向内生

原有的城乡生态治理结构带来治理紧张的局面，这种治理紧张源于没有关注内生性问题，仅仅从外力入手，寻找外部症结，没有看到结构的不适应性产生的结构紧张并反映于治理结果之上。① 同样的，我国的环境利益状况也有着这种"社会结构紧张"或"社会结构断裂"的基本背景，生态环境领域是社会结构的一部分，整体社会结构的紧张或者断裂一样会充分体现出来，只是会带有生态环境色彩，主要体现为由地区发展不平衡、群体分化严重带来的城乡环境差异显著。所以，这一问题的彻底解决不能脱离社会背景，要置身于特定的场域结构之中，分析结构紧张或者断裂的具体成因及有效对策，如此才能真正缓解城乡生态治理结构紧张。最基本的认知就是城乡居民最为关注环境正义问题，城乡环境利益分配是其中引发结构紧张的关键因素，一旦存在分配不公的情形就会引发冲突、矛盾、纠纷，带来社会结构的紧张与撕裂，只有公平合理地分配环境利益，才能缓解结构紧张、平复社会冲突、弥合城乡裂痕。无疑，城乡生态连体结构提供了良好适宜的环境利益分配规则，有助于缓解社会结构紧张，降低生态风险，加强生态安全，构建和谐社会。建设城乡生态连体结构的合理性表现为结构本身体现了一种安排和关系，是包括利益在内的安排和城乡关系的分布，能够缓解社会结构紧张，降低生态风险，加强生态安全，体现结构性关怀。比如，"山水林田湖草沙"必须找到内在的系统治理的方法论才能产生综合效应。又如，我国之前对农村环境问题的认识是从生产技术角度来看待的，并不是从内在的生态角度来看待的，就会导致治标不治本、本末倒置，只有最终落脚到根本性的内在生态这个视角，才是科学的、全面的、可行的，才能真正解决农村环境问题。

4. 从局部转向全域

生态环境不可分割，是有机联系的整体，所谓的局部生态环境问题都要放在全域视角下来认识和解决。城不是单独的城，乡不是单独的乡，而是统一为城乡这一整体、这一全域。城乡融合发展关键在于做好"统"的文章，这个"统"就是从局部走向全域。比如，2020 年我国长江流域防治特大洪水过程中，可以发现大流域、大城市治理显著，整体平稳度

---

① 渠敬东、周飞舟、应星：《从总体支配到技术治理——基于中国 30 年改革经验的社会学分析》，《中国社会科学》2009 年第 6 期。

过，但农村、小流域、支流等洪水造成较大灾害，就仍然源于未"统"，仍有城乡、大小流域、干流支流割裂式治理的弊端未除，还没有完全从局部治理转向过渡到全域治理。又如，现在提倡的水资源、水生态、水环境"三水"统筹，也是这个理念下的治理思路。

5. 开启城乡双循环

城乡双循环是从单向流动转向双向流动。因为已有结构是城乡"异"构的，存在结构壁垒，难以形成城乡之间要素与人的融合流通，城市对农村有巨大的虹吸效应，农业、农村、农民长期单向流动，造成城乡差异的鸿沟，形成天然阻隔，无法开启双向流动，形成双循环。而城乡之间不是线性关系，是系统性的；不是只有城市一维的，是城乡多维的。随着城乡"同"构，打破结构壁垒，随着城乡交融秩序的展开逻辑，基于生态的公共性和关系性，城乡双循环借助城乡打通大动脉，由二元并立到合作并进关系，既不是二元论视角下城乡绝对截然二分，也不是在一元论视角下城乡完全相同，而是在一体化视角下的城乡融合，带来经济作物大规模种养殖、生态观光旅游兴起等情形，城乡共建共享，形成要素与人的融通流动，分享城乡双向循环的红利，这也是"国内大循环"的应有之义，是建设城乡融合体的终极意义。

## 三　城乡生态治理阶段的演化

经历了城乡生态治理背景的变迁和城乡关系认知视角的转换，城乡生态治理阶段也在不断演化之中。从中华人民共和国成立至今，根据对治理对象——"城乡生态"相互关系的不同，可以把城乡生态治理划分为两个阶段，以 2012 年党的十八大开始确立"城乡融合发展"思路为分界线和分水岭，[①] 一个是党的十八大以前注重城市偏向发展的生态治理时期，一个是党的十八大以后面向城乡融合发展的生态治理时期。

（一）注重城市偏向发展的生态治理时期

这一时期主要是从 1949 年中华人民共和国成立之初到 2012 年党的十

---

① 2012 年 11 月，党的十八大指出"城乡发展一体化是解决'三农'问题的根本途径"。2013 年 11 月，党的十八届三中全会提出形成以工促农、以城带乡、工农互惠、城乡一体的新型工农城乡关系。

八大召开，城乡二元制发展模式突出，[①] 以城市为中心，是注重城市偏向发展的生态治理时期。这一时期跨度很大，我国的经济社会形势也发生了翻天覆地的变化，所以即使都是城市偏向发展的生态治理时期，也有很多不同之处，有学者又把这一阶段细分为：（1）非理性战略探索阶段（1949—1971 年）；（2）建立环境保护三大政策和八项管理制度的环境保护基本国策（1972—1991 年）；（3）强化重点流域、区域污染治理（1992—2000 年）的可持续发展战略；（4）控制污染物排放总量、推进生态环境示范创建的环境友好型战略（2001—2012 年）。[②] 可以看到，城乡生态治理处在不断优化之中，取得了不小的成就，同时也出现了不容忽视和无法回避的问题，并延续至今。下面以这段时期的正反两方面的治理效应来展开分析。

1. 正面效应

第一，生态环境法律体系日益健全。我国的环境立法起始于 20 世纪70 年代，1973 年颁布了第一部环保法规——《关于保护和改善环境的若干规定（试行草案）》，确立了"全面规划，合理布局，综合利用，化害为利，依靠群众，大家动手，保护环境，造福人民"的 32 字方针，象征着我国环境保护工作和环境保护立法的开启。之后，我国的环境立法工作就步入快速发展的通道，至 2012 年已经出台了 30 余部法律、近百部行政法规，还有大量的地方性法规和众多的环境标准。应该说，这段时期我国环境立法从无到有、从少到多，成就斐然。生态环境法律体系基本建成，涵盖了环境保护一般法、污染防治法、资源保护法、生态建设法、能源法

---

① 总报告课题组：《走中国特色的乡村全面振兴之路》（载魏后凯、闫坤主编《中国农村发展报告 2018：新时代乡村全面振兴之路》，中国社会科学出版社 2018 年版）一文指出：一般使用二元对比系数和二元反差系数来测度城乡二元经济结构强度。其中，二元对比系数是农业与非农部门比较劳动生产率的比值，比较劳动生产率则是某一部门的增加值比重同该部门就业比重的比值，二元对比系数的取值范围是 0—1，数值越接近于 0，则表明二元经济结构强度越高；二元反差系数是农业与非农部门各自的增加值比重同就业比重之差的绝对值的平均值，二元反差系数的取值范围是 0—1，数值越接近于 1，则表明二元经济结构强度越高。发展中国家的二元对比系数一般为 0.31—0.45，发达国家一般为 0.52—0.86，而中国 1978—2016 年城乡二元对比系数的波动范围是 0.145—0.259，表明中国城乡二元经济结构存在明显的刚性。党的十六大以来中央大力推进城乡协调发展，城乡二元对比系数波动上升至 2016 年的 0.246，二元反差系数下降至0.191，表明城乡二元经济结构强度有所弱化，但中国城乡二元经济结构强度在世界范围内处于较高水平，城乡二元经济结构仍是制约中国乡村发展的主要障碍。

② 王金南、董战峰、蒋洪强、陆军：《中国环境保护战略政策 70 年历史变迁与改革方向》，《环境科学研究》2019 年第 10 期。

等全部领域，基本实现了从"无法可依"到"有法可依"的跨越。

第二，生态治理理念不断进步。生态环境法律体系日益健全的背后是生态治理理念的不断进步。由上述分析可知，从最早不知环境污染为何物，到为污染防治立法，再到为污染防治与生态保护共同立法；从只以城市为中心的立法，到开始关注农村环境问题；从只抓经济建设，到协调发展（这个时期是环境保护向经济发展协调），再到确立科学发展观，等等。如果放在时代背景中，会中肯地评价当时的生态治理理念是不断追求进步的。

第三，环境基础设施建设持续推进。中华人民共和国成立之初的 30 年里，我国的环境基础设施几乎一片空白，仅有的也集中于城市范围。之后，随着环境保护工作在我国的迅猛发展，环境基础设施建设也随之同步跟进。在持续推进生态文明建设、乡村振兴、农村人居环境整治等过程中，城乡环境基础设施也迎来了前所未有的建设力度，国家各项投资快速增长，社会资本纷纷加入，城乡特别是城市基本生态服务设施逐年提升，城乡环境面貌有重大改善，生态质量明显好转。

2. 负面效应

在取得巨大成就的同时，在注重城市偏向发展的这一生态治理时期也积累了后果非常严重、程度非常严重、数量非常庞大的生态环境问题，集中表现为一段时期的突发性污染事故和大规模生态破坏，这是因为生态环境问题具有缓释性和迟滞性特征，现在恰恰是严重爆发期。这其中最主要的根源就是城乡二元化治理体制。具体而言，主要导致的负面效应有以下几个方面：

第一，导致治理思路的封闭性。

这一时期，环境保护的供给与需求相去甚远，立法的价值取向存在偏差，立法的运行机制设置不当，城乡之间立法不协调。对农村生态治理投入不足、投入不均和投入低效，不重视发展的质量，地方保护主义盛行，压低环境成本以吸引资本注入。许多环境问题的跨期属性让成本收益分析更加复杂，环境措施的成本需要马上支付，而收益则要过一段时间才会出现。这些问题如果认识不足，都会带来治理思路的封闭，只重视眼前利益和局部利益，严重影响治理效果。没有考虑到生态环境质量的公共物品属性，实践过程中举步维艰难以应对。传统的封闭的治理思路导致城乡生态治理成效的支离破碎，原有治理范式在其方法论上有着固有的先天缺陷。

城乡发展不均衡加剧，污染在城乡之间不合理地转移，城乡享有的资源也不均衡，形成"城乡生态环境剪刀差"。利益有所不同、水平实力悬殊，导致城乡生态共识不足，而只有获得公众信服的法律才能得到良好的遵守。而获得公众信服的基础在于达成城乡共识，即对可持续发展的理念认同，形成生态素养，而不是闭门造车式地盲目治理。这种封闭性还表现为割裂环境要素的自然整体性，同时也导致对城乡生态治理中共性的忽略，这种治理思路缺乏正当的理论支撑和社会基础，最终带来治理效果的欠缺和不足。

第二，影响治理体系的完整性。

偏向城市的城乡二元化是割裂式发展，使得治理体系碎片化、不完整，带来城乡差别对待，具有明显的逻辑错误和巨大的现实危害。城乡是平等的并列地位，在治理体系上也应统筹兼顾，不能顾此失彼。这种治理体系的逻辑错误就在于把城乡分属于不同的治理结构之中，人为地设置障碍，而不是城乡同等对待、一体建设，而城与乡都是生态系统的组成部分，共同形成了生态整体主义，没有高低优劣之分，这种分而治之的逻辑是错误的。由此带来的危害至少有两点：一是缩减生态文明建设的时段；二是窄化生态文明建设的内涵。[①] 无论在何种意义上理解城乡生态治理的目的和功能，有效解决城乡生态环境问题都是追求的基本目标。因此，在应然层面上，这一体系的构建必须以城乡环境问题为基础，环境问题的基本类型决定了治理体系构成。因此把城乡环境问题的基本类型找准找对至关重要。这些环境问题之间的发展是非常不均衡的，有不同地域的，有不同类型的，在各地的治理体系中所表现出来的重要性也不尽相同。由于历史原因，城乡污染防治法与自然资源法表现也极其不同，前者占据强势地位，二者表现出一定的差异性，这也影响了治理体系的完整性。基于自然资源自身的多功能性及其所承载的多重利益需求，二者的作用机制不同。以平等为基础的城乡生态关系是围绕其所产生的治理体系的逻辑起点，应体现治理体系的完整性，即在城乡生态治理过程中污染防治和资源保护并重。

第三，带来治理效果的低效性。

---

[①] 刘海霞：《不能将生态文明等同于后工业文明——兼与王孔雀教授商榷》，《生态经济》2011年第2期。

治理效果是显性指标，这种低效性主要表现为与现状发展不匹配，与实际要求不适应。在城乡关系发生变化的今天，在各种社会关系、权利义务的纠葛之下，带来更多的不确定性和不均衡性。而现实中，针对城乡环境立法不协调，制度供给缺乏，内容过于原则，缺少具体细化的规定，可操作性差，对农村的环境治理以政策、文件居多，法律偏少。因此，对这些问题的法律调整必须遵循全新的融合和兼容的思路，在治理过程中充分考量环境资源自身功能的多样性、开发利用的多目标性、承载利益的多重性，力争实现城乡生态环境利益的共生。同时，在原有治理中也没有考虑到要构建更深层次的城乡生态秩序。形成良好的城乡生态秩序至关重要，在一定意义上，环境法就是秩序法，是为了维护生态安全的秩序法。应该通过资源禀赋内生的要素流动和外在的制度安排两种渠道，达致城乡生态平衡和生态秩序，而当时的生态治理显然力不从心。

（二）面向城乡融合发展的生态治理时期

正是因为有这些负面效应，带来了严重的生态环境问题，一定程度上造成了整体发展的不可持续，于是开始回顾、反思与检视，发现当前生态治理存在的最突出问题还是集中于没有城乡一体建设，仍然是割裂式治理，没有系统、协同思维，没有形成适宜的城乡生态治理结构。于是从2012年开始，党的十八大指出"城乡发展一体化是解决'三农'问题的根本途径"。2013年11月，党的十八届三中全会提出形成"以工促农、以城带乡、工农互惠、城乡一体的新型工农城乡关系"。此后，我国开始进入面向城乡融合发展的生态治理时期，也有学者认为这一时期是"推进环境质量改善和'美丽中国'建设的生态文明战略（2013年至今）"[①]，认为我国基本形成了符合国情且较为完善的环境战略政策体系，在生态文明和环境保护法制与体制改革、生态环境目标责任制、生态环境市场经济政策体系以及多元有效的生态环境治理格局方面取得了重大成就，成绩有目共睹。

但仍需指出的是，在城乡生态建设中，症结最为严重、问题最为突出、诉求最为强烈的是城乡生态治理失衡问题，这一问题并未随着面向城乡融合发展的生态治理时期的到来而自动消失。我国的生态文明建设成就

---

① 王金南、董战峰、蒋洪强、陆军：《中国环境保护战略政策70年历史变迁与改革方向》，《环境科学研究》2019年第10期。

主要集中在城市，农村生态环境问题相对突出，农村生态治理滞后，农村环境质量时有恶化，这与建设全面小康社会、城乡共享发展成果的要求极不相称。在现实的映照中，破解这一难题的有效路径就是对这种城乡失衡的生态治理结构进行纠偏，考察城乡生态治理的整体状况和未来发展，努力向实现城乡环境质量同步整体提升的新体系转变，弥补农村生态建设缺口，走出二元化治理困境。在这一转变过程中，重中之重是从城乡二元发展的思维转变为树立城乡生态系统互补共生理念，从偏重城市到城乡融合，从城乡并立到合作发展，从一粗一细到城乡统筹，实现城乡环境、空间、资源多方面的共通兼容互补。

梳理相关法律法规和政策文件，也会发现加快城乡融合发展，正是实现这一目标的重要路径。早在 2002 年党的十六大提出统筹城乡发展，2007 年党的十七大又提出城乡一体化，但一直没有实质性进展。2012 年，党的十八大以后城乡发展一体化成为党和国家的工作重心之一，党的十八大指出"城乡发展一体化是解决'三农'问题的根本途径"。2013 年党的十八届三中全会提出形成"以工促农、以城带乡、工农互惠、城乡一体的新型工农城乡关系"。2015 年《生态文明体制改革总体方案》提出"坚持城乡环境治理体系统一"的改革目标，要求加大生态环境保护工作对农村地区的覆盖，将城市与农村的生态治理作为一个有机整体，统筹规划与布局。2016 年中央一号文件强调要"坚持城乡环境治理并重"。2017 年，党的十九大明确要"建立健全城乡融合发展体制机制和政策体系"。2018 年中央一号文件《关于实施乡村振兴战略的意见》强调要"坚持城乡融合发展"。2018 年《乡村振兴战略规划（2018—2022 年)》提出要统筹城乡发展空间，推进城乡统一规划，完善城乡融合发展的政策体系。2019 年中央一号文件《关于坚持农业农村优先发展做好"三农"工作的若干意见》提出城乡融合重在优先发展农业农村。2019 年《关于建立健全城乡融合发展体制机制和政策体系的意见》提出建立健全城乡融合发展的五大体制机制。2020 年中央一号文件《关于抓好"三农"领域重点工作确保如期实现全面小康的意见》强调实现全面小康不能忽视农村生态环境治理这一短板。2020 年 3 月中共中央办公厅和国务院办公厅发布《关于构建现代环境治理体系的指导意见》，进一步提出坚持城乡融合发展，形成"导向清晰、决策科学、执行有力、激励有效、多元参与、良性互动的环境治理体系"。2020 年 10 月党的十九届五中全会公报再次强调城乡融合发展是必须要坚持的发展理念。应该说，面向城乡融合发展的生态治理不会止步不前，不是一时权宜之计，而是切实符合城乡生态治理规律的长久之计，是有益国家整体发展的政策策略，是提升生态环境治理体系和治理能力的必由之路，是生态环境保护工作推进的基础支撑，是生态文明制度体系的重要组成部分。

在面向城乡融合发展的生态治理策略实施以后，我国城乡生态治理失衡的现象有所好转，农村农业中的生态环境短板逐渐被补齐，农民生态环境权益也日益受到重视，农村人居环境改造稳步推进，《农村人居环境整治三年行动方案》（2018 年 2 月）、《农业农村污染治理攻坚战行动计划》（2018 年 11 月）等规范性文件逐一落实，治理思路日益开放，治理体系逐渐健全，取得了较为良好的治理效果。仅以上文提到的"环境基础设施建设持续推进，城乡生活环境质量不断提升"为例，通过以下三个方面说明融合发展后的城乡生态治理效果：一是城市环境基础设施水平显著提升。环境基础设施投资快速增长。① 二是农村人居环境逐步改善。近年来，国家积极推进农村基础设施建设和城乡基本公共服务均等化，推进农村饮水安全工程，开展村庄环境整治，重点治理农村垃圾和污水，推动农村家庭改厕，农村人居环境日益改善。三是推进农村环境综合整治。中央财政安排 180 亿元支持饮用水水源地保护、生活污水与垃圾处理、畜禽养殖废弃物处置和资源化利用、传统村落保护等工作。三大粮食作物农药使用量连续三年负增长，化肥使用量零增长。②

但是，必须着重指出的是，开展城乡融合发展的生态治理是全新的尝

---

① 城镇环境基础设施投资包括城市和县城环境基础设施投资。2017 年，我国城镇环境基础设施建设投资 6086 亿元，比 2001 年增长 8.3 倍。其中，燃气投资 567 亿元，增长 5.9 倍；集中供热投资 778 亿元，增长 7.6 倍；排水投资 1728 亿元，增长 6.1 倍；园林绿化投资 2390 亿元，增长 12.2 倍；市容环境卫生投资 623 亿元，增长 9.8 倍。环境基础设施水平持续提高。2017 年，城市污水处理率为 94.5%，比 2000 年提高 60.2 个百分点；生活垃圾无害化处理率为 97.7%，提高 39.5 个百分点；用水普及率 98.3%，提高 34.4 个百分点；燃气普及率 96.3%，提高 50.9 个百分点；集中供热面积 83.1 亿平方米，增长 6.5 倍；建成区绿化覆盖率为 40.9%，提高 12.7 个百分点；人均公园绿地面积 14.0 平方米，增长 2.8 倍。以上数据来源于国家统计局能源司《环境保护效果持续显现 生态文明建设日益加强》，《中国信息报》2019 年 7 月 19 日第 1 版。

② 2017 年，全国建制镇污水处理率 49.4%，生活垃圾无害化处理率 51.2%，供水普及率 88.1%，燃气普及率 52.1%。全国乡污水处理率 17.2%，生活垃圾无害化处理率 23.6%，供水普及率 78.8%，燃气普及率 25.0%。全国农村卫生厕所普及率 81.7%，比 2000 年提高 36.9 个百分点。以上数据来源于国家统计局能源司《环境保护效果持续显现 生态文明建设日益加强》，《中国信息报》2019 年 7 月 19 日第 1 版。

试, 仅仅是一个开端、一种探索, 还存在这一治理模式的运行基础薄弱、立法安排不足、创新途径缺乏等诸多现实困难及障碍, 最为关键的是需要寻找到切实可行的、高度匹配的治理结构来予以实施城乡融合发展, 需要修正原有的城乡生态治理结构, 以避免城乡融合发展理念无法落地、无处实施。这是现实所需和当务之急, 也是城乡生态连体结构建设的缘起, 也是我们的研究意义之所在, 即从理论上来探讨为什么要建设城乡生态连体结构? 这一结构是什么? 如何建设它? 相应的法律制度有哪些? 制度建设如何进行? 等等, 一系列问题都急需在理论上厘清, 以期为城乡融合发展的生态治理实践提供参考。

## 四 结论: 城乡生态治理结构必须修正

随着城乡生态治理背景的变迁、城乡关系认知视角的转换和城乡生态治理阶段的演化, 与之相伴随的城乡生态治理结构也不能一成不变, 否则就会产生严重的不适应, 极大影响城乡生态治理成效。所以, 城乡生态治理结构必须修正。

第一, 已有治理结构难以为继。因为城乡生态治理中存在众多内生性问题, 必须要从内在结构方面寻找解决之道, 而不仅仅是寻求外力, 更不仅仅是投入更多的治理资金、研发更先进的治理技术所能完成的。同时, 在出现了城乡结构性矛盾和结构性症结的情形之下, 也充分说明了已有治理结构不能胜任治理之道, 而要调整结构性矛盾必须彻底修正旧结构, 建设新结构。

第二, 建设城乡生态连体结构。对旧有结构解构, 有解构就有建构。当前生态治理存在的最突出问题还是集中于没有城乡一体建设, 仍然是割裂式治理, 没有系统、整体、协同思维, 所以必须要建设新的城乡生态治理结构, 以适应新时期对于城乡生态治理的要求, 本书把这一新的治理结构称为城乡生态连体结构。建设这一结构基于内外两方面原因: 一是内在动力方面。这是基于生态的解决方案, 生态会自救, 会自我寻找, 会从内在结构方面寻找对策, 这符合事物解决的内在逻辑, 相应的内生性问题、结构性矛盾会迎刃而解。建设城乡生态连体结构是从系统性、结构性角度出发统筹城乡生态治理问题, 是对城乡生态环境问题的系统治理、综合治理、源头治理。二是外在因素方面。外因必须要配合、促成才能建设这一结构, 尤其是要在已有结构基础上建设新结构, 没有一定的外在制造条件与支撑因素，难以弃旧建新。而从上文梳理的一系列关于生态文明建设、城乡融合发展、乡村振兴的政策、文件、法规等，都可以看到外因的力推与力撑。所以，现在建设城乡生态连体结构时机成熟、条件具备，应该要建设，必须要建设。

## 第二节　城乡生态连体结构的社会建构性

诚然，城乡生态治理结构是处在不断变化之中的，会随着城乡生态治理背景、城乡关系认知视角、城乡生态治理阶段的变化而变化，但正如城乡生态环境的产生、恶化早已不再是源于单一的不当行为，而是生活、生产、生态三种不当行为的叠加，城乡生态治理结构也是各种社会因素共同作用的，是社会塑造出来的模型，是社会建设出来的结果，也就是说，城乡生态连体结构具有社会建构性。

### 一　概述

#### （一）社会建构性的基本含义

所谓社会建构性一词来自社会建构论，是指事物具有社会建构的特性，在社会学和心理学上使用这一概念比较多。在环境社会学的研究中有些学者也阐释过这一相关概念，[①] 意指知识是建构的，是处于特定文化历史中的人们互动和协商的结果。有些也使用社会建构主义一词，来指称社会因素对于特定事物的影响，如性别的社会建构等。

本书借用了这一概念，因为环境问题归根结底是社会问题，"当代中国环境问题在一定程度上是特定环境状况与特定社会过程交互作用的产物，换句话说，环境问题在一定程度上是经由转型期的特定社会过程建构的"[②]。所以，本书从这一视角来分析如下问题：城乡生态治理建构是否具有社会建构性？社会建构性的体现有哪些方面？它如何影响城乡生态治理结构的形成与演进？等等。总之，需要强调的是环境问题从来不是一个单纯的自然科学问题，治理结构也不是自生自发的，社会因素发挥着极其

---

① 洪大用：《西方环境社会学研究》，《社会学研究》1999 年第 2 期。
② 洪大用：《试论环境问题及其社会学的阐释模式》，《中国人民大学学报》2002 年第 5 期。

重要的作用。

（二）城乡生态治理结构具有社会建构性

1. 城乡关系具有社会建构性

城乡关系涉及城与乡，不是单向而是双向的，故而具有复合型，其中既是城乡之间对立统一的关系，又辐射到社会领域的方方面面，包括了城乡生态关系、城乡经济关系、城乡组织关系等，非常复杂多变。"城乡关系是一定社会经济条件下城市和乡村之间相互作用、相互影响、相互制约的普遍联系与互动共生关系"①，城乡关系及其发展始终是我国学术界关注的焦点问题。

我国城乡关系经历多年发展，逐渐从城乡对立、城乡二元、城乡分割走向城乡一体化发展、城乡融合式发展，这里面的原因除了"在遵循城乡发展规律的同时，充分结合当时的政策框架与社会经济背景，探讨了城乡关系演变及其社会经济组织模式和政策引导"②。也就是说，社会背景、政策框架、组织模式、发展阶段等社会因素塑造了不同的城乡关系。比如，2012 年党的十八大提出"推动城乡发展一体化"，2017 年党的十九大要求"城乡融合发展"，这些都深刻反映了对城乡关系及其发展路径的认识不断深化。在对城乡关系有意识地社会建构之下，"城乡关系的发展从城市主导下的城乡弱联系、弱互动以及城市主导下的城乡强联系、弱互动，开始向城乡对等下的城乡强联系、强互动转变。新的发展阶段、发展环境以及政策框架，正促使城乡发展发生更加深刻的变化，并进入一个'强联系'驱动下的新型城乡关系构建时期"③。

这在社会实操方面也是一样的，"在新型城镇化和乡村振兴战略深入实施的框架下，城乡之间交流与互动的增强，会改变城乡关系演化的影响因素与作用机制，推动中国城乡关系发生深刻转型，并步入一个真正融合发展的新阶段。城乡关系是在特定社会经济与政策背景下的一个不断演进的过程。在这个高度'流动性'的社会形态下，城乡关系的演进与和谐

---

① 刘春芳、张志英：《从城乡一体化到城乡融合：新型城乡关系的思考》，《地理科学》2018 年第 10 期。

② 刘春芳、张志英：《从城乡一体化到城乡融合：新型城乡关系的思考》，《地理科学》2018 年第 10 期。

③ 刘春芳、张志英：《从城乡一体化到城乡融合：新型城乡关系的思考》，《地理科学》2018 年第 10 期。

发展不再单纯取决于城市的功能与地位，而是要放在一个城乡互动的过程中去考虑其影响因素、作用机制及政策调控"①。前述的政策、文件和理论正在包括城乡生态治理在内的各领域予以实践，国家逐步向农业、农村、农民倾斜性配置各种资源，新的反哺机制也在形成之中，一步步扭转失衡的城乡关系，使城乡关系正在发生着前所未有的变化，通过理论与实践的形塑，渐次形成城乡之间融合发展和平等发展的新格局。

2. 生态治理具有社会建构性

生态治理虽然带有鲜明的自然因素和技术色彩，貌似很"大自然"，但它更是社会治理中的一种，比如通过什么结构去治理，采用什么模式治理，运用什么法律制度去治理，如何实现多元共治，包括生态治理中的利益分配、生态补偿、空间规划等，都是由社会因素来决定的，它的"社会性"一点儿不少，就正如空间规划其实是空间正义的实现，是社会关系的体现。正如"静态地观察环境问题，它与社会结构分不开。动态地审视环境问题，在治理的不同阶段常常呈现出有差别的主要矛盾，各类利益相关者在不同阶段的相对地位也并非一成不变"②。环境问题是社会建构的，"环境问题从最初发现到政策执行的发展程序的确要经历一定的时间上的先后次序"，③ 其中三项关键任务是"集成主张、表达主张和竞争主张。因此，对环境问题的认知与解决是一个价值判断、对话磋商、问题建构及规则认定的过程。在社会结构视野中，环境资源问题的最终解决需要仰赖社会秩序的形塑，在社会结构紧张的社会转型期，国家和社会的良性互动是社会秩序形塑的基础"④。虽然自然环境在人类的过度开发及污染的情况下已陷入相当危急的处境，但根源是环境议题背后利益与负担的冲突本质，现实生活中不同的地区或群体在多数的环境问题中处于竞争的立场，不同的行动主体有不同的环境利益与不同的价值关怀。所以，不管是静态观察还是动态审视，环境问题及其治理都与社会结构、社会阶段分

---

① 刘春芳、张志英：《从城乡一体化到城乡融合：新型城乡关系的思考》，《地理科学》2018 年第 10 期。

② 郭忠兴：《农村环境整治：从行政主导到村民自觉》，《中国社会科学报》2016 年 2 月 26 日第 7 版。

③ ［加］约翰·汉尼根：《环境社会学》（第二版），洪大用等译，中国人民大学出版社 2009 年版，第 70 页。

④ ［加］约翰·汉尼根：《环境社会学》（第二版），洪大用等译，中国人民大学出版社 2009 年版，第 71 页。

不开，带有浓厚的社会色彩，都受到社会制约，都是在一定社会条件下形成的，具有社会建构性。

综上所述，城乡关系是一种社会关系，环境问题是一种社会问题，生态治理是一种社会治理，治理结构更不用说是一种社会结构，所以城乡生态治理结构具有社会建构性。也正因为此，城乡生态连体结构就是一种有意识的社会建构，以力图破解城乡二元结构在生态治理领域的弊端，用具有城乡融合发展内涵的连体结构来应对新时期的生态环境问题。可以归之有二：建设城乡生态连体结构是必然的要求，具有建设的必要性和建设的正当性；建设城乡生态连体结构是现实的选择，具有建设的可行性和建设的效益性。

## 二　建设城乡生态连体结构是必然的要求

在确认城乡生态治理结构具有社会建构性之后，就需要回答为什么建设城乡生态连体结构是必然的要求，即如何看待建设的必要性与正当性，如果用一句话来概括，就是这种必然性体现在为了实施城乡融合发展和建设城乡生态文明。如果想推动城乡生态环境保护发生历史性、转折性、全局性变化，解决结构性、根源性、趋势性问题，就必须在结构上予以更新，建设城乡生态连体结构，把城市和农村打通，把污染防治和生态保护贯通。

（一）建设的必要性

为什么要建设城乡生态连体结构？每次社会转型时，都会发生分化与重构。城乡环境问题的产生具有阶段性，现在到了新的发展阶段，原有的城乡生态治理结构已不能适应和满足新的发展阶段要求，必然要形成新型结构形态。由于发展的不平衡性，城乡走向生态文明的步调不可能一致。要实现生态文明，就需要通过运用法律的理性和利益的平衡来实现生态文明的理念整合与秩序型构，就必须要借助构建城乡生态连体结构这一载体形成建设路径。对于城乡生态治理亦是如此，在城乡生态治理逐渐演绎为一种结构性矛盾的情况之下，城乡区域性、内在结构性环境问题依然突出，进行结构性调整就势在必行。建设城乡生态连体结构的必要性表现如下：

1. 自然层面：大自然"倒逼"城乡生态一体治理

城乡生态连体结构是用来治理城乡生态环境问题的，随着治理对象即生态环境问题的演变，"倒逼"效应越来越凸显，治理结构也必须闻风而动，这是现实的需要，因为大自然"倒逼"城乡生态一体治理，与之匹配的就要建设城乡生态连体结构。所谓"倒逼"，就是指以目的来控制过程，以结果来规导行为，即以终为始、一以贯之。而要如何进行倒逼呢？就是把人类主观意志的相关行为强制到客观规律的轨道上来，以客观规律倒逼人类行为的改变。如果放眼生态环境领域，就会发现这种"倒逼"无处不在，如人类认为可以"先污染后治理""边污染边治理""经济优先，环保在后"……后来发现，这些观念之下的行为不仅带来不可持续发展的风险，更重要的是引发的一系列恶果。所以必须要遵循客观规律也就是自然规律来对待大自然，来约束自我行为，这就是大自然对人类行为的"倒逼"。生态环境具有内在性，"倒逼"就是它的内在价值之一，近些年来，累积下来的生态治理"短路"行为，使得城乡生态治理形势依然严峻，一系列"倒逼"现象仍在以重拳敲打着我们，迫切要求城乡综合治理。大自然的"倒逼"效应主要体现在以下几个方面。

　　一是生态承载力的限制。生态承载力是有极限值的，一旦超过将会产生不可逆转的灾难性后果。经过多年的高速发展，我国在取得举世瞩目成就的同时，一定程度上也是以能源的高消耗、环境的高污染、生态的高破坏为代价的，社会已经站在了可持续发展的边缘上，生态已经再难以支撑如此高代价的发展模式了，承载力已经达到极限，必须要"踩刹车"和"换跑道"了，必须要正确认识生态规律，遏制环境污染与资源过度消耗，以修复受损生态，恢复生态秩序，确保生态安全。生态安全的提出非常重要，如果生态都不安全了，何来人的安全与发展？"在以往法的世界里，法哲学主要考虑交易安全与社会安全，但是这种安全秩序尚难以抵御外部性问题对人类社会的冲击。而生态安全作为法的安全秩序中的一环，则可使我们在思考法的安全秩序时，考虑到环境问题，并采取相应的制度安排用以回应环境问题之挑战。"[1]"生态安全是指人的环境权利及其实现受到保护，自然环境和人的健康及生命活动处于无生态危险或不受生态危险威胁的状态。"[2] 安全就意味着有保护责任，政府因负有该责任而必须构建城乡生态连体结构，通过运用识别、评估、分析等手段应对生态是否

---

[1] 郑少华：《生态主义法哲学》，法律出版社 2002 年版，第 182 页。
[2] 王树义：《生态安全及其立法问题探讨》，《法学评论》2006 年第 3 期。

安全、安全等级、安全临界值等问题，构建相应的生态风险防控体系及制度措施，降低生态安全风险和防止生态无序状态。同样的，在人与自然界相互作用越来越突出的当下，只有维护好人与自然的生态秩序，才能稳定人与人的社会秩序，这其中首要的就是确认生态承载力的限制即生态安全临界值，在此基础之上才能构建良好的生态秩序。

二是生态整体主义的需要。为应对日益加深的生态危机，生态治理开始转向为生态整体论，人们逐渐认识到生态系统具有不可分割性，生态具有完整性，所以逐步发展出了生态整体主义。生态整体主义主张生态系统具有客观的内在价值，并特别关注生态系统的完整性和稳定性；人类作为法律主体，对维护生态系统负有道德义务。生态整体主义关注生态系统、物种和生态过程的价值，要求尊重生态系统整体及其组成的自然客体的价值。这些观念为保护生态系统提供了理论依据，同时也与建设城乡生态连体结构的内在追求高度契合。生态治理的核心是葆有生态整体主义，是"生态地和整体地看待世界和生命、看待人的存在和世界的存在，并整体地和生态地去生存的思维视野、思想境界、价值取向和行动原则"①。遵循生态整体主义是可持续发展的核心要义，生态系统必须具有从干扰中恢复并重建其稳定性、多样性和适应性的能力，否则就是不可持续的。坚持生态整体主义是符合生态规律的，是对传统治理机制的扬弃和修正，具有鲜明价值和诸多优势。城乡生态是整体的，城乡环境是共生的，城乡之间环境要素、治理目的、治理过程都是相互契合的整体共生状态，城乡生态安全和生态秩序也都建立在生态整体主义之上。所以，生态系统整体性决定了城乡要一体建设，建设城乡生态连体结构必须坚持生态整体主义，生态整体主义制约城乡生态连体结构的建设，以内在关联性和有机主义为内核的生态整体主义为这一结构的建设解决了逻辑连贯性、解释合法性、对象整合性和意义关切性的问题。生态整体主义是生态治理的依据和屏障，城乡生态连体结构意味着城乡连成整体，意味着一体化建设，意味着建立在城乡生态整体之上。同样的，以"人与自然一体化"为特征，我们每个人只有一个身份，即"生态人"，不再是也无须区分为城乡居民，这可

---

① 唐代兴：《生态理性哲学导论》，北京大学出版社 2005 年版，第 219 页。

以说是生态文明时代所特有的法律主体观。①

2. 实践层面：为实施有效生态治理提供结构支持

城乡生态治理是社会实践，需要一定的结构支持才能进行下去。为了解决对现实问题的应对不能，有效地实施城乡生态治理，必须要建设与之相匹配的生态连体结构。建设城乡生态连体结构能对实施有效生态治理提供哪些特有的支持？最为突出的有以下两点：

一是通过建设城乡生态连体结构可以城乡一体治理。由前述分析可知，割裂式、碎片化的城乡二元治理结构不仅不能应对现实问题，并且很多现实问题恰恰是这一结构的产物，所以，建设城乡生态连体结构是矫正和纠偏，是反思和超越，是在更高层次上对自然法则的尊重与回归。困顿带来变革的动力，由此不断推陈出新、蓬勃发展，又与变革中的社会形态相契合。城乡生态连体结构主张用事物的内在目的性加以论证，把城乡协调发展视为人的一种内在的精神需要和文明的一种新的存在方式，② 认为治理结构更多地体现一种关系的存在，而城乡关系已经在向融合发展迈进，由此带来治理模式及方式的改变，旧有的治理结构已应对不能。有解构就有建构，必须形成城乡生态连体结构才能胜任治理任务，实现治理目标。在建设过程中，城乡一体规划、一体式共生、差异性互补，通过形成新的治理结构来调整城乡关系，重塑城乡格局。所以，建设城乡生态连体结构是结构性纠偏、是系统性安排，既符合城乡一体化的发展趋势，又满足全面小康社会的建设需要，是必然的时代选择。

城乡生态治理的二元化是形成城乡差距的深层次原因。我国长期实行二元化的城乡格局及管理方式，致使城乡生态治理差异不断扩大。其中，既涉及国家环保政策和制度安排的局限性、农村环境利益的非均衡配置、农民环境话语权的缺失和城乡环境博弈的地位悬殊，又深刻折射出我国城乡经济社会发展的断裂性鸿沟。乡村生态治理与城乡格局变迁具有高度的契合性，我国城乡格局经历了从分隔到步入融合时期，乡村生态治理也随之经历了从被排斥于城市生态治理体系之外，到城乡生态命运共同体意识

---

① 陈泉生在《环境法哲学》（中国法制出版社 2012 年版）一书中提出生态人的观点，本书认为很有借鉴意义，城乡居民都是生态人，在城乡生态治理中可以一体考量，不需要做人为的身份划分。

② 中国社会科学院邓小平理论和"三个代表"重要思想研究中心：《论生态文明》，《光明日报》2004 年 4 月 30 日第 A1 版。

逐步凸显，并日益转向城乡协同治理的过程。因此，乡村生态振兴需要破解固有思维和发展定势，不回避结构性问题，从系统角度出发，考察城乡整体状况和未来发展，建设一体化生态治理体系，以弥合城乡环境权益失衡的制度漏洞，形成城乡生态互补、共同发展的格局，填平补齐农村生态环境治理的短板，达到实质性公平，逐步城乡均衡化。

二是通过建设城乡生态连体结构提升环境治理体系和治理能力现代化。治理体系和治理能力是生态环境保护工作推进的基础支撑，现在根据情况发展应构建多元共治体系并提升能力。建设城乡生态连体结构是完善生态治理体系和治理能力的促进机制，是生态治理中最核心的中间环节，它提供结构载体，承上启下，作为不能缺失的重要一环连接宏观与微观，大力推进城乡生态环境共治。城乡生态连体建设强调城乡之间分工协作，优化资源配置，规范开发秩序，控制开发强度，理顺城乡生态治理的关系，搭建治理平台，注重能力建设，提高生态体系的运行效益。从生态系统的整体性和提高整个生态体系的运行效益出发，二者都决定了环境治理不能单打独斗，不能城乡割裂治理，需要坚持城乡联防联控联治，坚持城乡生态环境一体规划，山水林田湖草沙综合治理，充分发挥城乡综合治理的协同效应和共治效应，形成改善城乡环境质量的整体效果。城乡生态连体建设强调形成"工业反哺农业，城市支持乡村"的反哺新机制，打破行政区划和层级障碍，总体规划城乡发展与产业支撑、就业转移和人口集聚，促进城乡要素平等交换和公共资源均衡配置，实现环境监测和生态治理城乡全覆盖，强化产业发展"绿色化"布局，统筹考虑城市利益和乡村利益、经济利益和生态利益、局部利益和整体利益、当前利益和长远利益，推进形成资源节约、环境友好和生态保育的城乡生态结构。由此可见，建设城乡生态连体结构能理顺治理体系，搭建治理平台，提升治理能力，重塑治理格局，大为促进城乡生态治理现代化，实现城乡环境质量同步稳定提升。

3. 理论层面：生态文明制度建设的重要组成部分

除了自然层面上大自然"倒逼"城乡生态一体治理、实践层面上为实施有效生态治理提供结构支持以外，在理论层面建设城乡生态连体结构也是极具必要性的。城乡生态连体结构建设既是历史形成的机遇，又是现实必然的选择，也是一项全新的尝试，有许多理论问题亟须研究。因为结构建设是生态文明建设中的重要一环，也是生态文明制度的重要组成部分。对城乡生态连体结构的建设发展丰富了生态文明制度理论，主要是在下述方面充实了理论层面：

一是深化环境正义理论。"环境保护必须要与村会正义问题同时受到关注。缺少环境保护，我们的自然环境可能变得不适宜居住。缺少正义，我们的社会环境可能同样变得充满敌意。"① 环境正义理论是正义论中的一种，它是与环境问题相伴随发展起来的，我国最为严重的环境问题就是生态治理结构失衡、相关政策文件法规偏向、城乡二元化发展突出，由此导致城乡环境不正义现象凸显，城乡环境剪刀差明显，涉及农村、农业、农民的环境问题众多，这违背了正义法则，背离了全面小康社会的内涵要求。"环境正义概念的提出相当重要，因为它引领着学界再次思考'平等'的意涵，并且扮演着将它重新介绍给社会大众的重要历史任务。"② 因此，对于环境正义理论的理解应该随着时代而变，不能固化，对于这一理论在我国的适用情形要随时审视，深化城乡融合发展阶段的环境正义的新理论。比如，如何公平均衡地供给城乡生态福利？应该遵循什么样的环境利益分配原则？对于环境弱势群体如何实现矫正正义？如何体现环境正义是平衡分配环境利益和环境负担的根本目标和最终准则？如何理解城乡环境正义？环境正义的城乡结构性关怀是什么？意味着什么？等等，这些理论问题不能凭空解决，必须要在实践中进行思考、构建和检验才能形成，而城乡生态连体结构就是实践的基本场域，为丰富理论发展提供了素材、基础和支撑，所以建设这一结构有着理论层面的原因、意义和价值，深具必要性。

二是孕育新的治理制度。仅有结构是不行的，生态治理必须通过具体制度来实施，最后的落脚点是法律制度的构建。要想构建切实可行的制度，要想制度发挥作用，必须要有适宜的"土壤"，制度就是"土壤"中长出的种子。结构就是最重要的"土壤"环境，如果结构不合理，就好比"土壤"不健康，不能发出良好的"种子"，也就不可能有真正适用的制度。即使有一些设计好的制度，也可能因为结构和制度的不匹配，不能带来良好的适用效果。现在正在进行制度文明建设，这也迫切需要建设城

---

① ［美］彼得·S. 温茨：《环境正义论》，朱丹琼、宋玉波译，上海人民出版社 2007 年版，第 2 页。

② 杜健勋：《生态文明进展中的环境法治进阶》，全国环境资源法学研讨会（年会）论文，乌鲁木齐，2013 年 6 月。

乡生态连体结构，以满足制度建设的需要。现实意义在制度这一维度，可以在理论构建上找到生态文明与生态理性的契合点，将生态制度通过治理结构内化为生态文明体系组成部分的现实意义还在于，可以借由目的本身的不可回避性，克服对生态制度建设的忽视，以及对生态文明内涵的窄化。宏观发展全局中微观具体生态制度的缺失被普遍视为我国生态文明建设的主要问题，对建设城乡生态连体结构的研究正是从价值维度转向了制度维度，这也是由"规范外价值"向"规范内价值"转化的过程，[①] 以制度生成与发展的规律做指导，将城乡生态治理推进具体化、可操作化，释放"制度红利"。具体而言，在建设城乡生态连体结构过程中，孕育产生了城乡生态承载力制度、城乡生态福利制度、城乡生态资本制度、城乡空间规划制度、城乡生态修复制度等，极大地丰富发展了生态文明建设制度，构成了生态文明制度的重要组成内容。

所以，为什么建设城乡生态连体结构是必要的？可以用三个短语概括：基于现实倒逼、提供结构支持和旨在理论发展。

（二）建设的正当性

建设城乡生态连体结构的必然性还表现在其建设的正当性上。这一生态结构的建设，不仅反映了当下城乡生态治理的内涵实质，而且也体现了当下城乡生态治理的价值取向，同时还指出了今后城乡生态治理的发展趋势，在生态文明理论的实践价值方面，是与环境保护历史性转变相适应的。如果说探讨城乡生态连体结构建设的必要性是它的外在实现价值，那么探讨建设的正当性就是指这一结构的内在价值。内在价值指的是结构的"内在属性"，其强调的是这一结构存在的独特性和系统制衡的功能，判断结构内在价值的标准，应该从该结构的"自洽性"和"合理性"进行判断，本书也遵从这些探讨建设城乡生态连体结构的正当性。

1. 自洽性：结构自我实现

治理结构对环境问题影响广泛且深远。从环境法治到生态法治（生态文明建设），即意味着环境法理念基础的全面生态化，当然也意味着城乡环境治理结构的生态化，即城乡生态连体结构。原有的城乡生态治理结构视野狭窄，无整体行动计划，不协调不融合，致使出现内生性症结。究其根源在于结构中没有贯彻融合发展这一理念，而融合不足使城乡面临

---

① 陈海嵩：《国家环境保护义务论》，北京大学出版社 2015 年版，第 50 页。

"发展陷阱"，融合构成城乡发展的关键一环。加强融合，使城乡发展实现正向的反馈，使得城乡发展能够突破"双重陷阱"（对于城市与农村都是发展的陷阱，故是"双重陷阱"），并构建出城乡联动发展的机制。良好的融合过程，能使城乡二元结构得到逐步突破并实现内在整合，为持续的城乡发展和推进城镇化提供动力。① 另外，区域治理近年来有加剧趋势，城乡生态治理结构具有"问题焦点与行动导向、体制变迁与工具导向、发展网络与沟通导向"的特质，城乡生态治理也是区域治理。② 统筹山水林田湖草沙系统治理，按照生态系统的整体性、系统性及其内在规律开展生态文明建设，从生命共同体视角下的生态文明建设需求出发，这些也是建设城乡生态连体结构在生态学意义上的原因和理由。自洽的治理结构是立体多维多面向的，能够充分满足不同的自然资源要素之间的有机联系，也能够充分体现自然资源要素和人类社会资源的融合汇通，形成对生命共同体思想的系统诠释，这些也是城乡生态连体结构建设的生态学意义上的基础和前提。③ 所以，建设城乡生态连体结构本身就是一种自我满足，回归和符合生态学上的意义，满足结构自身的逻辑自洽，是结构发挥作用的自身需求，使得结构能够自我实现，是回归到对城乡生态环境问题系统治理、综合治理、源头治理的本质，是重回建设的正轨。

2. 合理性：体现结构关怀

建设城乡生态连体结构的合理性表现为结构本身体现了一种安排和关系，是包括利益在内的安排和城乡关系的分布，能够缓解社会结构紧张，降低生态风险，加强生态安全，体现结构性关怀。

一是提供实现场域。社会结构是包括环境利益在内分配的基本场域，城乡发展差异和社会结构断裂是我国环境利益分配的社会背景，④ 环境利益分配是生态治理中最为核心的关键环节，直接关涉城乡环境正义问题，而承载环境利益分配的社会结构就是实现场域，城乡生态连体结构就是这一结构本身。环境法是社会转型背景下因应环境问题的部门法学，是一种

---

① 任远：《社会融合不足使城乡面临"发展陷阱"》，《中国社会科学报》2016 年 4 月 13 日第 7 版。

② 杨龙：《中国国家治理中的区域治理》，《中国社会科学报》2015 年 10 月 14 日第 7 版。

③ 傅伯杰：《系统重构"山水林田湖草"调查体系》，《中国自然资源报》2020 年 11 月 10 日第 3 版。

④ 杜健勋：《环境利益分配法理研究》，中国环境出版社 2013 年版，第 327 页。

"回应型法"，也是一种"反思的法"，这就注定了环境法并不只是"环境的法"，"在任何时间点上，环境都是社会、实体（physical）及自然生物程序相互作用的产物"①。正当性来自环境资源问题的严峻危及人类的生存与"理想言谈情境"中环境资源利益相关者沟通的正义秩序之达成。环境问题的表征是环境恶化与自然资源浪费，其实质是社会关系的异化与扭曲，通过形塑环境正义而达成环境利益的公正分配，是环境法的基本价值预设。整体社会基本结构的正义才会是达成环境正义的最后根据，整体社会基本结构的合理有序才会是达成环境问题解决的根本背景。社会结构化的环境法发展已端倪初现，② 这体现了一种结构性关怀。

　　二是缓解结构紧张。"社会结构紧张"是指在社会变迁过程中的结构性调整与创新，伴随而来的一系列矛盾和冲突，有些是属于不同部门、不同行业、不同地区及不同隶属关系之间的不协调，有些则是属于不同利益群体之间的不满与摩擦，这种状况的社会学概念表示即为"结构紧张"。③ 这种"结构紧张是在两种因素交互作用下的复杂结果，是急剧现代化程所产生的内生性的结构矛盾"④。"社会结构断裂"则是用来描述不同阶层、不同群体、不同地区以及社会生活和文化表现方面的冲突与矛盾的社会现象的社会学用语，这是"社会异质性增加，即结构要素（如位置、群体、阶层、组织）的类别增多，并且社会不平等程度，即结构要素之间差距的拉大"⑤。同样的，我国的环境利益状况也存在这种"社会结构紧张"或"社会结构断裂"的基本背景，生态环境领域是社会结构的一部分，整体社会结构的紧张或者断裂一样会充分体现出来，只是会带有生态环境色彩，主要体现为由地区发展不平衡、群体分化严重带来的城乡环境差异显著。所以，这一问题的彻底解决不能脱离社会背景，要置身

---

　　① ［英］S. 巴金汉、M. 透纳：《理解环境议题》，蔡依舫译，韦伯文化国际出版有限公司2010 年版，第 13 页。

　　② 杜健勋：《环境利益分配法理研究》，中国环境出版社 2013 年版，第 327—334 页。

　　③ 李汉林、魏钦恭、张彦：《社会变迁过程中的结构紧张》，《中国社会科学》，2010 年第2 期。

　　④ 渠敬东、周飞舟、应星：《从总体支配到技术治理——基于中国 30 年改革经验的社会学分析》，《中国社会科学》2009 年第 6 期。

　　⑤ 关于此类内容见于一系列相关文章之中，包括孙立平等《改革以来中国社会结构的变迁》，《中国社会科学》1994 年第 2 期；孙立平《我们在面对一个断裂的社会？》，《战略与管理》2002 年第 2 期；孙立平《断裂——20 世纪 90 年代以来的中国社会》，社会科学文献出版社 2003年版；孙立平《中国社会结构的变迁及其分析模式的转换》，《南京社会科学》2009 年第 5 期。

于特定的场域结构之中，分析结构紧张或者断裂的具体成因及有效对策，如此才能真正缓解城乡生态治理结构紧张。最基本的认知就是城乡居民最为关注环境正义问题，城乡环境利益分配是其中引发结构紧张的关键因素，一旦存在分配不公的情形就会引发冲突、矛盾、纠纷，带来社会结构的紧张与撕裂，只有公平合理地分配环境利益，才能缓解结构紧张、平复社会冲突、弥合城乡裂痕。无疑，城乡生态连体结构提供了良好适宜的环境利益分配规则，有助于缓解社会结构紧张，降低生态风险，加强生态安全，构建和谐社会。

## 三　建设城乡生态连体结构是现实的选择

建设城乡生态连体结构是社会发展必然的要求，也是基于现实的选择。在严峻的生态环境现实面前，经济、社会发展必须要考量生态环境因素，而生态环境治理早已由单纯重视对生态环境自身的治理转变为在考虑生态环境因素情况下的经济、社会体系的更好治理。并且，区域治理的需求始终存在，且近年来有加剧趋势，城乡生态治理也是区域治理中的一种。在新的发展阶段，城乡的关联性不断加强，冲突性不断呈现，城乡居民都是生态人，一起构成生命共同体。融合发展已日渐铺开，所以，建设城乡生态连体结构就成为最为现实的选择。如何让现实的选择最终成为现实，需要解决两个问题，即建设的可行性和建设的效益性。

（一）建设的可行性

城乡生态连体结构建设势在必行且刻不容缓，那么到底该如何建设？在回答这一问题之前，检视建设条件的具备与否至关重要，直接关系到这一结构建设成果的成败与否和成效大小。随着我国经济社会发展和生态文明建设的不断深入，当前建设城乡生态连体结构的基础条件日趋成熟。

1. 具备现实条件

一是助力城乡协调发展的政策、文件、法规不断演进。城乡发展差距大是我国经济社会发展中的主要矛盾之一，城乡协调发展是社会主义的本质要求，全面建成小康社会过程中，建立城乡一体化发展机制尤为关键。从"统筹城乡发展"到"城乡一体化发展"，再到今天的"城乡融合发展"的政策调适，充分说明了党和国家正视城乡区域发展不平衡的矛盾，打破壁垒促进全面建成小康社会，要求城乡之间实现均衡发展，但虽早有部署安排，成效却较为缓慢，一直没有全面推动实质性进展。2012 年党的十八大以后推动城乡发展一体化成为党和国家的工作重心之一，强调要求形成新型城乡关系，重塑城乡格局，将城乡生态治理作为一个有机整体来统筹规划与布局。由此，开启了新的城乡发展阶段大幕，正如前面所梳理的党和国家一系列文件政策所宣示、倡导出来的，要不断完善城乡融合发展的政策体系。加之生态环境保护"四梁八柱"性质的制度体系基本形成，这些都为建设城乡生态连体结构提供了重要的基础支撑，是关于建设的顶层设计。

需要强调的是，有了政策机遇，有了文件支持，有了法律规范，大大增强了城乡生态连体结构建设的可行性，但是不要把环境政策的文本强化等同于环境改善的实践。要"更加注意反思环境政策的制定和执行过程及其效果。围绕环境政策制定过程的公开性、公平性、科学性以及公众参与的程度，环境政策与其他政策的耦合关系，环境政策执行过程中的扭曲机制以及特殊动力，实践中环境政策的虚置和形式化等议题。带着一种建设性的反思精神来看待城乡生态环境保护实践，更加注重学理层面的解析"[1]。

二是国家经济社会整体快速发展奠定的基础。现在我国已经具备建设城乡生态连体结构的经济社会条件，有着稳固的保障。从国家能力来看，改革开放以来中国经济保持了近 40 年的持续快速增长，1979—2016 年 GDP 年均增长 9.6%；2017 年全国 GDP 达到 82.71 万亿元，一般公共预算收入达 17.26 万亿元，分别是 1978 年的 224.8 倍和 152.4 倍，已经具备了相应的经济基础。从工业化进程来看，第一产业增加值占 GDP 的比重从 1978 年的 27.7%降至 2017 年的 7.9%，第一产业已成为国民经济中的"少数"，经济发展整体进入工业化后期阶段，非农产业有能力更好地带动现代农业发展。从城镇化进程来看，常住人口城镇化率即将接近 60%，以城市群为主体的城镇格局初步形成，农业转移人口市民化有序推进，城市辐射带动农村发展的能力显著增强。[2] 此外，党的十八大以来城乡融合发展和新农村建设的推进使农业农村发展取得了历史性成就，乡村

---

[1] 洪大用：《环境社会学：彰显自反性的关怀》，《中国社会科学报》2010 年 12 月 28 日第 20 版。

[2] 参见总报告课题组《走中国特色的乡村全面振兴之路》，载魏后凯、闫坤主编《中国农村发展报告 2018：新时代乡村全面振兴之路》，中国社会科学出版社 2018 年版，第 27 页。

在中国特色社会主义新时代迎来了难得的发展机遇，目前完全有条件有能力通过建设城乡生态连体结构破解仍留有的城乡生态治理困境。同时，通过乡村振兴战略、农村人居环境整治、"美丽中国"建设等一系列行动的展开，相关指标取得令人满意的发展，取得阶段性成果，为后续进一步的城乡生态治理开创了良好局面。

发展的现实基础还表现为人们的生态意识不断增强，对生态环境的要求越来越高，绿色生产生活方式受到人们越来越多的青睐，生态文明思想和绿色发展理念在各地逐步落地生根、开花结果，这是建设城乡生态连体结构的最大动力和根本保障。在生产实践领域，生态工艺和工程也正在广泛运用于工业、农业、环境保护、城乡规划和建设等多个方面。在日常生活领域，开启城乡双向循环，借助城乡打通大动脉，经济作物大规模种养殖，生态观光旅游兴起，分享城乡融合发展红利，这也是建设城乡生态连体结构的应有之义。

三是各地丰富的实践经验。建设城乡生态连体结构是一场全新的实践，通过农村人居环境整治、新农村建设、城镇化建设等一系列生态治理实践，进行了有益的尝试，积累了大量的经验，生态治理能力和技术手段显著进步。很多先行先试的地方总结出了宝贵的经验教训，凝练出的治理理念日益先进，如浙江的生态城镇建设、湖北的碳排放交易、广东的水生态补偿等，并上升为指导层面，为建设城乡生态连体结构奠定了坚实基础，避免盲目施行。

2. 具有理论基础

近些年来，学术界对于城乡关系、环境正义、社会结构、风险防控、生态治理及其法律制度等理论问题的研究日益深入，持续关注城乡生态治理结构问题，对于为什么要建设、如何来建设有一些理论研究的储备，能够为建设提供理论依据和实践指导，避免走一些弯路，减少建设的盲目性。当然，现有研究中的重复性、滞后性和缺乏操作性现象需要克服，要继续加强研究的科学性和指导性，深化建设城乡生态连体结构的理论基础。

（二）建设的效益性

为什么要建设城乡生态连体结构？除了现实意义上极其有必要，同时是结构本身的需要，是基于实际情况可行的选择，还因为建设这一结构有着巨大的效益性，能大为降低城乡生态治理的结构性成本。通过建设城乡生态连体结构，可以消除"城乡环境剪刀差"，形成"城乡生命共同体"。"政府的社会治理始终要以人民的利益为出发点和最终归宿，'政府建立起来的初衷并不是寻求高超的技术，而是寻求人民的整体福利。'"① 拉兹洛（Ervin Laszlo）曾指出："所有系统都有价值（value）和内在价值（instrinsic worth）。它们都是自然界强烈追求秩序和调节的表现。"② 城乡生态治理也不例外，城乡共建共享共生共荣既是建设主旨与目标，也是建设的效益性之所在，城乡生态治理的意义不仅在于改善城乡生态环境本身，更在于其重要的内在价值。

1. 破解城乡二元治理结构

党的十九大指出发展不平衡不充分是当前面临的最主要的社会矛盾。而在所有的不平衡不充分之中，城乡差异表现是最为突出的，发展至今，如何破解城乡发展中的这一现实困难，仍然是当下要面对的最宏大最艰巨的现实性命题，也到了无可回避的阶段，因为其已经转换为社会发展最主要的矛盾之一。长期以来，我国不同的城乡格局设计与管理方式形成了城乡二元结构体系，如前所述的所有的城乡生态治理中种种失衡现象，都源于这一结构体系，是这一结构发展出来的必然结"果"，城乡二元化发展则是"因"，这是有违城乡公平正义的，与全面建成小康社会的要求很不相称。在新的发展阶段，旧有城乡结构已严重不合时宜，必然要迎来治理结构的新生，才能满足人民群众日益增长的美好生活需要，才能扭转城乡失衡状态。通过有意识地社会建构，国家正在从注重城市偏向发展的生态治理时期转为面向城乡融合发展的生态治理时期，所以，应该选择什么样的治理结构才能充分满足这些建设要求？才是对原有结构的彻底扬弃？才能真正破解城乡二元结构？城乡生态连体结构建设正好可以弥补这一欠缺，可以从以下方面进行破解：

一是通过建设使城乡基本生态服务逐步均等化。现在的发展环境已经迥异于以往，进入了追求发展质量的新常态，这会形成一种倒逼机制，要求实现绿色转型，城乡生态连体结构建设恰能满足这一需求。在建设过程中，对各种自然资源要素和社会要素进行城乡统筹和一体规划，实现要素

① 侯佳儒、尚毓嵩：《大数据时代的环境行政管理体制改革与重塑》，《法学论坛》2020年第1期。

② ［美］E. 拉兹洛：《用系统论的观点看世界》，闵家胤译，中国社会科学出版社1985年版，第109页。

和人的双重融合，构建城乡生态产品市场，发展城乡生态福利，加强供给与分配，对城乡环境基础设施进行倾斜性配置，实现城乡间生态建设差距不断缩小、基本生态服务逐步均等化的过程。我国城乡发展差异显著，呈现不均衡特点，受自然环境、经济社会发展综合实力和公共政策等因素影响明显。城乡生态连体结构建设是城乡居民分享改革与发展成果的一种制度安排，志在纠正"城市偏向"发展观，调整公共政策的着力点，推进城乡基本生态服务均等化进程以缩小城乡差异。比如，在建设中，以城乡生态空间共生培育为基点，均衡配置城乡公共产品和服务站点，加大对农村地区生态产品、生态服务、环境基础设施的覆盖，以生态化视角检视、重构城乡基础设施，增加设施的附加价值特别是生态价值，提升基本生态服务质量。增加生态服务的可供性和可及性，增加服务的链条与联结，促使公共服务特别是生态服务向农村延伸，通过下沉避免链条在农村地区的断裂，把城乡链接为生态连体结构。正在开展的农村人居环境整治工作，也是在集中补短板，通过改厕、垃圾转运等方面快速改变农村脏乱差的落后面貌，通过建立监测站等手段填补农村环境基础设施空白，加大城乡生态产品供给力度和生态服务公平配置，促使城乡居民基本生存权、基本发展权与基本健康保障权的公共服务均等化，获得公共生态产品更加便利公平，全民共享生态文明成果。

二是通过建设使城乡充分统筹发展。长期以来，我国的发展是从农村向城市聚集的要素单向运动，处处体现围绕城市、城市优先的痕迹，是以城市为中心的单边发展模式，城市规模盲目扩大，以城吞乡，不断突破城乡发展临界值，不断压缩、侵占农村发展空间，城乡发展鸿沟在一些地区触目惊心。近些年来，环境保护日益受到重视，但是重点一直更多地放在城市、工业，农村环境保护始终是一块短板。垃圾靠风刮、污水靠蒸发在农村并不是个案，同时，由于城市排放标准的提升，一些工业产业向农村转移，形成污染梯级转移现象。由于地处偏远，环境监管够不着，一些不合规、不达标的污染企业不断聚集，更加重了农村环境的恶化，不少农村成了藏污纳垢之地。城乡生态连体结构建设坚持城乡一体化，能充分统筹城乡促进区域协调发展。首先，它强调城乡"同"构。城乡是共生的，生态是整体的，尽管城乡存在一定的地理界限，但两者是生态系统中相互影响、不可分割的整体，一个地方生态环境的恶化必然影响到周边地区。虽然城乡不同地区的人们对于生态环境破坏损害的感受程度不同，他们的生态关切也各不相同，但城乡生态治理牵涉多方利益博弈，生态治理不能割断城市与农村之间的联系，任何一个单一主体都不足以维持城乡生态治理的长期成果，二者是命运共同体。只有构建城乡生态共同体，打造城乡一体式结构，城乡各方利益才能都得到有效表达和合理维护，才能填平城乡差异发展的鸿沟，才能补齐农村生态环境的短板。其次，它要求以城带乡。基于历史与现实因素，从公平与效益角度出发，强调发挥城市对农村的辐射带动作用，在"反哺"机制上下功夫，力图形成"工业反哺农业，城市带动乡村"的新格局，促进大中城市、小城镇和乡村协调发展。最后，它契合城乡共享理念。城乡生态连体结构建设注重统筹发展，与资源节约、环境友好的和谐型社会建设相契合，通过规范建设秩序和控制建设强度，逐步形成高效、协调、可持续的城乡国土空间格局，全面提高城乡生态质量，城乡共建共享。

2. 推进城乡生态多元共治

生态系统的整体性决定了必须合作治理，要求是多元主体参与的治理，既不可能独善其身也不可能单打独斗，城乡不能分而治之，需要坚持城乡联防联控联治，坚持城乡环境一体规划，山水林田湖草沙综合治理，充分发挥城乡综合治理的协同效应和共治效应，形成改善城乡生态环境质量的整体效果。城乡生态连体建设强调形成"工业反哺农业，城市支持乡村"的反哺新机制，打破行政区划和层级障碍，总体规划城乡的要素流通和空间布局，实现环境监测等生态治理城乡全覆盖，强化产业发展"绿色化"布局，统筹考虑城市利益和乡村利益、经济利益和生态利益、局部利益和整体利益、当前利益和长远利益，推进形成资源节约、环境友好和生态保育的城乡生态结构。由此可见，这一建设过程的重要作用在于能大力推进城乡生态环境多元共治，实现城乡生态环境质量同步稳定提升。

囿于发展阶段的局限，以及治理手法的不成熟，我国早期对于环境治理主体的认识比较局限，认为主要应该是政府采取监管职能，没有注重调动社会力量参与生态治理活动。这不仅导致政府疲于应对，治理效能不高，过于倚重行政手段，引发治理失灵现象，还会压制社会治理热情，不利于全民共治、公众参与等机制的建立健全，不利于环保意识的增强、环保产业的壮大、社会资本的进入、环保组织的培育等。"伴随着政府改革、市场开放和社会建设三驾马车的协同并进，中国的治理实践在观念、方式、样态多个维度发生了深刻转变。在此背景下，针对'公共问题的复杂性和互赖性'，整合多种途径'以寻求具有合理性与妥适性的解决方案'，无疑已成为当前治理革新及其规则系统更新的主要任务。"① 改变单一的政府监管模式也已在环境基本法和单行法中多有体现，现在的突出问题是如何落实和推动，最主要的是要拆除各种体制机制障碍，在施行结构上予以流畅化，给予结构上的保障。

3. 提升城乡综合治理效益

城乡融合发展的生态治理是对环境的全面治理，是对区域内城乡整个生态系统的治理，遵循了生态系统的自然规律，从城乡区域整体角度考虑生态承载力和环境容量，将生态治理的终端前置，在源头上切实起到有效的预防和控制作用，具有科学性。这样能有效避免多头治理，通过统合城乡来优化配置资源，避免低效重复，降低治理成本，协调经济发展和环境保护的关系，消解生态治理中的地方保护主义。并且，城乡融合发展的生态治理将产生环保规模效应，使城乡在生态治理上同步，实现生态环境资源有效配置，能按照区域生态系统的规律开展工作，产生共时性的规模效应，充分发挥生态环境问题的正外部性效用，从功能性治理走向结构性治理。无疑，城乡融合发展的生态治理也将提高区域整体生态治理能力，环境问题具有跨界性和流动性，当一个地方在环境生态治理上无所作为或管理能力低下，就会影响到城乡整体的环境生态治理效果，故推行城乡融合发展的生态治理必然提高整体生态治理能力，特别是会带动生态治理较差的农村提升能力。城乡生态连体结构建设强调城乡之间分工协作，优化资源配置，规范开发秩序，控制开发强度，将会提高整个生态体系的运行效益，极大提升城乡综合治理效应。

综上所述，城乡生态连体结构建设具有宏观视野，强调生态规律和结果导向，能有效破解城乡二元结构，实现资源配置最优化、治理成本最小化、治理效益最大化、治理效率最高化等，与当前生态环境问题的治理现状和发展趋势相契合，适应了现代化、工业化、区域一体化的发展背景和时代需求，将成为城乡生态治理的新方向。

---

① 杜辉：《公私交融秩序下环境法的体系化》，《南京工业大学学报》（社会科学版）2020年第4期。

# 第二章　城乡生态连体结构的规范内涵

## 第一节　城乡生态连体结构概说

"我们的危机源于无意识的逆转自然规律，我们的幸运源于自然蕴涵的无限可能。"[①] 人类一次次面临危机，又一次次从危机之中进行学习成长。现在，我们面临严重的生态危机，那么就要以自然为师，从结构本身、内在层理方面分析原因、寻找对策。为实现城乡融合发展的理念，必须推进治理结构战略转型。治理结构战略转型十分重要，它能更有效地配置资源，使治理目标更加明确，生态治理路径更加清晰。在治理中，有以环境污染控制为目标、以环境质量改善为目标和以环境风险防控为目标的三种模式，且呈现逐步进阶状态。受经济社会发展条件制约，现阶段污染控制、质量改善和风险控制这三大任务是并存的，可见生态治理与环境保护的压力之巨大和转型之迫切。治理结构转变不是跳跃性的，不是突变的过程，不是孤立的变化过程，而是相互耦合的，是循序渐进的过程。在分析了城乡生态治理背景的变迁、城乡关系认知视角的转换和城乡生态治理阶段的演化之后，可以得出城乡生态治理结构具有社会建构性的结论，即随着社会建构因素的变化，已有的城乡二元化的治理结构严重不合时宜，需要新的治理结构取而代之，在上文中已将此新结构称为城乡生态连体结构。那么这一新的结构是什么？应该具有怎样的规范内涵？因为这是设想的一个全新的治理结构，也甚少相关资料，本书尽其所能地对城乡生态连体结构的基本内涵予以探讨。

---

[①]　大自然保护协会：《基于自然的解决方案（NbS）解锁自然的力量》，"大自然环保协会TNC"微信公众号，2020 年 7 月 30 日访问。

## 一　城乡生态连体结构的内涵

### (一) 基本含义

城乡生态连体结构"并非法教义学意义上的法律概念，而更多地作为一个描述性、开放性的概念，表述现代社会中国家在环境保护领域的责任及其多种实现方式"①。"理论本身就是指由多数彼此具有推论关系，而此推论关系本身又可以满足最起码的一致性和可检验性之陈述所构成的体系。"② 城乡生态连体结构，是一个复合型结构，是关于城乡生态治理结构的总称，其中折射着城乡关系、城乡伦理、城乡福祉、城乡格局等复杂内容。它"不仅汲取了天人合一观、环境保护观、极限增长观、可持续发展观等中外生态思想的精华，而且克服了其在立场、格局、路径、方法等方面的局限性"③。

城乡生态连体结构，是指改变以城市为中心的固有模式，环境要素、自然资源、生态服务等在城乡之间一体配置，组成城乡整体生态系统的各部分协调发展，形成相互融合、相互依托、相互促进的城乡生态治理新构造类型。通过建设这一结构，将逐步建立城乡协同发展机制，构建城乡生态化互补共生关系和多元多维生态链，形成合理的城乡生态布局与空间结构，提升城乡生态治理水平，实现城乡共荣发展。在此要注意以下几点：(1) 是"城乡"生态连体结构，强调统筹城乡整体考量。(2) 是城乡"生态"连体结构，明确建设什么内容的连体结构，生态有着整体性与协同性，具有连体的可能性与基础。(3) 是城乡生态"连体"结构，是城乡一体、城乡同构的结构类型。(4) 是城乡生态连体"结构"，最终落脚到结构上面，是针对城乡生态治理中出现的结构性问题提出的结构性解决方案，即通过结构的改造与重塑来解决城乡生态治理中的二元化结构现象。

城乡生态连体结构的构建践行着由理性认识到实践认识的转身，应从社会运行和可持续发展的历史向度来把握。随着经济社会的发展，我国城乡发展一体化进程不断加快。生态问题和经济问题是同源同质的，在这种

---

① 陈海嵩：《国家环境保护义务论》，北京大学出版社2015年版，第51页。

② ［德］卡尔·拉伦茨：《法学方法论》，陈爱娥译，商务印书馆2003年版，第327页。

③ 杨朝霞：《生态文明观的科学内涵》，光明网：https://theory.gmw.cn/2019 - 12/25/content_33429579.htm，2020年10月5日访问。

形势下，治理城乡环境污染、推进生态文明建设也需要统筹城乡，走环境共治之路。因此，《生态文明体制改革总体方案》中明确提出"坚持城乡环境治理体系统一"，强调加大生态环境保护工作对城市和农村地区的全覆盖。由此可见，建设城乡生态连体结构正是对此总体设计方案的落实与回应，是城乡一体化的结构依托和发展载体，也是生态文明建设新的着力点和实施路径。城乡一体化是总的城乡关系发展方向，在生态文明领域就表现为城乡生态结构连体化，城乡一体化是建设方向、城乡生态连体结构是实现方式，用城乡生态连体结构建设支持生态文明战略。城乡生态连体结构是协调、绿色、开放、共享的创新型结构，有利于五大发展理念的贯彻执行，强调在各环节、各领域、各方面都要协同配合、均衡发展、整体推进，追求可持续发展的高效率、高效益，强调综合效益（经济、社会和环境效益的统一）、总体效益（间接和直接效益、局部效益和整体效益、眼前和长远效益、当代和后代效益的统一）和最佳效益（速度和效益、数量和质量、先进性和可行性）的统一。①

（二）几点理解

城乡生态连体结构是内容丰富的开放性概念，是个全新的生态治理结构类型，可以从以下方面理解深化其基本含义：

1. 以消除城乡二元结构为出发点

"城乡二元结构体制下，农业农村处于被剥夺的地位，在此体制下的经济政策和发展战略大多把城市和工业放在优先保证的位置，而农业和农村的利益得不到有效保证。农村改革虽然激发了农民的生产积极性，农业生产得到了发展，但是，在城市剥夺农村的二元体制没有得到根本改变的情况下，城市仍然是农业增长的最大受益者。如果二元结构不打破，以二元结构为基础的体制机制不消除，农业农村优先发展的成果仍难以避免被城市剥夺。基于二元结构的体制机制其出发点本不是为了维护农民的利益，因此，打破这些制度不仅不会损害农民利益，还会让农民得到更多的应得利益。"② 建设城乡生态连体结构，正是打破这些体制机制禁锢的体

---

① 蔡守秋：《调整论——对主流法理学的反思与补充》，高等教育出版社 2003 年版，第 313 页。

② 主报告课题组：《构建农业农村优先发展体制机制和政策体系研究》，载魏后凯、杜志雄主编《中国农村发展报告 2019：聚焦农业农村优先发展》，中国社会科学出版社 2019 年版，第 33—34 页。

现，化城乡二元结构为城乡连体结构，围绕人的全面发展，进行城乡一体建设。

以消除城乡二元结构为出发点就意味着不能再"异构"，而要城乡"同构"，同在一个结构里面，就没有二元化的存在土壤了，就能消除结构壁垒，加快二者融合。查看城乡生态治理中的存在问题，可以清楚地看到城乡不处在同一个起跑线上，生态治理发展并不均等，处于失衡状态，所以首要的是在结构上予以"同"构而不是"异"构，才有可能城乡统筹和城乡融合，否则没有实现的基本场域和结构依托。这个"同"构就是城乡生态连体结构，城乡都在这个结构里面，共同建设城乡生命共同体。有了"同"构，才有可能打破结构壁垒。旧有结构是城乡"异"构的，就存在结构壁垒，难以形成城乡之间要素与人的融合流通，城市对农村有巨大的虹吸效应，农业农村农民长期单向流动，造成城乡差异的鸿沟，形成天然阻隔，无法开启双向流动，形成双循环。而城乡之间并不是简单的线性关系，是系统性的；不是只有城市一维的，是城乡多维的。随着城乡"同"构，打破结构壁垒，随着城乡交融秩序的展开逻辑，基于生态的公共性和关系性，城乡双循环借助城乡打通大动脉，由二元并立到合作并进关系，既不是二元论视角下城乡绝对截然二分，也不是在一元论视角下城乡完全相同，而是在一体化视角下的城乡融合，城乡共建共享，形成要素与人的融通流动。有了"同"构，才有可能共担责任。不在一个结构体系里，各自从城市、从农村局部利益出发进行治理，不能从城乡整体利益出发共担治理责任，不能基于生态整体主义协同治理。有了"同"构，才有可能权益平等。正是因为"异"构，城乡在二元结构中，不在同一个"世界"里，城市与农村的发展才相距甚远，所享有的环境权益也不平等，农村长期处于受忽视、被遮蔽的状况，农村居民无法与城市居民同样享受均等化的基本公共服务。破除城乡二元结构、实现同权同责，全面建立城乡平等交换机制，需要以特殊形式、特殊价格进行转让的，相应建立利益补偿机制，才能实现城乡平等。

2. 城乡生态连体结构是城乡关系的时代产物

城乡生态连体结构是以城乡关系为主线的，也是特定城乡关系的时代产物。

城乡关系涉及城与乡，不是单向而是双向的，具有复合型，其中既有城乡之间对立统一的关系，又辐射到社会领域的方方面面，包括了城乡生态关系、城乡经济关系、城乡组织关系等，非常复杂多变。"城乡关系是一定社会经济条件下城市和乡村之间相互作用、相互影响、相互制约的普遍联系与互动共生关系。"① 历经多年发展，我国的城乡关系也处在不断调整之中，逐渐从城乡对立、城乡二元、城乡分割走向城乡一体化发展、城乡融合发展，这里面的原因包括"在遵循城乡发展规律的同时，充分结合当时的政策框架与社会经济背景，探讨了城乡关系演变及其社会经济组织模式和政策引导"②。也就是说，社会背景、政策框架、发展阶段等社会因素塑造了不同的城乡关系。党的十六大以来，中央对城乡关系的认识随着实践发展经历了统筹城乡经济社会发展→统筹城乡发展→城乡经济社会一体化→城乡发展一体化→城乡融合发展的演进，这一步步的演进脉络，表明认识愈发具体，方向愈发明晰，行动愈发聚焦，此进行结构调整自是题中之义。2002 年 11 月，党的十六大提出"统筹城乡经济社会发展"的方针。2003 年 7 月，中央把"统筹城乡发展"作为"科学发展观"的重要内容，并将其列为五个统筹之首。2007 年 10 月，党的十七大提出"建立以工促农、以城带乡长效机制，形成城乡经济社会发展一体化新格局"。2012 年 11 月，党的十八大指出"城乡发展一体化是解决'三农'问题的根本途径"。2013 年 11 月，党的十八届三中全会提出形成以工促农、以城带乡、工农互惠、城乡一体的新型工农城乡关系。2017 年 10 月，党的十九大进一步提出实施乡村振兴战略，建立健全城乡融合发展的体制机制和政策体系。这些论断都深刻反映了对城乡关系及其发展路径的认识不断深化，即城乡关系是有意识地社会建构，与这种城乡关系相适应，也随之形成了匹配的城乡生态连体结构。城乡生态连体结构既是新型城乡关系实现的路径，也是城乡关系发展的时代产物。

3. 城乡生态连体结构是城乡融合的结构依托

"城乡融合的本质是在城乡要素自由流动、公平与共享基础上的城乡协调和一体化发展。前述的政策、文件和理论正在包括城乡生态治理在内的各领域予以实践，逐步向农业农村农民倾斜性配置各种资源，新的反哺机制也在形成之中，一步步扭转失衡的城乡关系，使城乡关系正在发生着

---

① 刘春芳、张志英：《从城乡一体化到城乡融合：新型城乡关系的思考》，《地理科学》2018 年第 10 期。

② 刘春芳、张志英：《从城乡一体化到城乡融合：新型城乡关系的思考》，《地理科学》2018 年第 10 期。

前所未有的变化，通过理论与实践的形塑，渐次形成城乡之间融合发展和平等发展的新格局。具体表现在城乡经济社会要素的自由流动，城乡居民公平共享基础设施和公共服务，乡土文化和现代文明交融共存的城乡文化，以及与之相适应的绿色生态空间和宜居城乡环境。因此，要素融合是基础，基础设施与公共服务融合是抓手，空间融合是保障，生态融合是目标。"① 城乡融合发展要有架构基础，城乡生态连体结构就是城乡融合发展的结构依托，否则在哪里融合？要素在什么框架内自由流动？人的融合依靠什么结构维系？等等，这些都说明结构载体的重要性，否则建设无从谈起。

当然，如何让这一结构承载现实重托，首先需要准确理解其内涵，并予以合理建设，即进行"城乡同构"。城乡是共生的，生态是整体的，尽管城乡存在一定的地理界限，但两者是生态系统中相互影响、不可分割的整体，一个地方生态环境的恶化必然影响到周边地区。虽然城乡不同地区的人们对于生态环境破坏损害的感受程度不同，他们的生态关切也各不相同，但城乡生态治理牵涉多方利益博弈，生态治理不能割断城市与农村之间的联系，任何一个单一主体都不足以维持城乡生态治理的长期成果，二者是命运共同体。只有构建城乡生态共同体，打造城乡一体式结构，城乡各方利益才能都得到有效表达和合理维护，才能填平城乡差异发展的鸿沟，才能补齐农村生态环境的短板。城乡"同"在一个结构里面，才能称为城乡生态连体结构，否则就失去了建设的根本性前提，所以这是建设中必须要坚持的核心环节，之后才有在"同"构中的城乡差异性定位及其发展。

4. 城乡生态连体结构是生态治理的路径依赖

生态环境问题具有整体不可分性和内在关联性，传统的治理模式是孤立的封闭的内向型环境治理，割裂了区域内部的有机联系，环境治理裂解成碎片状，忽略了污染源的叠加影响和环境质量的协同影响，忽略了地区发展程度、地区产业结构甚至时间因素等社会综合因素的影响。多年实践证明这种环境治理效益很差，成本高昂。只有区域环境治理才是针对不同的区域状况，因地制宜、因时制宜地采取适应性的治理措施。城乡生态治理结构作为区域治理中的一种，是完全不同于原有治理结构的，在扬弃和

---

① 刘春芳、张志英：《从城乡一体化到城乡融合：新型城乡关系的思考》，《地理科学》2018 年第 10 期。

修正中体现出它具有天然的结构优势：第一，是对生态环境的全面治理，遵循了生态系统的自然规律，具有科学性。第二，协调了经济发展和环境治理的关系，在城乡生态承载力基础之上发展经济。第三，提高了治理效率，产生环保规模效应和共时效应。第四，实现环境资源有效配置，走向结构性治理。多年实践证明，生态环境治理具有空间尺度性，往往需要在跨区域的大生态区域层面上进行，需要生态环境资源的跨区域配置、环保基础设施跨区域共享、产业结构跨区域布局等。这些生态环境问题的解决只有通过区域内的合作方能实现，这也正是一个从要素性治理到功能性治理再走向结构性治理的过程。第五，提高了整体生态治理能力。这些结构优势恰恰使得城乡生态治理离不开这一连体结构，城乡生态连体结构成为生态治理的路径依赖。

5. 城乡生态连体结构是基于自然的解决方案

如前文所述，大自然在"倒逼"城乡生态一体治理，通过客观规律发挥作用、规导行为，与之匹配的就要建设城乡生态连体结构。这是基于自然本身的解决方案，因为自然会自救，会自我寻找，会从内在结构方面寻找对策，这符合事物解决的内在逻辑，相应的内生性问题、结构性矛盾会迎刃而解。

城乡生态连体结构的建设就是从自然生态规律出发，基于生态整体主义而建立的一种"自然"的结构，用来应对人与自然的关系，甚至它都不是建立起来的，而是大自然中本来就有的"治理结构"，只不过是被我们发现了而已。这个在解决城乡生态治理问题上给出的结构性方案，其实就是大自然的产物，只是我们以前没有遵循它，并因此遭受了来自大自然的惩罚。也正因为是基于自然而进行的，建设城乡生态连体结构是根本性的解决方案，也不会带来实施中的不适应和不自洽。建设城乡生态连体结构是从系统性、结构性角度出发统筹城乡生态治理问题，是对城乡生态环境问题的系统治理、综合治理、源头治理。

这种基于自然的解决方案，其实质是解锁自然的力量，"最大限度地发挥自然的力量；从对自然资源无序的开发和利用，逐渐转变到尊重自然、'与自然合作'的思路"①，因为这种基于自然的解决方案最为绿色环

---

① 大自然保护协会：《基于自然的解决方案（NbS）解锁自然的力量》，"大自然环保协会 TNC"微信公众号，2020 年 7 月 30 日访问。

保节约，因此在国际上正在逐步推广适用。"基于自然的解决方案（Nature-based Solution，以下简称 NbS），科学合理地利用自然资源，将会对应对气候变化、生物多样性保护、水资源管理、粮食危机、社会经济发展等重大挑战发挥积极有效的推进作用。利用自然的力量、增加对 NbS 的投资，现在很多环境与社会问题都有望得到顺利解决，而且可以带来诸多的收益。"[①] NbS 是近十年提出的新概念，有多种不同的定义和解读，欧盟认为 NbS 是指"受自然启发、由自然支持或仿效自然的行动"，其目的是帮助社会可持续地应对面临的一系列环境、社会和经济挑战，世界自然保护联盟（IUCN）将 NbS 定义为："通过保护、可持续管理和修复自然或人工生态系统，从而有效和适应性地应对社会挑战、并为人类福祉和生物多样性带来益处的行动。"[②] NbS 包含哪些基于生态系统的手段，如何积极地利用生态系统的服务功能，应对人类社会面临的重大危机与风险，可以从图 2-1 中反映出来。

由图 2-1 可以看出，NbS 是积极地利用生态系统的服务功能，应对人类社会面临的重大危机与风险，从而助力实现可持续发展目标（SDGs）的一个整体概念。一系列基于生态系统的手段，如基于生态系统的适应（EbA）、基于生态系统的灾害风险减缓（Eco-DRR）、自然或基于自然的基础设施（EI）、绿色基础设施（GI）和基于自然的气候解决方案（NCS），都属于这一整体范畴。NbS 也包括基于生态系统的原则在农业实践、粮食系统和水资源管理方面的应用。一个 NbS 解决方案可以应对一个或多个挑战，满足一个或多个社会需求，但它必须对自然产生净效益。所以，从这一新型概念出发，我们可以看到最为先进的理念之一，即自然的问题自然解决，这不失为一个非常有启发性的思路。在构建全新的城乡生态连体结构之时，本书认为这一结构也是从生态整体主义出发、从城乡内部结构寻找对策，试图解决二元化的治理结构带来的种种严重后果，这和基于自然的解决方案（NbS）是内在一致的，由此笔者认为在理解城乡生态连体结构时也可以着眼于这一点。

基于自然的解决方案强调充分利用生态系统所能提供的供给（食物、

---

①　大自然保护协会：《基于自然的解决方案（NbS）解锁自然的力量》，"大自然环保协会 TNC"微信公众号，2020 年 7 月 30 日访问。

②　大自然保护协会：《基于自然的解决方案（NbS）解锁自然的力量》，"大自然环保协会 TNC"微信公众号，2020 年 7 月 30 日访问。

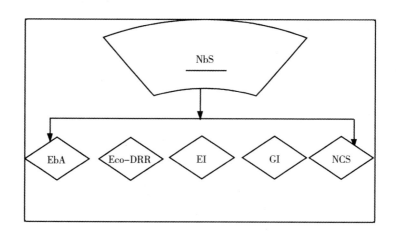

**图 2-1　NbS 的内涵关系①**

纤维、洁净水、燃料、医药、生物化学物质、基因资源等）、调节（调节气候、空气质量调节、涵养水源、净化水质、水土保持等）、支持（养分循环、土壤形成、初级生产、固碳释氧、提供生境等）和文化服务（精神与宗教价值、娱乐与生态旅游、美学价值、教育功能、社会功能、文化多样性等）功能，来应对目前人类社会面临的一系列重大威胁，同时带来多种经济、环境和社会效益，如降低基础设施成本、创造就业、促进经济绿色增长、提升人类健康和福祉等。目前人类大大低估了大自然即生态系统的服务功能、价值和潜力。

　　NbS 在应对全球危机中具有巨大潜力，是实现可持续发展目标不可或缺的重要途径，并具有极高的成本效益。据统计，每 1 欧元的生态恢复投资可产生 27.38 欧元的回报，每 100 万欧元的生态恢复投资平均可产生 29.2 个工作岗位，是油气行业的 6 倍。② NbS 与生物多样性具有深度协同效应。一方面生物多样性是 NbS 实践的重要基础，要在 NbS 设计和实施中充分考虑生物多样性保护和生境营造，如使用本地物种进行生态恢复、近自然林业和土地管理、混交造林、农田管理中的间混套作；另一方面

---

① 大自然保护协会：《基于自然的解决方案（NbS）解锁自然的力量》，"大自然环保协会 TNC"微信公众号，2020 年 7 月 30 日访问。

② 大自然保护协会：《基于自然的解决方案（NbS）解锁自然的力量》，"大自然环保协会 TNC"微信公众号，2020 年 7 月 30 日访问。

NbS 的科学实践又是提高生物多样性的重要推手，无论是在城市、乡村还是自然保护区，NbS 都给了我们创新的思路和方法来应对生物多样性危机及其带来的社会挑战。NbS 在应对自然灾害、水资源和粮食危机中也具有不可替代的作用。例如，森林、湿地和洪泛平原等"自然基础设施"可大大缓解自然灾害和气候风险。相对于传统的单一的水利工程、海堤等"灰色"基础设施，NbS 可以作为工程措施的补充或在一定条件下成为替代方案，提升防灾减灾效果和可持续性。每年投入 420 亿—480 亿美元用于水源地的保护和恢复，至少可以改善 14 亿人的供水安全。[①] 通过轮作、免耕、覆盖作物种植等，可提升土壤健康，节约用水的同时，保障粮食安全。

面对危机，需要创新的解决方案，必须要重新思考人与自然的关系，NbS 带来了自然保护领域的创新与变革的方向，认为应对环境问题应最大限度发挥自然的力量。而建设城乡生态连体结构就是基于自然的解决方案的尝试，力图通过结构性的方式来最大限度发挥自然的力量，"因为这是内生性的解决之道，自然的问题自然解决，这恰恰也是最为环保节约经济的解决办法"[②]。

6. 城乡生态连体结构是利益共同体与责任共同体

构建城乡生态连体结构，实现城乡共建共享，代表着未来发展方向。城乡生态连体结构强调城乡之间的相互依存关系，而这种相互依存产生了一种整体的更高的利益，即城乡生态共同利益，并因此产生了共同的目标和责任。城与乡不是被分割成了各个孤岛，而是被生态联结成了命运共同体，这需要建立确定的、正义的和安全的生态秩序，城乡生态连体结构有助于这种秩序的形成。城乡承担着有区别的共同责任，这一结构首先是"生态责任共同体"。城乡生态环境问题的累积形成，是因为没有合理的责任机制来指导城乡生态治理，城乡对于生态治理应当承担何种责任是茫然无序的，没有进行明确、科学、公平、合理的城乡责任分配。有什么样的治理责任，就会有与之相对应的治理行为，形成相应的治理后果。既有问题都是在不合理的治理责任体系下衍生而来的，即城市、农村各扫门前

---

① 大自然保护协会：《基于自然的解决方案（NbS）解锁自然的力量》，"大自然环保协会 TNC"微信公众号，2020 年 7 月 30 日访问。

② 大自然保护协会：《基于自然的解决方案（NbS）解锁自然的力量》，"大自然环保协会 TNC"微信公众号，2020 年 7 月 30 日访问。

雪，没有承担共同的治理责任，而环境是整体的，又具有跨界性，当然不能分而治之，即没有明确城乡负有共同责任。并且，没有考虑城乡环境问题形成的历史原因和现实的城乡生态治理能力，没有合理区分二者责任的不同，即没有明确城乡之间有区别的责任。所以，归根结底，城乡生态环境问题的存在追根溯源是治理责任不清、不公，才会带来治理中的混乱、碎片、失衡现象。因此，这些都决定了解决对策必然要高屋建瓴，能区分问题统领全局，能整体观照城乡生态环境利益，能从历时性与共时性的统一中来确立城乡生态治理责任的基本原则，以此来指导具体制度和措施的实践，而能达致这一要求的，就是"有区别的共同责任"原则。所谓"共同"，是指城乡对生态环境问题的产生、发展都有责任，故而治理责任也是共同的；所谓"有区别"，是指基于环境正义理论，根据城乡生态环境问题形成的历史原因、现实的能力基础以及最终的解决方案，不能对城乡施以一样的治理责任，或者说，由此产生的治理责任是有区别的。共同治理是城乡首要的基础责任，但城乡又是不同的，是有区别的，在基础责任之上应该追求更为准确科学合理的定位，要对责任做不同区分，对城市有更高的责任要求。

同时，城乡生态连体结构是城乡生态治理的立场与方案，它既是理念也是实践，以合作共赢为出发点和目标，以融合性为思想内核，合作治理、共同增进城乡生态福祉，城乡生态连体结构应该是"生态利益共同体"[①]。所以，城乡生态连体结构的内涵可以概括为利益共同体与责任共同体。

7. 城乡生态连体结构是多重功能的集大成者

功能定位决定建设的最终走向。功能价值依据的是结构的"内在属性"，其强调的是这一结构存在的独特性和系统制衡的功能，应该从该结构的"目的性""正当性"和"合理性"进行判断。城乡生态连体结构是个复杂的结构，牵涉的法律关系非常多元，其中隐含着多重功能。城乡生态连体结构可以定位为集引导、调控、分配三大功能于一体（如图 2-2 所示）。它的引导功能表现为引导城乡向一体化发展，走城乡融合发展之路，从而实现城乡环境正义、构建城乡生态秩序和保障城乡生态安全，并

---

① 姚莹：《"海洋命运共同体"的国际法意涵：理念创新与制度构建》，《当代法学》2019 年第 5 期。

且为推动生态环境治理现代化搭建了制度通途，会带来制度内生。它的调控功能表现在生态承载力阈值范围内进行调节，合理确定城乡生态定位、建设速度和发展强度，实现城乡和谐共生。它的分配功能表现为提升城乡生态多样性水平，构建多元多维生态链接，通过建设城乡生态连体结构实现城乡之间功能互补、资源共享（资源使用的公共性价值）与责任共担（防止不合理的责任转嫁），构建多元化的生态服务供给体系，实现城乡公共服务均衡化，共建共享生态福利和环境利益，并在分配正义不彰的情形下，能够通过矫正正义的法律手段来达到罗尔斯（John Bordley Rawls）意义上的"作为公平的正义"。三大功能之间是相互依存的，也是相互影响的。城乡生态连体结构集这些功能于一体，它是一个多功能综合体。这既说明了这一结构的功能价值巨大，也反映了建设的艰巨性，建设时要特别注意这些功能之间的兼容性。

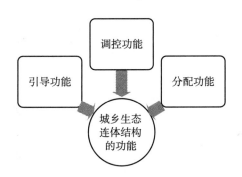

**图 2-2　城乡生态连体结构的功能**

## 二　结构建设的重点与难点

因为要构建的城乡生态连体结构是全新的结构，所以很有必要探讨在建设过程中有哪些重点与难点，一方面是厘清建设思路，另一方面也是为了更好地辨明这一结构的内涵，聚焦建设内容与建设方法，达到更好的建设效果。

（一）结构建设的重点

在建设城乡生态连体结构时，应该围绕下述重点问题展开：

第一，结构的内涵。作为一种新的治理结构，整体上是一种治理模型的转变，它到底具有怎样的基本含义、应该如何理解基本含义，也就是说这一结构是什么是建设中最为重要的问题，因为这既是建设的目标，又是建设的载体，还是过程的依托。如果结构的内涵不清不明，会使得整个建设失去中心、没有方向，也无法确定建设的具体内容、基本原则、制度规范等，最终带来盲目的、空洞的建设。比如说，如何"构建和形成对'三农'问题的现代认知观，包括对农业多重功能、农民多重属性、农村多重价值的认知？"① 如何实现结构的价值回归，即从工具理性到价值理性的回归？如何实现结构的目标定位，即从结果导向到过程治理的转变？

第二，结构的遵循。结构建设有着内在遵循，那么城乡生态连体结构的理论基础有哪些？它基于和遵循什么内在依据进行建设？它应该按照哪些原则进行建设？这些问题对于城乡生态连体结构的建设非常重要，因为是这一结构展开的逻辑。比如说生态治理现状依然严峻，如何能够通过这些遵循使得建设城乡生态连体结构可以解决生态治理中的结构性、根源性、趋势性问题？再有，如何注重揭示特定的结构因素对于人类行为的决定性作用，城乡生态连体结构如何按照内在遵循做好"统""同""融"的文章？进而反思城乡生态治理的本质逻辑及其变革方向。

第三，制度的保障。城乡生态连体结构的建设最终落脚在制度保障上，所以当然是建设的重点。制度是城乡生态治理的工具箱，否则只是空有结构而无落实之制度，城乡融合发展从何而来？宏观发展全局中微观具体生态制度的缺失被普遍视为我国生态文明建设的主要问题。所以，制度建设的价值意义不言而喻。通过制度建设，将"规范外的价值"转换为"规范内的价值"，研究从价值维度转向了制度维度，使城乡生态治理完成从事理到法理的转变，一系列理念完成从价值论到认识论到方法论再到实践论的过程，是城乡生态治理结构制度建设的转型与创新。在这一过程中，需要建设哪些基本制度，为什么是这些基本制度，这些基本制度如何从城乡生态连体结构角度出发予以建设，需要一一厘清，不能"把环境政策的文本等同于环境改善的实践。更加注意反思环境政策的制定和执行过程及其效果。围绕环境政策制定过程的公开性、公平性、科学性以及公众参与的程度，环境政策与其他政策的耦合关系，环境政策执行过程中的扭曲机制以及特殊动力，实践中环境政策的虚置和形式化等议题。带着一

---

① 张红宇：《农业农村优先发展》，《中国农村科技》2019 年第 10 期。

种建设性的反思精神来看待城乡生态环境保护实践，更加注重学理层面的解析"①。这里虽然说的是政策，但这一道理也同样适用于制度及其建设。也恰恰说明，我国的生态治理特别是城乡生态治理大量依赖的还是各种政策文件及讲话，转化为各种具体的治理制度并不常态化，这正是制度建设最大的薄弱点之一，即制度隐藏在政策文件及讲话之中，是虚化的、泛化的，而不是实体的、具象的，更遑论健全的制度体系了，这也正是我们研究中的重点。并且，要注重建设制度的全貌，否则"分析视角的'当代性'无法剖析制度变革的深层原因，处在历史的视野中观望当下的制度变革更有'带入感'。形成于特定历史背景下的社会规范有着深刻的时代烙印，如果割裂历史的发展脉络，孤立的分析导致制度变革的影响因素则始终无法窥得制度的全貌"②。这一结构是复杂的，城乡生态治理内容纷繁、情形复杂、任务艰巨，这些都决定了具体的实施制度必然是一个集群，组成了城乡生态连体结构的制度体系。所以，如何体现制度的体系关照而不是各自为政？制度之间又如何衔接、融合与协调？如何实现制度的可供性、可及性？

第四，制度的效果。上述制度予以保障实施之后，是否一定达到制度预期的效果？制度的效果即为建设的效果，直接决定建设成败，所以是建设中的重点问题。判断制度效果的唯一标准就是通过建设这一结构实现城乡生态环境质量的"根本好转"，何为"根本好转"？它有哪些特征？哪些判断指标？依据是什么？有文章指出，"具体包括六个方面的特征：一是生态环境质量不仅不能拖基本实现社会主义现代化目标的后腿，并且还要努力为其增光添彩。二是要从根本上有效解决制约生态环境改善的主要问题，才能稳固实现生态环境根本好转。三是覆盖面要广，是全国各地区、多要素、整体性的生态环境质量转变，而不是部分地区、单一要素、某一领域的生态环境质量的改善。四是好转程度要大，是生态环境质量要出现根本性、转折性的变化，而非仅仅扭转恶化趋势。五是协调性要强，是扭转生态环境滞后于社会经济发展的局面，社会、经济、环境同步达到

① 洪大用：《环境社会学：彰显自反性的关怀》，《中国社会科学报》2010 年 12 月 28 号第 20 版。

② 侯佳儒、尚毓嵩：《大数据时代的环境行政管理体制改革与重塑》，《法学论坛》2020 年第 1 期。

基本实现社会主义现代化目标水平。六是认可度要高,是生态环境质量改善成果得到全社会的广泛认可,基本满足人民群众美好生活的需要"①。这些可否套用到城乡生态治理制度的实施效果之上,值得深入探讨,但显然具有强烈的借鉴意义。可以明确的是,虽然生态治理取得了瞩目成就,但我国城乡生态环境形势仍然不容乐观、不能掉以轻心,长期存在的结构性、根源性、趋势性问题尚未得到根除,城乡总体治理压力仍然巨大,急需通过制度建设予以矫正、巩固、提升。所以,应该自始至终把制度效果作为关注的重点。

(二)结构建设的难点

应该说上述四点既是结构建设的重点亦是难点。除此之外,还有以下难点之处:

第一,如何寻找结构性问题,并能通过这一结构予以解决。例如,要求城乡全面建成小康社会,其中有两点值得格外关注,一是"小康",意味着建设的标准,二是"全面",意味着覆盖面之广、水平之均衡、发展之协调、未来之持续。很显然,"全面"的难度更大、要求更高,不仅是总量、速度这些指标问题,更侧重于结构性问题。否则,就不是真正地达到了目标,也无法得到广泛认可。环境问题是全社会关注的焦点,也是全面建成小康社会的一个关键。如果经济发展了,但生态破坏了、环境恶化了,那样的小康、那样的现代化不是所希望的。那么,在这其中,结构性的问题有哪些,城乡生态连体结构能否消解和接纳治理中的问题,实现包容性发展,都是结构建设中的难点。

第二,如何逻辑自洽地建设这一结构,如何增强结构活力,如何缓解结构紧张,如何解决融合不足。这些问题具有极大的难度,尤其对于一个新结构的建设而言,本书也是尽其所能地展开探讨,以期有所助益。就以"分治"而非"共治"问题为例。市场、社会公众乏力,难以形成共治。虽然在城乡生态治理中政府、市场、社会公众等多元主体都未"缺席",但各方自身都还存有问题,实质上还远远未能达到多元共治所强调的"政府、市场、社会公众协同合作"的核心要求,也离真正的"共治"还有不小距离。这些关于结构建设的问题是难点之所在。

① 陆军、秦昌波:《生态环境"根本好转"要有六个特征 以辩证思维看待生态环保任重道远》,《中国环境报》2020年11月6日第3版。

　　第三，如何真正从结构角度、以生态思维看待城乡生态治理。这可以以我国当前乡村垃圾治理效能仍然较低为例，来稍加说明。乡村垃圾治理失灵，"一是治理模式偏离乡村空间布局事实。乡村垃圾的处理模式仍然主要是'村收集、乡转运、县处理'①。这种模式对于空间位置相离较近的村庄来说较为适宜。但我国大部分村庄，尤其是西部地区，乡村普遍是分散型的，加之乡村本身具有一定的垃圾消纳空间，很多乡村的垃圾其实不需要出村处理。集中处理往往会造成更大的浪费。二是以政府为治理主体，偏离乡村组织群体形态。目前乡村垃圾治理以政府为主导，群众参与性较低，治理效能不高。同时，由于是政府推动型治理，往往是行政命令式和资金强推式，缺乏乡村文化、情感治理手段的应用，对群众的主动意识调动有限，治理水土不服，乡村熟人社会的监督效果没有形成。三是治理理念仍局限于就垃圾治理垃圾。乡村垃圾的治理思路单一，仍是用工业文明的思维来治理乡村垃圾，没有按照乡村社会生产、生活、文化融为一体来推行，缺乏系统性治理理念。治理理念仍是把乡村垃圾当作垃圾，而不是当作放错了地方的资源，要认识到垃圾不只是终端处理的问题，更是源头生产方式、生活方式的问题，要用系统式思维来推进。无论是乡村垃圾的流转过程还是乡村垃圾的终端处理模式，在某种意义上仍是生态循环中断式的治理。"② 这一个例证其实是我国城乡生态治理的一个缩影，现实中还存在大量的生态循环中断式的治理，没有体现结构上的一体考量，没有把相关行为纳入生态整体主义中去分析。正如垃圾问题不是单纯的生态问题，它和生产方式、生活方式高度关联，都是大自然链条上的一环，为什么会有大量的垃圾？如果不把生产、生活、生态空间"三生统筹"，即使忙于垃圾转运也是治标不治本，就会一直受困于垃圾治理，就是人为阻碍生态循环式治理。也就是说，虽然倡导城乡一体发展、融合发展，但怎么在结构上连体融合、在思维上树立生态理念，还是现实中的极大难点。

　　对于这些结构建设中的重难点问题，本书将在后续研究内容中从理论基础、基本原则、具体制度等方面予以回应。

---

　　① "村收集、乡转运、县处理"模式依据的是 2019 年 10 月住房和城乡建设部发布的《住房和城乡建设部关于建立健全农村生活垃圾收集、转运和处置体系的指导意见》。

　　② 何建莹：《用生态文明思维提升乡村垃圾治理水平对策研究》，《中国生态文明》2020 年第 3 期。

# 第二节　城乡生态连体结构的属性

建设城乡生态连体结构，意在纠偏调整，关键在于以城乡环境利益共生为核心，坚持城乡共治，构建城乡环境共建共享格局，最终实现城乡环境正义。所以，城乡生态连体结构有两大本质属性：一是共建，二是共享，共建是共享的前提，共享是共建的目的。共建共享带来共生共荣，本质是社会本位，体现一种社会责任。

地缘关系唤醒生态共同体意识，最终实现区域共赢。城乡生态连体结构建设应该体现城乡社会整体利益，遵循"协同性"，坚持生态本位观，构建城乡生态共同体，城乡居民成为"生态人"模式。城乡利益实质上是多层次利益整合的结果，是城乡生态治理进程发展的必然结果，基于生态发展固有的价值和内在的需要，外显并保持在生态活动中。

## 一　城乡共建

生态环境问题的产生、延续与治理不分界限，是需要城乡共同面对的，因此城乡共建理所当然、势在必行，这也成为城乡生态治理结构必然的属性。我国城乡环境治理失衡的根本原因是没有实现城乡共建，因而在重构城乡生态治理结构时必须要注意克服这一弊端，通过各种方式城乡"共"建，这个体现在对城乡生态环境要共同治理，不能只注重建设城市这一方。一般来说，主要通过建立新的城乡反哺机制和消除城乡环境剪刀差来反映结构中城乡共建的属性。

### （一）建立新城乡反哺机制

城乡生态治理是公平与效率相兼顾的过程，是历时性与共时性相统一的过程，具有时间轴向上的顺序性和阶段性。由于特定的历史原因，我国长期实行城乡二元发展格局，这种格局也即"城市中心主义"，是以长期牺牲农村、农业、农民利益来实现的，是城市的单向发展、偏态发展。随着经济社会的发展，这种发展格局的弊端日益凸显，早已丧失其合理性基础，并且引发了严重的社会不公现象。表现在环境领域，就是城乡环境不正义。为了解决这一问题，就必须打破旧有的城乡利益格局，形成新的城乡环境利益共识，以城乡环境利益共生为核心，加强城乡发展正向融合，形成新的反哺机制，即"城市支持农村，工业反哺农业，市民带动农民"①。建立新城乡反哺机制，目的在于弥补多年来对农业农村发展建设的亏欠，把短板补上，使城乡处于同等发展水平，消弭不合理的城乡差距。

开启这一反哺机制，其实质是对农业、农村、农民予以倾斜。换言之，城乡融合发展离开了农村优先发展就失去了基础，在政策取向上要坚持农业、农村发展优先的原则，解决长期重城镇轻农村、重工业轻农业的问题，把农业农村的发展摆在优先的战略地位。《生态文明体制改革总体方案》中明确要求加大对农村污染防治设施建设和资金投入力度。党的十九大提出要坚持以工补农、以城带乡，推动形成工农互促、城乡互补、全面融合、共同繁荣的新型城乡关系。这些纲领性要求放在当下语境中，就是要补上农村生态治理的历史欠账和现实短板，向农村倾斜，对农村反哺。为了使之实现，首要的就是先行形成新的城乡反哺机制，从根本上改变城乡关系的倒置性，以城乡生态利益共生为核心，加强城乡正向融合发展，通过反哺机制形成稳定的倾斜性扶持，逐步补上欠账和短板，提高乡村生态治理水平，促进乡村生态振兴。

我国长期存在的城乡环境分治现象严重地制约城乡生态环境治理，如果不进行反哺，单纯强调城乡融合发展，既不现实也不负责任，更有违公平正义理念，也完全忽视了历史因素，城乡生态治理的合法性会遭受严重质疑。建立新城乡反哺机制也是为了在共建中优先发展农业、农村。2019年中央一号文件对坚持农业农村优先发展做出了全面系统的部署，要求坚持农业、农村优先发展，做好"三农"工作。由城乡并重到优先发展农业、农村的调适，符合社会主要矛盾历史性变化的要求。优先发展是指在每个时点上，农业、农村发展所需要的环境和条件都需要得到保障，应该市场发挥作用的地方就要尽快建立市场、允许市场发挥决定性作用，需要政府更好发挥作用的地方就要及时提供。要明确意识到优先发展的内涵具有动态性和阶段性。坚持农业、农村优先发展的总思路是"快补存量，同步增量，融合发展"，即对农业、农村发展各种投入存量要补齐，同时在增量分配上要与城市和工业至少保持"同步"，甚至有适当"倾斜"，

① 此处参考了洪大用在《推进基本环境服务城乡均等化》（《中国社会科学报》2015年7月15日第6版）一文中的说法。

最后实现城乡"融合发展"。当前发展阶段共建的总思路就是两点，即努力补短板和快速还旧账。现在仅仅同步还不够，必须优先，补短板、还旧账都要快，这样才能快速缩小城乡差距。

（二）消除城乡环境剪刀差

由于长期存在的城乡发展差异，在城乡生态环境质量方面存在巨大落差，因为是由城乡结构造成的，可以称为"城乡环境剪刀差"，这是一种倒挂的不合理发展结构。如前所述的所有的城乡生态治理中种种失衡现象，都源于这一结构体系，是这一结构发展出来的必然结"果"，城乡二元化发展则是"因"，这是有违城乡公平正义的，与全面建设小康社会的要求很不相称。在新的发展阶段，旧有城乡结构已严重不合时宜，必然要迎来治理结构的新生，才能满足人民群众日益增长的美好生活需要，才能扭转城乡失衡状态。通过有意识地社会建构，国家正在从注重城市偏向发展的生态治理时期转为面向城乡融合发展的生态治理时期，正在通过以下方面消除城乡环境剪刀差：

1. 大力构建城乡共生关系

只有大力发展城乡共生关系，城离不开乡，乡离不开城，城乡融合在一起，要素自由流通，而不是割裂的、分离的、碎片化的关系，才能大为扭转偏向城市的单向发展结构，才能打破以城市为中心的发展模式。城乡关系是治理中的内在关系，由此产生的问题也是内生的，要从二者内在结构方面寻找解决方案。同时，城乡生活在共同的生态社区里，作为社区的成员，人们应该尊重环境伦理，"一个行为如果可以保护生态社区的完整性、稳定性和美感就是正确的，否则就是错误的"①。这也是城乡共生关系的一种体现，因为城乡都处在生态社区里面，城乡居民都是生态人。

在构建城乡共生关系时，有两点需要注意：一是注意合理确定城乡生态定位，城乡共生不意味着城乡是同质同类的，它们之间仍有定位不同的客观现实。城与乡的差别显而易见，二者定位完全不同。正如，"城市就是要体现繁荣，所以建筑密度、容积率在一定的区域内可以适当高一点。要城像城、镇像镇、农村像乡村，农村要有田园的感受，这就是空间感的感觉。农村就要有合理的田园风光。城是城、镇是镇、农村是农村，有明

---

① ［美］詹姆斯·萨尔兹曼、巴顿·汤普森：《美国环境法》（第四版），徐卓然、胡慕云译，北京大学出版社 2016 年版，第 25 页。

显的空间变化的感受，空间感调整人类内心需要"①。有的地方错误理解城镇化、城乡一体化，以城吞乡，严重损害农民利益。城镇化和城乡一体化，绝不是要把农村都变成城市，城市是城市，农村是农村。不能重城轻乡，没有农村就没有城市，正因为二者不同才有必要构建共生关系，否则就是一个模子，没有必要共生互促互补式发展了。二是提升城乡生态多样性水平，为构建城乡共生关系打下丰厚、坚实、牢固的基础。通过提升生态多样性水平可以提高生态承载容量，城乡生态空间实现有机整合，最终基于生物多样性水平和生态承载力合理确定发展强度和建设速度。关注人、动物、植物、环境等生命共同体中各方角色的有机整合，对生命体和非生命体都予以关怀，强调"山水林田湖草沙生命共同体"系统思想，遵循以维护和提升区域生态系统服务功能为核心，统筹管理自然资源与环境、污染治理与生态保护、水—气—土—生物要素管理，保护生态系统原真性、完整性和生态服务功能，统筹山水林田湖草沙生态系统的整体保护、系统修复、经济发展、资源利用的关系。统筹考虑人的要素，将人纳入生态共同体，合理配置生产生活生态空间，尊重和顺应自然规律，生态系统的不同自然要素之间通过物质循环和能量流动形成直接或者间接的相互作用关系，将人类福祉的提升和改善作为根本出发点与落脚点，以优化生态系统服务供给为抓手，实现生态系统结构、过程和功能修复与人类福祉的有机统一，以实现联合国 2030 年可持续发展目标（SDGS）为重要牵引，向人类社会创造更多惠益。当然，由于不同的生态系统服务之间存在此消彼长的权衡关系和相互增益的协同关系，应根据生态系统管理的不同目标，权衡与协调不同生态系统服务供给的内在格局及其与消费的关系，整合提高城乡共生关系。

2. 构建城乡多元共治体系

"为了改变一切，我们需要每一个人。"② 经济危机会演进为社会危机，再变化为生态危机。也由此，每个人从经济人到社会人，再成为生态人。这是一个全社会生态化的过程。所有人都负有生态责任，致力于构建生态秩序，共同"形成导向清晰、决策科学、执行有力、激励有效、多

---

① 陆昊：《在全国国土空间规划视频培训会议上的讲话》，"环境生态网"微信公众号，2019 年 11 月 25 日访问。

② 陈泉生：《环境法哲学》，中国法制出版社 2012 年版，第 556 页。

元参与、良性互动的环境治理体系"①。

生态环境治理已经从单一政府监管到多元主体共治，进入多主体治理、多方式治理时代。随着城乡互动治理频率增强且形式逐渐多元化，城乡在生态治理中也随之进一步地交融互通与彼此借力。在城乡交融秩序之下，可以从城乡的规范交错、多元利益关系结构的识别、行为互动与责任分层、工具的叠加与选择等互动焦点出发来把握生态环境治理变迁的主线，通过"权力—权利"谱系的塑造推进城乡生态治理权的精准配置，利用联结制度将市场机制、社会机制嵌入城乡机制，走向政府、企业、社会多元主体共治状态。现行环境立法中，公众参与机制、社会组织参与环境公益诉讼模式等，都是很好的多元共治途径，环境法也一步步由"监管法"变为"共治法"，多元共治色彩日益浓厚。整体政府模式的引导与运用，在规范的基础上实现良性互动的均衡状态。② 城乡融合发展重在城乡共治，其中重要的环节是健全城乡生态治理联动制度，诸如城乡生态环境执法联动、城乡生态环境突发事件联动处理，等等。③

应该注意的是，随着构建城乡多元共治体系的推进，城乡互动类型也随之有了多元化拓展，"当环境治理体系向公私融合样态演化，私主体嵌入治理结构的方式更加多元，会对公共规制形成不同程度的影响，这极大

---

① 2020 年 3 月 3 日，中共中央办公厅、国务院办公厅印发《关于构建现代环境治理体系的指导意见》，指出"坚持多方共治。明晰政府、企业、公众等各类主体权责，畅通参与渠道，形成全社会共同推进环境治理的良好格局。以坚持党的集中统一领导为统领，以强化政府主导作用为关键，以深化企业主体作用为根本，以更好动员社会组织和公众共同参与为支撑，实现政府治理和社会调节、企业自治良性互动，完善体制机制，强化源头治理，形成工作合力，为推动生态环境根本好转、建设生态文明和美丽中国提供有力制度保障"。这是 2019 年 11 月党的十九届四中全会提出"推动国家治理体系和治理能力现代化"之后，环境治理领域"现代化"的第一份路线图。这份路线图以"党的领导""多方共治""市场导向""依法治理"为原则，共包含 7 个改革领域和 28 个要点。

② 于文轩：《生态环境协同治理的理论溯源与制度回应——以自然保护地法制为例》，《中国地质大学学报》（社会科学版）2020 年第 2 期。

③ 在笔者调研得到的湖北乡村生态振兴资料中，城乡之间不断加强联动，实施"三江"（长江、汉江、清江）流域生态健康工程、实施"四山"（大别山、秦巴山、武陵山、幕阜山）生态保护工程、实施"千湖"碧水工程、实施神农架国家公园试点建设等生物多样性保护工程等。推进农村"厕所革命"，完成 330 万农户无害化厕所和 25063 座农村公厕建设改造任务，实现全省农村无害化厕所全覆盖。推进造林绿化，完成精准灭荒 208 万亩，全省宜林荒山基本得到绿化。实现乡镇生活污水治理全覆盖，实施农村水网净化工程，逐步消除农村黑臭水体。实施城乡生活垃圾无害化处理全达标行动，建立适宜的生活垃圾收运处置体系，推行垃圾就地分类减量和资源化利用，极力杜绝城市垃圾、工业垃圾"上山下乡"、向农村转移的现象。

地拓展了公私互动的形式。在政府与私主体、公法机制与私法机制互动形式愈发多元化的情境下，环境法理论和规范需要发展出一种新的、补充性的体系来对公私行动者的活动范围、功能予以精细化的控制，鼓励多层次、多领域的利益相关者共担治理功能。基于此，环境法需要在以命令控制为主体的公法机制之上发展出与治理实践、私主体的利益和知识体系相适应的开放式、反思性模式"①。

3. 合理确定城乡生态补偿

基于历史原因和现实条件，城乡生态补偿制度应该进一步健全。生态补偿制度是对生态承载力的尊重和保护，也是调整环境权益失衡的制度创新，实践了环境正义和生态底线原则。每个地区的定位有所不同、功能区划也有区别，有些地区偏重经济发展，有些地区偏重生态保护，但每个地区都拥有平等的发展权。经济发展与生态保护都是社会的重要组成部分，二者不可或缺，也无高低优劣之分，但对当地的意义而言却是悬殊，尤其是对发展水平较低的地区而言更是如此。如果不合理确定生态补偿，既守不住青山绿水，也让金山银山失去了生态支撑，带来经济发展和环境保护的双输。要想变为双赢，就要承认因生态保护丧失的发展机会，基于各地拥有平等的发展权而进行合理的补偿。所以，坚持城乡融合发展应保护所有地区和所有人享有平等的发展权，应以所有环境利益相关者的利益分配为调整内容，根据生态服务价值、生态保护成本、发展机会成本，综合运用行政和市场手段，规定生态补偿的责任机制、补偿标准、方式设定、资金筹措与转移支付等，公平享有环境收益和合理负担环境成本。这既是应有的制度性关怀，也是城乡融合发展的重要组成部分。②

落实城乡生态补偿也是生态产品价值实现的重要方式。提供生态产品的过程就是在提供生态服务，比如水土保持、涵养水源、调节气候、蓄洪排涝等。生态产品是有价的，通过科学测算和合理转换，将生态系统生产

---

① 杜辉：《公私交融秩序下环境法的体系化》，《南京工业大学学报》（社会科学版）2020年第4期。

② 在笔者调研中得到的湖北乡村生态振兴资料中，湖北省正在逐步建立省以下生态保护补偿资金投入机制，加大对重点生态功能区的转移支付和补偿力度。完善了森林、湿地、草地等重点领域生态保护补偿机制。探索了符合省情的重点生态区位森林资源保护方式。在国家湿地公园开展生态保护补偿试点，并逐步在省级湿地公园推广。探索以市（县）补偿为主、中央财政和省级财政支持为辅的重要水源地、跨流域（区域）横向生态补偿机制，研究制定水生态补偿管理办法，重点实施南水北调中线工程实施后汉江生态补偿工程。落实分洪补偿政策。

总值（GEP）的增量作为补偿的依据和标准，生态优势转化为经济价值就是生态补偿中的一种，也消除了环境剪刀差。城乡生态补偿也是对生态资本的补偿，包括补偿手段和补偿内容要因地制宜，特别是注意城乡生态资本补偿标准，应该不低于未补偿的受益标准，应该与受益地区经济发展联动。应以促进资源可持续利用，保障城乡可持续发展为目标，保护所有地区和所有人享有平等的发展权，以环境利益相关者的利益分配为调整内容，综合考虑提供的生态服务价值、付出的生态保护成本、丧失的发展机会成本，运用行政和市场手段，建立健全覆盖所有利益相关者（受益者、开发者、破坏者、污染者与保护者、恢复者、受损者等）的激励约束机制，全方位、多层次构建生态补偿政策体系框架。生态补偿机制应逐渐由"输血型"补偿转变为"造血型"补偿，除了作为基础的资金补偿之外，更加注重在技术、政策、产业方面进行补偿，既使补偿多元化，也使补偿持久化。建立覆盖重点流域、重要生态功能区、自然保护区、资源枯竭地等生态环境补偿政策体系，选择典型地区开展试点，并实行补偿绩效考核。[①]

## 二　城乡共享

与共建相对应的，另一本质属性同时也是城乡生态治理目的的是共享。即通过合理配置城乡生态资源，加强城乡生态市场有机联系，缩小城乡环境建设差距，推进城乡环境治理生态化互补共生，实现环境要素在城乡间的转化、融合、提升，使得城乡居民获得公共生态产品及服务更加公平、均衡、便利，共享良好的生态环境，消除城乡环境权益的差别化对待，促进城乡经济、社会和生态的协调发展，实现城乡环境正义。共建是为了共享，共享会反过来促进、引导共建，二者相辅相成、不可或缺。

---

① 参见吴兆喆《生态系统服务价值的实现路径：生态价值核算》，《中国绿色时报》2020年 11 月 10 日第 2 版。该文指出，森林生态效益科学量化补偿是基于人类发展指数的多功能定量化补偿，结合了森林生态系统服务和人类福祉的其他相关关系，并符合不同行政单元财政支付能力的一种给予森林生态系统服务提供者的奖励。以内蒙古大兴安岭林区森林生态系统服务功能评估为例，以此评估数据可以计算得出森林生态效益定量化补偿系数、财政相对能力补偿指数、补偿总量及补偿额度。结果表明：森林生态效益多功能生态效益补偿额度为每年每公顷 232.8 元，为政策性补偿额度的 3 倍，其中，主要优势树种（组）生态效益补偿额度最高的为枫桦，每公顷达 303.53 元。

（一）城乡生态利益的公平享有

随着社会发展，人类福祉的增长将取代 GDP 的增长，成为新的增长目标，其中的关键之处在于增加城乡公共服务供给，增强其提供公共服务供给能力。落实到生态治理领域，就是增强城乡生态利益的辐射性、包容性和根植性。

就城乡生态连体结构建设而言，城乡都是利益相关者，不应区分为市民和农民，所以在城乡生态产品的公平供给和城乡生态服务的均衡享有上应该是平等的。城乡居民都享有的环境权利包括环境资源利用权、环境状况知情权、环境事务参与权、环境侵害请求权，这些权利应该是整体性与个体性的统一、长远利益和眼前利益的统一，具有权利与义务的对应性、权利实现方式的多元性。[①]"立法已经愈来愈在牺牲抽象个人主义的情形下关注具体的人"[②]，这种具体个体与群体环境利益的法律呈现，表达"一个社会体系的正义，本质上依赖于如何分配基本的权利义务，依赖于在社会的不同阶层中存在的经济机会和社会条件"[③]。城乡生态连体结构的主体设置应当革新化与现实化，在分配正义的设计过程中，关照到所有环境区分利益的主体差别并给予照应。

实现城乡共享是建设城乡生态连体结构的关键，突出表现在要公平平等分配城乡生态福利。这里的平等是指城乡分配机会的平等，同时承认并尊重合理差别。首先，城乡享有同等的机会去获得平等的城乡生态利益，但人人平等不是指绝对的平等，人生来不同，存在各种先天性、类比性差异，对此必须承认并采取措施予以区别对待，即给予弱势群体以更多支持与特殊关照，方能帮助这一群体有可能获得与他人同样的权益。只有这样才是平等分配的体现，否则仅仅是形式平等。这是实现真正平等的内在要求，也是对平等含义的深化与延伸，在有着巨大差异的城乡生态治理领域更是意义重大，具体而言，这里就是指应该向农村农民倾斜。分配城乡生态福利时需要综合考虑城乡整体利益，在个体生态福利保障基础之上实现城乡整体生态福利最大化。在这一过程中，不能无端牺牲个体利益，不能

---

① 吕忠梅：《环境法原理》（第二版），复旦大学出版社 2018 年版，第 49—50 页。
② ［美］罗斯科·庞德：《法理学》（第 1 卷），邓正来译，中国政法大学出版社 2004 年版，第 539 页。
③ ［美］约翰·罗尔斯：《正义论》，何怀宏等译，中国社会科学出版社 1988 年版，第 7 页。

牺牲弱势群体利益，城乡生态福利应公平分配，兼顾形式公平与实质公平，在城乡居民普惠式享有生态福利的基础上，最大限度地增加城乡整体生态利益和社会公共利益。

对城乡生态利益的分配要追求公正，要重视其中的实质公平，政府分配城乡生态利益需要综合考虑城乡整体利益。在很大程度上，现代化进程中财富分配的不公正是环境衰退的一个重要社会原因，也是实现生态现代化的突出障碍。不能做到发展成果由全体社会成员共享，就不可能保障发展的可持续性，更谈不上实现生态取向的现代化。

（二）城乡生态负担的合理分配

除了积极意义上的城乡共享，还有消极层面上的城乡"共享"，这是城乡共享的两个面向。这主要是指对环境污染和生态破坏这些生态负担在城乡之间的合理分配，不能出现权利义务不对等的情形，不能出现只享受生态福利、逃避治理责任的情形，不能出现不顾历史原因和现实条件地分配治理责任的情形。否则，有违城乡生态连体结构建设的正当性和合法性。这部分内容会在分析城乡生态治理中的"有区别的共同责任"原则时予以展开。

城乡生态共同体就是城乡共建共享的过程，是对治理方向出现偏差的修正，可以说是相对以前治理结构的分水岭。正如前述的大自然的"倒逼"效应越来越凸显，"倒逼"着城乡生态一体治理，与之匹配的就要建设城乡生态连体结构。作为一个全新的治理结构，城乡生态连体结构根植于可持续发展理论基础之上，也应遵循可持续发展的公平性、持续性、共同性原则进行共建共享，这也是这一结构建设的渊源由来，也反映了这一结构的本质属性。随着人类社会从农业时代到工业时代再到信息时代的不断演进，其中的生态系统、社会系统、经济系统不仅在自身发生巨变，它们之间也发生聚变（因各种"聚集"而变）。在这样的社会背景之下，城乡生态连体结构建设以共享为目标，通过种种共建措施推动具体实践，促进人与自然和谐共生、城与乡融合发展。

## 第三节　城乡生态连体结构的特点

城乡生态环境问题具有历史性与现实性统一、局部性与整体性统一、事实性与建构性统一、地区性与全国性统一等特征。这些特点在一定程度上决定了城乡生态连体结构的特点，因为城乡生态连体结构是用来解决、应对城乡生态环境问题的。城乡生态连体结构是改变以城市为中心的固有模式，环境要素、自然资源、生态服务等在城乡之间一体配置，组成城乡整体生态系统的各部分协调发展，形成相互融合、相互依托、相互促进的城乡生态治理新构造类型。城乡生态连体结构的特点可以用"统""同""融"三个字概括。

## 一　城乡"统"筹

城乡生态环境问题具有同源、同质性，必然走向城乡统筹的融合发展道路。统筹发展不仅是推进城乡协调发展的题中应有之义，也是实现协调发展的重要手段。城乡统筹的重点是在城市，重心则在农村，所以要做好"统"的文章，关键是城乡兼顾以城带乡和优先发展农业农村。正因为此，城乡"统"筹是这一结构的深层次内在特征。

（一）城乡兼顾以城带乡

城乡统筹当然首先意味着城乡兼顾，但为什么要以城带乡？

一是因为城乡生态治理还存在很多问题。虽然提出了一系列"以工补农、以城带乡""城乡一体化"等战略，并大力实行面向农村、农业的倾斜性政策以缩小现实差距，但我国当前最大的发展不平衡仍是城乡发展不平衡，最大的发展不充分仍是农村发展不充分。城乡生态治理仍然存在的较为突出的问题有：城乡公共基础设施水平差距显著[1]、城乡要素配置

---

① 参见主报告课题组《构建农业农村优先发展体制机制和政策体系研究》，载魏后凯、杜志雄主编《中国农村发展报告 2019：聚焦农业农村优先发展》，中国社会科学出版社 2019 年版，第 14—17 页。该文指出：公共基础设施建设长期存在着"重城市、轻乡村"的现象，城乡差距十分明显。2017 年，城市用水普及率、燃气普及率、生活污水处理率、生活垃圾无害化处理率分别达到 98.3%、96.26%、94.54%、97.74%，人均道路面积达到 16.05 平方米；县城用水普及率、燃气普及率、生活污水处理率、生活垃圾无害化处理率分别约为 92.87%、81.35%、90.21%、91.00%. 人均道路面积达到 17.18 平方米。而建制镇、乡、村庄燃气普及率、生活污水处理率、生活垃圾处理率都极低，公共设施和公共服务十分落后。建制镇用水普及率、燃气普及率、生活污水处理率、生活垃圾无害化处理率仅为 88.10%、52.11%、49.35%、51.17%，人均道路面积仅为 13.81 平方米；乡用水普及率、燃气普及率、生活污水处理率、生活垃圾无害化处理率则更低，分别为 78.78%、25.02%、17.19%、23.62%，人均道路面积约为 15.70 平方米。而村庄公共设施投入少，公共服务严重滞后，用水普及率仅为 75.51%，燃气普及率仅为 27.00%。更为重要的是，在垃圾、污水处理方面，城市与农村采用两套不同的指标体，城市采用的是生活垃圾无害化处理率和生活污水处理率，而农村采用的是对生活垃圾、污水进行处理的行政村比例，是一个十分粗略的指标，二者缺乏可比性。2016 年，对生活垃圾进行处理的行（转下页）

格局尚不合理、"重城轻乡、重工轻农"的城市偏向政策仍未根除、农村
生态环境保护任务艰巨、农村人居环境治理任重道远等。因此，城乡统筹
应把握共性、分清差别，分项对待、有效治理。遵循相关规划、依照空间
布局建设。与此同时，农村也不能坐等观望，要主动融入城乡发展大格局
之中，不再囿于传统的发展模式，寻找农村生态治理的有效方式，走特色
化的乡村生态振兴之路，把产业融合、设施互通、要素流动和环境整治统
筹汇集在一起，生产、生活、生态三者打通综合治理。二是因为有区别的
共同责任这一原则决定的。基于城乡二元化形成的历史背景和现实发展，
城市理应承担有更多的道德责任、社会责任和法律责任，以城带乡、以城
促乡，否则既不公平也不可行。三是因为可以共同增益。根据可持续发展
理论和生态整体主义，也根据"木桶最短木板决定"原理，把最短的短
板（农村农业生态治理）补上补齐（通过以城带乡），才能获得最大的综
合效益（城乡整体利益）。

　　如何以城带乡？可以从城乡生态治理统一规划、统一治理、统一建设
三个方面着手，适当运用有区别的共同责任原则和最弱势者优先原则，从
政策、资金、技术、市场等方面予以实施。

　　同时，在城乡统筹系统治理中，需要注意以下关系：一是格局与过程
的关系。城乡一体是大的格局，在这一过程中通过城乡生态连体结构予以
建设。二是变化与稳态的关系。在结构建设中，在生态治理中，发挥稳定
性作用是结构共建共享的根本属性、环境正义和生态整体主义的理论基
础、建设的基本原则和具体制度，是准绳、依据和规则。同时，情况又是
各不相同、变化多端的，就要因时、因地来不同处理，但是这个"变"
是受制于稳定性作用的。三是近程与远程的关系。综合治理具有空间尺度
性，效应并不一定发生在本地，要注意城乡治理是区域治理中的一种，治

---

（接上页）政村比例为65%，对生活污水进行处理的行政村比例则只有20%，大量农村生活污水
未经任何处理就直接排放，严重制约了改厕的环境效果。

　　农村生活污水处理率较低，与农村排放源面广点多、处理难度大、长期投入不足等有关。
2016年，我国平均每个行政村排水设施建设投入仅有4.3万元，其中，污水处理设施投入仅有
1.9万元。按村庄户籍人口加暂住人口计算，人均拥有排水设施建设投入分别仅有城市和县城的
11.3%和17.0%；人均拥有污水处理设施投入12.5元，分别仅有城市和县城的14.6%和17.4%。
更为重要的是，由于中央投入不足，2017—2019年中央财政安排的农村环境整治资金每年仅有
60亿元，农村环境整治主要依赖地方投入，在这种情况下，如果地方政府重视、财力雄厚就投
入多；反之，则投入少。其结果导致各地差异很大。

理效应有近程与远程之分，有即时性效应和共时性效应，要有全局观念。四是服务与福祉的关系。建设城乡生态连体结构就是在提供服务，以城带乡也是城市在为农村服务，目的是提供更多的生态福祉。城乡生态治理中坚持人与自然和谐共生，良好的生态环境是最公平的公共产品，是最普惠的民生福祉。不能是低水平、不全面、不平衡的小康，全面建成小康社会强调的不仅是"小康"，更重要、更艰难的是做到"全面"。如果在总量和速度上完成了目标，但发展不平衡、不协调、不可持续，即使经济发展了，但生态破坏了、环境恶化了，那样的小康、那样的现代化不是人民希望的。为了使绿水青山持续发挥生态效益和经济社会效益，就要把握好建设的尺度、强度、速度和优先度，不逾越不突破，并且持续改进予以增益，建设城乡生态连体结构的目的就是城乡统筹以提升生态福利和环境权益。

（二）优先发展农业农村

2019 年中央一号文件《关于坚持农业农村优先发展做好"三农"工作的若干意见》对坚持农业农村优先发展做出了全面系统的部署，① 这是对中华人民共和国成立后城乡关系发展历程的全面反思与系统调整，因为所有成就中有相当大一部分是来自农业、农村、农民的长期的无私的巨大的奉献，城乡发展形成了巨大的鸿沟，城乡撕裂严重、城乡差距明显。这种情形再也不能延续下去了，所以，如何破解城乡二元结构是当下最为艰难和迫切的现实性命题，城乡二元结构既是经济城乡社会发展不平衡不协调的原因又是这一发展模式的结果，唯一的解决之道就是城乡融合发展，这不是一道选择题，这是唯一正解。党的十九大指出发展不平衡、不充分是当前面临的最主要的社会矛盾，而在所有的不平衡、不充分之中，城乡差异表现是最为突出的，发展至今，如何破解城乡发展中的这一现实困难，仍然是当下要面对的最宏大、最艰巨的现实性命题，也到了无可回避的阶段，因为这已经转换为社会发展最主要的矛盾。通过优先发展农业农

---

① 该文件中提出，应构建农业农村优先发展的"1+5 +8"新型体制机制和政策体系，即以农村基本经营制度这一根本制度为基础，以科技人才保障机制、财政投入保障机制、新型乡村治理机制、生态保护补偿机制、组织领导机制五大体制机制为支撑，以粮食安全保障政策、农业支持保护政策、农村"三产"融合政策、农村公共服务政策、农村人居环境整治政策、农业转移人口市民化政策、农村金融政策、社会资本与农民利益联结政策八大政策为基本落脚点的农业农村优先发展的体制机制和政策体系。

村、实施乡村振兴战略，目的就在于消除城乡剪刀差，补齐填平发展短板，建构平等和谐、共生有序的新型城乡关系，根除以往失衡的具有依附性和从属性的城乡格局，改变以往的以城市为中心的发展模式，城乡统筹共进。由城乡并重到优先发展农业农村的调适，符合社会主要矛盾历史性变化的要求，明确了对工农城乡发展优先序的战略考量。

哪些方面"优先发展"？具体是指在每个时点上，农业农村发展所需要的环境和条件都需要得到保障，应该市场发挥作用的地方就要尽快建立市场、允许市场发挥决定性作用，需要政府更好发挥作用的地方就要及时提供。"优先发展"是指"四个优先"，联系到城乡生态连体结构建设就是在要素配置上优先满足、在资金投入上优先保障、在公共服务上优先安排。① 要明确意识到优先发展的内涵具有动态性和阶段性。坚持农业农村优先发展的总思路是"快补存量，同步增量，融合发展"，即对农业农村发展各种投入存量要补齐，同时在增量分配上要与城市和工业至少保持"同步"，甚至有适当"倾斜"，最后实现城乡"融合发展"。当前发展阶段"优先发展"的总思路就是"努力补'短板'、快速还旧账"。当前阶段仅仅同步不够，还必须优先。上述中央一号文件指出，"补'短板'要快，还旧账要快，构建新型体制机制和政策体系要快"，所以也要加快建设城乡生态连体结构。

如何保障"优先发展"？一是平等与返权。按照城乡平等目标，制定向农民返权的政策。要把二元结构下制定的不平等制度和政策逐步扭转过来，把应该赋予农民的权利返还给农民，实现城乡居民享受同等的权利，实现农村与城市平等。二是坚持发挥市场在资源配置中的决定性作用，为完善农村市场奠定基础，积极培育农村要素市场，规范发展农村产权市场。三是建立健全农业农村优先发展的财政投入机制。农村在生态治理中最为缺乏的还是财政投入，这个投入的形式可以是多样的，包括专项资金、转移支付、地方补贴等，投入的去向也可以多样化，包括投向环境基础设施建设、生态产品转化、生态公共服务提供等。推进城乡基本公共服务均等化，确保农业支持资金投入持续增加，调整优化农业支持政策。

怎么实现"优先发展"？重点实施"三优"：一是优先发展的次序。

① 还有一个优先是指在干部配备上优先考虑。

对于重点领域和重要任务要放在优先的位置，优先考虑。为此要认真梳理重点领域和重要任务到底是什么。随着阶段的不同会有所变化，不能一成不变。随着地域的不同，各地表现出的重点领域和重要任务也不尽相同，如东、中、西部地区的农村建设的重要任务肯定有所区分，所以，不能不加甄别地同质化处理。二是优惠扶持的领域。在工农城乡关系上，要相对于工业和服务业，对农业更加优惠，相对于城市，对农村更加优惠。在农业农村内部，也要区分优惠的领域，处理好特惠与普惠的关系。三是优化投资的效率。要制定优化投资结构，注重投资效率的体制机制，引导资源向高品质、低成本、高收益、可持续的项目流动。[①]

为推进基本公共服务的均等化，政府公共资源的配置应从城市偏向转向农村偏向，坚持农业农村优先发展。要从城乡平等的角度，把政府掌握的公共资源优先投向农业农村，促使政府公共资源人均投入增量都向农村投放，不断地这样增量调整，让农村不断累积，逐渐填平补齐，从而实现城乡公共资源配置适度均衡和基本公共服务均等化。所谓适度均衡，是指城乡公共资源的配置一定要考虑未来城乡人口的变动趋势，与未来城乡人口格局相适应。同时，要实行数量与质量并重，在持续加大数量供给的同时，逐步转向优化供给结构，提高供给效率和质量。

## 二　城乡"同"构

——检视城乡生态治理中存在的问题，可以清楚看到城乡不在同一个起跑线上，生态治理发展并不均衡，处于失衡状态，所以首要的是在结构上予以"同"构而不是"异"构，才有可能城乡统筹和城乡融合，否则没有实现的基本场域和结构依托。这个"同"构就是城乡生态连体结构，城乡都在这个结构里面，共同建设城乡生命共同体。所以，城乡"同"构是这一结构的显著外在特征。

有了"同"构，才有可能打破结构壁垒。已有结构是城乡"异"构的，就存在结构壁垒，难以形成城乡之间要素与人的融合流通，城市对农村有巨大的虹吸效应，农业、农村、农民长期单向流动，造成城乡差异的

---

① 主报告课题组：《构建农业农村优先发展体制机制和政策体系研究》，载魏后凯、杜志雄主编《中国农村发展报告2019：聚焦农业农村优先发展》，中国社会科学出版社2019年版，第32页。

鸿沟，形成天然阻隔，无法开启双向流动，形成双循环。而城乡之间不是线性关系，是系统性的；不是只有城市一维的，是城乡多维的。随着城乡"同"构，打破结构壁垒，随着城乡交融秩序的展开逻辑，基于生态的公共性和关系性，城乡双循环借助城乡打通大动脉，由二元并立到合作并进关系，既不是二元论视角下城乡绝对截然二分，也不是在一元论视角下城乡完全相同，而是在一体化视角下的城乡融合，城乡共建共享，形成要素与人的融通流动。有了"同"构，才有可能共担责任。不在一个结构体系里，各自从城市、从农村局部利益出发进行治理，不能从城乡整体利益出发共担治理责任，不能基于生态整体主义协同治理。有了"同"构，才有可能权益平等。正是因为"异"构，城乡在二元结构中，不在同一个"世界"里，城市与农村的发展才相距甚远，所享有的环境权益也不平等，农村长期处于受忽视、被遮蔽的状况，农村居民无法与城市居民享受均等化的基本公共服务。破除城乡二元结构、实现同权同责，全面建立城乡平等交换机制，需要以特殊形式、特殊价格进行转让的，相应建立利益补偿机制，才能实现城乡平等。

城乡"同"构，意味着同权同责无壁垒。在城乡"同"构中，既要城乡一体式结构，还要注意其中的城乡差异性定位，"同"构不是同质化、同一化、单调化，而是"连同"，即城乡连成一体、同等对待。

（一）城乡一体式结构

城乡是共生的，生态是整体的，尽管城乡存在一定的地理界限，但两者是生态系统中相互影响、不可分割的整体，一个地方生态环境的恶化必然影响到周边地区。虽然城乡不同地区的人们对于生态环境破坏损害的感受程度不同，他们的生态关切也各不相同，但城乡生态治理牵涉多方利益博弈，生态治理不能割断城市与农村之间的联系，任何一个单一主体都不足以维持城乡生态治理的长期成果，二者是命运共同体。只有构建城乡生态共同体，打造城乡一体式结构，二者休戚相关，城乡各方利益才能都得到有效表达和合理维护，才能填平城乡差异发展的鸿沟，才能补齐农村生态环境的短板。城乡"同"在一个结构里面，才能称为城乡生态连体结构，否则就失去了建设的根本性前提，所以这是建设中必须要坚持的核心环节，之后才有在"同"构中的城乡差异性定位及其发展。

（二）城乡差异性定位

虽然城乡同处生态连体结构之中，但城乡存在明显的生态差异，各自的发展定位也不相同，功能也是互补的，这些客观状态决定了城乡在同一结构中的差异性定位，唯此才能发挥各自作用，共同建设城乡生态连体结构。这个差异是合理差异，要消除的是不合理差异。不是城与乡一样、城与城一样、乡与乡一样，反而是尊重客观现实的前提之下，城与乡差异化定位。并且，不同的城乡之间也是如此，不可雷同，不能照搬。

一是城乡生态差异。区域内城乡的生态环境状况以及经济社会发展状况不同，地理位置、资源环境状况、气候条件、经济社会发展状态等条件不同，城乡出现的生态环境问题也不同，相应地，生态治理方式也不同，所以城乡生态治理必然是差异性治理。现有的很多环境管理体制是匀质型的，特殊生态环境问题缺乏识别和针对性的回应，对城乡的生态差异也重视不足。需要根据城乡的环境状况、环境承载力、发展潜力、开发程度等，综合考量区域内的自然资源、环境容量资源以及经济社会资源，识别城乡各自的生态功能和治理目标，注重城乡差异规划，采取不同的治理措施，实施城乡差异治理。二是城乡定位不同。城与乡的差别显而易见，两者定位完全不同。正如前文所说，"要城像城、镇像镇、农村像乡村，农村要有田园的感受，这就是空间感的感觉"①。不能错误理解城镇化和城乡一体化，更不能以城吞乡，因为这是严重损害农民利益的行为。城乡连体建设绝不是要把农村都变成城市，城市是城市，农村是农村。不能重城轻乡，城乡二者不可分割，但也截然不同，这个"同"不是"混同"。

## 三　城乡"融"合

城乡融合既是新型城乡关系实现的路径，也是城乡协调发展的阶段性目标。融合也表现为五位一体的融合，即城乡生态建设要融入经济、政治、文化、社会建设的各方面和全过程。不能生态是生态，经济是经济，社会是社会，这些问题同质同源，无法割裂，建设也是全面融合在一起的。所以，这里的城乡"融"合不仅包括城与乡的合为一体，也包括上述五个方面的建设融在一起。经过不断努力，我国的城乡融合发展取得了

---

① 陆昊：《在全国国土空间规划视频培训会议上的讲话》，"环境生态网"微信公众号，2019年11月25日访问。

一些成就,① 但仍存在显著的问题,② 急需从以下方面促进城乡融合,真正实现城乡生态连体建设。由此可知,城乡"融"合是这一结构的流动性、双向性的体现,迥异于以往结构的僵化与固着。

(一)要素融合

城乡融合首先是要素的融合,是指各种要素能够充分、自由、有序地流通,追求的是在城乡要素自由流动、公平与共享基础上的城乡协调和一体化发展,要素融合会带来优化配置、降低成本、激发活力等诸多优势,会在融合中填平鸿沟、补齐短板。但这一分析框架对于不同尺度、不同区域的城乡关系分析是有所差异的,要素融合的实现有赖于市场机制的健全和政府调控机制的完善。要素融合是治理系统得以有效运转和存续的基础,随着治理主体的多元化,其整合机制也变得尤为重要。

随着各地生态环境资源趋紧,使得环境治理从控制总量到改善质量的目标转型,可以通过推进绿色权益交易,实现要素融合。在这一过程中,政府主导是保障,初始权分配是基础,培育市场是方向。绿色权益交易应在市场化的环境中进行,培育绿色市场迫在眉睫。现在已有矿产交易所等绿色权益交易平台,但多是独立运行,没有整合起来,没有形成整体效益。建立绿色权益交易中心是将各种平台进行整合,将碳排放权、排污权、水权、城市矿山资源权等交易进行整合。绿色权益交易中心应遵循

---

① 根据测算,自 2007 年党的十七大明确提出形成城乡经济社会发展一体化新格局以来,我国城乡发展一体化水平逐年提升,2016 年与 2010 年相比提高了约 40 个百分点。与此同时,城乡发展一体化水平的进展速度也逐步放缓,从 2010 年的增幅达 10 个百分点下降到 2016 年的 5 个百分点。经过一段时期的较高速度增长,进展速度放缓是一种必然现象,但如果继续放缓,势必会对未来的城乡融合发展形成压力。参见张海鹏《城乡融合发展的现状、问题与政策建议》,载魏后凯、闫坤主编《中国农村发展报告 2018:新时代乡村全面振兴之路》,中国社会科学出版社 2018 年版,第 152 页。

② 我国的新农村建设取得巨大成就,但按照城乡融合发展的要求依然存在诸多薄弱环节。以农村生活垃圾和生活废水处理为例,2016 年我国城市生活垃圾无害化处理率已达 96.60%,同期对生活垃圾进行处理的行政村比例仅为 65.00%,而且区域差距巨大,东部地区对生活垃圾进行处理的行政村比例已达 87.00%,东北地区仅为 36.33%,前者是后者的 2.39 倍。对生活污水进行处理的行政村比例更低,2016 年比例最高的东部地区也仅为 36.60%,东北地区对生活污水进行处理的行政村的比例仅为 6.00%。卫生厕所是人居环境的重要组成部分,但是我国农村无害化卫生厕所普及率不容乐观。2016 年,全国农村无害化卫生厕所普及率为 60.5%,而东北地区仅为 26.13%。由于农村居住分散,特别是偏远山区人口稀少导致集中供水难度较大,饮水处理设施建设不到位,水质难以保证。参见张海鹏《城乡融合发展的现状、问题与政策建议》,载魏后凯、闫坤主编《中国农村发展报告 2018:新时代乡村全面振兴之路》,中国社会科学出版社 2018 年版,第 158—159 页。

"政府主导、企业主体、市场运作"的建设原则，将企业作为主体，确保交易市场的活力和绩效，采用市场化运作模式，有效发挥市场在资源配置、自由交易中的重要作用。以排污权有偿使用和交易制度为例，根据区域的环境质量标准、污染排放状况、经济技术水平等因素综合考虑来确定一个排污总量，然后合理进行排污权的初始分配，做好对参与排污权交易企业的监测和执法，规范交易秩序。建设之初，要形成引导机制，政府通过多种方式创造可交易的要素市场，如生态产品市场，积极引导要素资源转向生态产品生产和价值实现，要致力于延长产业链、价值链和形成产业集群，善于利用新科技为生态产品价值实现赋能，拓展生态产品市场边界，促进生态产品价值转化。

（二）人的融合

城乡融合不仅是要素融合，更重要的是结构中人的融合，就如很多人指出的城镇化不仅是土地的城镇化，更是人的城镇化，否则就不是真正的城镇化，同样没有人的融合也不是真正的融合，不是要建设的城乡生态连体结构的要求。人的融合比要素的融合更加困难，因为有更多的主观性因素需要考量，有更多的不确定性因素在其中发挥作用。在城乡融合中要做好人的融合，基本立场是坚持以人为本和环境正义。

一是坚持以人为本。只有如此，才能把人的需求放在第一位，才能正视城乡居民环境权益在实现中的有所区别对待，二者之间并不平等，才会致力于消除这种结构性的不合理差异。坚持把人的融合作为城乡生态连体结构建设的最高目标，才能加大对城乡特别是农村的生态福利供给，使城乡居民共享生态文明建设红利。同时，坚持以人为本也意味着平衡好经济发展与环境保护的关系，平衡好生存权与发展权的关系。也意味着要真正明白城乡居民的环境利益是什么，有何共性又有何不同，如何协调发展矛盾与促进利益共生。

二是坚持环境正义。只有维护好环境权益的公平正义，才能真正实现人的融合，否则即使在同一个城乡生态治理结构中，也是不融合的，还是会在结构内部分层。要想做到结构内部人的融合，首先要注意在城乡生态治理上既有共同责任也有区别责任；其次要注意倾斜，采取最脆弱者优先的基本原则和优先发展农业、农村的具体举措，实现城乡环境正义；最后要注意实施生态补偿，坚持城乡融合发展应保护所有地区和所有人享有平等的发展权，应以所有环境利益相关者的利益分配为调整内容，根据生态服务价值、生态保护成本、发展机会成本，综合运用行政和市场手段，规定生态补偿的责任机制、补偿标准、方式设定、资金筹措与转移支付等，公平享有环境收益和合理负担环境成本。补偿手段和补偿内容要因地制宜，特别是注意城乡生态资本补偿标准，应该不低于未补偿的受益标准，应该与受益地区经济发展联动。守护最弱势者的合法权益特别是生存权益，不能简单粗暴地理解生态环境保护问题，不能为了环保而环保，不顾及底层发展和底线公平，不能机械执法、僵硬环保，环保是有温度的。虽然自然环境在人类的过度开发及污染的情况下已陷入相当危急的处境，但根源于环境议题背后的利益与负担的冲突本质，现实的生活中不同的地区或群体在多数的环境问题中处于竞争的立场，不同的行动主体有不同的利益与不同的价值关怀。由于社会的不平等，即便经济在发展，也不是所有人都会同等获利。正如卢梭在《论人类不平等的起源和基础》中所认为的，人类之间的不平等是社会的产物，是由于人对自然资源的不平等的拥有权和使用权的结果；对自然资源的控制能力是社会不平等和贫困的真正起源，而生产和技术的前进并没有使得人类更平等。① 所以，在城乡生态连体结构建设中，唯有坚持环境正义原则，破除各种分治现象，才能把城乡都视为"生态人"，才能真正实现人的平等对待，才能实现人的融合，否则还是处于二元化的城乡分治和人的隔阂状态。

城市与乡村各有其使命，各有其定位，都是社会不可或缺的有机组成部分，在生态上是共生的，在功能上是互补的，在地位上是平等的。为此，要建立有效统筹机制，遵循城乡交融秩序的展开逻辑，以城带乡，优先发展农业农村，城乡同构同权同责，推动城乡融合发展，实现共建共享、共生共荣。

---

① 参见郭杰群《可持续性概念及发展变迁》，《供应链管理》2020 年第 8 期。

# 第三章 城乡生态连体结构
# 建设的内在遵循

## 第一节 城乡生态连体结构建设的理论基础

### 一 理论基础之一：环境正义论

#### (一) 环境正义的基本内涵

追求正义是人类的永恒追求，"正义是社会制度的首要价值，就像真理是思想体系的首要价值一样"①。随着世界范围内环境问题频发，环境运动蓬勃开展，人们开始逐步关注环境中的正义问题，正义理念进入环境议题之中，环境正义理念日益广为传播，逐步成为环境法学中核心的基本价值之一。实现环境正义是平衡分配环境利益和环境负担的根本目标。这里的环境利益指清新空气、干净的水、绿色土壤等，而环境负担则指各种污染、环境不稳定、生物多样性丧失以及生态系统贫瘠等。环境正义可以分为历时性的和共时性的，前者为历史责任和当代责任提供一个基本的分析基础和视角，后者意义在于表明两种并存的环境正义类型是在一个时空背景下交织互动的。环境正义也可以做宣示性的和行动性的划分。"环境正义是人的自然地位和人的社会主体地位的象征，包含了环境利益的内容，即人在与自然的关系中，应当享有适宜的生存环境，体现出其作为主体的尊严，享有自身的生存环境不被他人破坏的权利。"② 环境正义的内涵丰富，可以从以下几方面理解：

---

① [美] 约翰·罗尔斯：《正义论》，何怀宏等译，中国社会科学出版社 1988 年版，第 3 页。

② 刘长兴：《环境利益的人格权法保护》，《法学》2003 年第 9 期。

1. 环境正义具有不同向度

环境正义是群体正义，具有时空上的尺度性，如城乡之间，在行使中会产生冲突，这源自生态环境资源的稀缺性和承载能力的限度。环境正义关注不同社会主体的利益和负担在生态环境领域的分配和调整，环境正义所要解决的问题从根本上说是一个社会正义的问题，强调"人类不分世代、种族、文化、性别或经济、社会地位均同等享有安全、健康以及永续性环境之权利，而且任何人无权破坏或妨碍这种环境权利"[①]，所以是社会正义中的一种。而环境正义不能自我实现，在现代法治社会，需要借助法律途径予以实现，主要是通过各种法律制度的制定和实施来完成，通过权利与义务的设置体现了环境正义是一种法律正义。所以，环境正义具有群体向度、区域向度等不同向度，分析时就需要从各种面向出发，避免单一化看待问题。

2. 环境正义是价值综合体

环境正义是生态环境领域相关主体间价值冲突的一种正当性协调，是对相关法律制度进行正当性审视和完善的标准。正义本身就是具有包容性的概念，涵盖了对平等、公平等多种价值的综合考量。作为正义中的一种，环境正义当然也是多种价值的综合体，是为生态环境领域的价值规范和道义准则。然而，不论是坚持环境资源与责任公平分配的分配正义抑或坚持溯及既往的矫正正义，还是强调世代公平的代际正义抑或强调种际和谐相处的种际正义，都只能在单一维度上得以阐释和解读，而无法涵摄时空向度上的所有正义关系，而将环境类正义作为环境正义可能的最高伦理形态，它所具有的包容性与系统性，所涵摄的方法论与价值观才可能实现这一任务。[②]

正义应是作为集合概念的综合性的价值判断，是价值的集合体，与具体价值层次不同，更不是其中的某一价值，相比之下，它是更基础的、更综合的、更全面的、更丰富的。如果将正义等同于某一具体价值，是对其内涵的局限，是对这一概念的窄化和矮化，是对其根本地位的侵犯，这会动摇价值体系的根基，带来不同层面的价值之间冲突，特别是会带来处于基础地位的正义和处于一般地位的具体价值的不协调，带来误读和误用。

---

① 杜健勋：《环境正义：环境法学的范式转移》，《北方法学》2012 年第 11 期。

② 王苏春、徐峰：《环境正义：何以可能，何种原则》，《江海学刊》2011 年第 3 期。

尽管正义有不同的"面貌"①，但其主要的"面貌"是对价值多元事实的应然选择和协调。正因为正义有着丰富的内涵和不同的面向，就会带来如果要在特定领域适用"正义"概念时就要进行价值的甄别、拣选、排序及协调等问题，即如何处理可能会面临的多元价值冲突问题，不同的情形会有不同的选择，具有鲜明的个性。检视环境变化领域已经存在的法律制度对价值选择和协调的正当性，如果还存在与正义的原则和标准不符之处，应当进行修正以达到更为完善的状态。环境正义论的目的是运用正义的相关理论，指导生态环境保护法律制度的完善。环境正义并非单一价值本身，环境正义是对环境变化领域中的多元价值的应然选择和协调，这样可以避免在设计、完善相关法律制度的过程中，以正义的名义将具体价值绝对化、简单化，仅强调以某种单一的价值进行制度建构。同时，在强调环境正义的稳定性、一致性的同时，也要强调环境正义的动态性，从而避免将价值绝对化的倾向。

环境正义价值居于环境治理价值谱系的最上位阶。环境正义是一个包含了安全、平等、公平、效率和秩序等多元价值的价值综合体。内含如此众多的价值，环境正义显然是具有包容性的，但它不是简单的组合，而是有着特定序列的，在序列中蕴含着对于众多价值地位和含义的理解。当然，这一价值序列不是固定不变的，会随着生态环境问题的演变而有所调整。环境正义的价值序列根源在于价值的主体性和客观性，环境正义的概念不只是价值综合体，具有静态的价值论意义，同时也是价值序列，具有动态的方法论意义。其基本的价值序位如下：安全是首要的底线性价值，只有实现生态系统的稳定、适宜，其他价值才有适用的余地和实现的可能，安全价值日益成为环境正义价值综合体中应有的基础价值；自由作为主导性和目的性价值在满足安全的底线性要求后仍然应得到最充分地保障和最大的自主度；平等和公平则主要作为居中的协调性价值在对其他价值施加限制的过程中适用，其中，平等更强调对主体资格确认和取得的调整，而公平更强调对分配和矫正过程与结果的调整；效率价值通常并非法律的主导性价值，但作为辅助价值它会增强每一种价值的量或者说实现的

① 美国学者埃德加·博登海默曾说："正义有着一张普罗透斯似的脸，变幻无常，可随时呈现不同形状并具有极不相同的面貌。"参见［美］埃德加·博登海默《法理学：法律哲学与法律方法》，邓正来译，中国政法大学出版社 1999 年版，第 1 页。

程度；秩序价值更多体现为形式价值，满足前述价值对于稳定的、可预期的制度形式的要求。

3. 环境正义具有实践品性

环境正义是可实践的正义，这也是环境正义最可期待的方面，这一过程的核心环节是环境正义的制度化。当环境正义通过法律规范得以实现的时候，就完成了从认识论、方法论到实践论的转变。环境正义的实践性品格最主要的表现方式是对环境利益的分配，首先涉及的议题就是分配正义，是对于自然资源禀赋差异的矫正，是对风险与利益的合理配置，要点就是同等情况同等对待、不同等情况区别对待。环境正义的观念是建立在对特定事实的认识论基础之上的，在分配环节应当确立以公平为底线的总量控制目标，据此设计机会均等的分配方案。分配要综合现有状况、发展水平、自然资源禀赋等多种指标，形成一致性的客观分配标准，而不应以主观的身份标准进行机械分配和差异分配。

城乡环境利益有别，如何实现正义化？即通过建设城乡生态连体结构予以落实。从对正义结果的要求来看，城乡环境正义的结果要求具有双重性。除了对城乡生态环境领域的利益和负担的分配、调整需要符合正义的要求之外，城乡环境正义的结果还应当与城乡生态建设应对的目标相符，达致反思性平衡。环境正义理论在这里重在体现为对城乡环境利益和负担的识别、选择与定位。坚持、遵循环境正义理论是对城乡环境正义的充分实现与合理满足，城乡生态连体结构建设的核心内容之一就是对城乡环境利益的公平合理分配，而环境正义理论正是提供了这一分配的充分理论根据，唯有解决环境利益的正义分配才能减轻资源环境压力，才能使城乡生态环境问题得以有效解决，达致人域社会秩序的稳定和谐与人际同构的秩序实现。正如美国第一届"全国有色人种环境领袖会议"在 1991 年 10 月草拟的《环境正义基本信条》所载明的[1]，该信条共有 17 条，其中第 7 条指明："环境正义要求在所有决策过程的平等参与权利，包括需求评估、计划、付诸实行与评估"，第 12 条指明："环境正义主张我们需要都市与乡村的生态政策来清理与重建都市与乡村地区，使其与大自然保持平

---

[1] Hofrichter, Richard (ed.), *Toxic Struggles: The Theory and Practice of Environmental Justice*, Philadelphia: New Society Publishers, 1993. 转引自纪骏杰《环境正义：环境社会学的规范性关怀》，载《环境价值观与环境教育学术论文集》，台南，1996 年 8 月，第 71—94 页。

衡。尊重所有小区的文化完整性，并提供公平享用所有资源的管道。"所以，遵循环境正义理论是普遍性的规则，当然成为城乡生态建设的基本信条，是城乡生态连体结构建设的理论基础。

（二）环境正义的城乡差异

环境正义是环境利益在群体间的公平合理分配，由于存在城乡资源禀赋的天然差异，再加之城乡二元发展的结构性因素、制度的倾斜性安排和权利能力的不足，环境正义在我国城乡之间有着较大欠缺，环境正义的城乡差异明显，这种差异除了城与乡所在的地区差异之外，最主要的是群体差异，即环境利益存在城乡主体分离，形成了城乡社会结构在生态环境领域的断裂失衡。而城乡环境正义的内涵应该是城乡环境利益的公平享有和城乡环境负担的公平分配，既有积极面向，也有消极面向，如图3-1所示。所谓"环境正义的思想是指在减少整个人类生活环境负荷的同时，在环境利益（享受环境资源）以及环境破坏的负担（受害）上贯彻公平原则，以此同时达到环境保全和社会公正这一目的"①。环境正义从人的平等的自由原则出发，"揭露环境负担的不平均分担是环境正义的消极面向，其积极面向主张处于相对弱势的族群也同样具有共享良善自然环境与天然资源的权利"②。因此，城乡环境正义中既有积极面向的环境利益的公平享有，也有消极面向的环境负担的公平分配。

环境利益由两个部分构成，一部分为自然禀赋的环境利益，地区环境利益分配存在差异，比如城乡地区之间。一部分为人为创造的环境利益，比如修建国家公园、建设生态保护区等。自然禀赋的环境利益包括生态系统的自然循环和自然资源禀赋，而人为创造的环境利益则包括生态环境保护和污染防治。人为创造的环境利益无疑是社会建构的，是在社会结构即治理结构中创造出来的环境利益，虽然是建立在自然生态基础之上，但由于是人类有意识的活动，会产生地区与群体的差异。环境利益相较于一般的社会利益，更为复杂。环境利益是有主体的，对社会结构中的弱势群体而言，他们面临的最重要的环境问题是因为贫穷而造

---

① 韩立新：《环境问题上的代内正义原则》，《江汉大学学报》（人文科学版）2004年第5期。

② Hofrichter, Richard (ed.), *Toxic Struggles: The Theory and Practice of Environmental Justice*, Philadelphia: New Society Publishers, 1993. 转引自纪骏杰《环境正义：环境社会学的规范性关怀》，载《环境价值观与环境教育学术论文集》，台南，1996年8月，第71—94页。

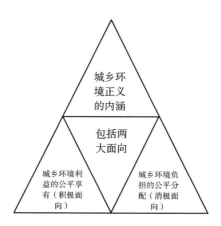

图 3-1　城乡环境正义的内涵

成的，贫困也是一种污染源。正是基于这样的现实与理由，城乡环境利益是存在主体分离的，或者说是环境利益的城乡主体分离。在群体环境利益分配导致环境正义不彰之后，其结果就是环境污染继续，生态秩序脆弱。

经过多年的发展，我国现有的城乡环境差异已经是一个日益凸显并且非常重要的社会问题，事关城乡环境正义的实现与生态环境秩序的维持，可以说城乡之间的"环境剪刀差"不容忽视与回避。这一问题的造成是我国城乡二元体制社会治理下在生态环境领域的集中体现。通过将城市与农村生态环境状况进行对比，可观察到城乡环境利益分配的离析，会导致环境弱势群体出现。这一群体在环境利益的享有与环境负担的分配中处于劣势地位，受到不公正对待，其生活机会和社会奖励分配中长时间和系统性获得不公正待遇，主要表现在社会不平等程度上。由于社会经济地位的差异，控制自然资源的能力有别，公众参与程度的不同，在资源的分配、利益的享有、负担的承受方面就有着区别对待，这是生态环境领域的主体错位现象，环境利益在主体上出现分离。在其中，承受了大量环境负担而没有公平享有环境利益的群体就是环境弱势群体，他们承受很多、享有甚少。

由前述对于城乡生态治理的回顾，可以清晰地得出结论：农民是我国的环境弱势群体。农民这一身份本就是城乡二元体制下的产物，并深受这一体制和身份的重重束缚。尤其是与市民相比，在许多方面尚未达到国民待遇标准，生态环境领域也不例外。例如，农村环境污染现象长期存在，环保设施跟不上，滥用农药化肥等化学品的行为大量发生，对于土壤、水源造成破坏，较为严重地侵害了农民健康状况。① 另外，工业固废对农村的污染也触目惊心，对农民人居环境和农村生态系统造成巨大威胁，各种污染的梯度性转移时有所见。所以，可以说，城市化、工业化、现代化过程中出现的大量环境污染和生态破坏的后果由农村、农民在承受，但却极少因此享受到这些发展带来的红利，没有共享多少建设的成果。即农民是环境负担的承受者，却不是环境利益和经济发展的平等享有者，是真切的环境弱势群体，这种背离是不公正、不平等、不合理的。城乡群体在社会结构内分立，形成了环境社会结构的断裂失衡，这是可持续发展的障碍，这些利益表达不畅造成了社会的撕裂和关系的紧张。

要特别指出的是，我国的环境弱势群体除了农民群体以外，还主要包括以下两类群体：一是直接从事自然资源开采的群体。这一群体每日劳动在恶劣的生产条件与环境中，承受严重的环境污染，承受了极端的环境负担，却毫无或者甚少享有环境利益，是我国环境弱势群体中的突出群体；二是毗邻污染源居住的群体。② 身处恶劣的生存环境，无疑是环境弱势群体。

还要说明的是，这些群体之间往往是重叠的，是交织在一起的，即农民群体可能既是直接从事自然资源开采的群体，也是毗邻污染源居住的群体，会产生弱势效应的叠加，是最为弱势的环境群体。这些弱势群体作为社会发展的建设者、参与者，却不是完全的受益者，甚至还是环境污染与生态破坏的受害者、承受者，充分反映出这不仅仅是城乡生态环境问题，更是深刻的社会问题。环境利益二元分配的不正义是社会关系和社会结构的非正义性在环境领域的反映。既然环境利益是公共产品，是一种人格利益，那么就应该是平等的，不应该有城乡区分利益。环境区分利益是差异

---

① 我国每年农药中毒者估计超过 10 万人，死亡约 1 万人。农药化肥的非正常使用影响生态环境，危害人体生命健康，农民除了负担农村的自污染之外，更严重的是，他们没有任何收益地负担着来自城市的污染转移，由于乡镇工业及城市污染向农村地区转移，受污染地区比环境较清洁地区的急性病发病率增加 1.6 倍，慢性病患病率增加了 0.7 倍，每 10 万人中多死亡 98 人，男性平均期望寿命下降 2.66 岁，女性平均期望寿命下降 1.56 岁，污染使妊娠异常率增加了 5.97 倍。一些农村地区的饮用水存在高氟、高砷、苦咸、污染及血吸虫等水质问题，目前我国农村饮用水含氟量超标的有 6300 多万人，农村饮用苦咸水的人口有 3800 多万人。参见杜健勋《环境利益分配法理研究》，中国环境出版社 2013 年版，第 169 页。

② 杜健勋：《环境利益分配法理研究》，中国环境出版社 2013 年版，第 167—173 页。

的表现，其矫正分配需要法律的强力介入。如果有不平等不公平现象，出现了失衡，政策与法律就应当向农民等弱势群体倾斜，就应当进行结构性关怀并予以矫正。

环境问题对不同的地区、不同的群体会产生迥异的影响，即环境风险的分担和环境利益的分配与地区差异和社会分层中的地位及其社会关系网络的强弱相关。在地区差异的向度上，是自然资源禀赋差异与环境利益分配的纠结；在城乡差异的向度上，工业城市在高度追求现代物质文明的同时，城市的污水、被污染的空气、废物、金属污染等向农村地区转移，并造成土壤等污染，是一种制度性污染转移的环保哲学；在群体差异的向度上，是由差序格局转向结构断裂的社会分层与社会关系网络所决定的，不同群体的社会资源不均衡，弱势群体是社会进程的参与者，但却不是完全的受益者，他们深受环境利益被侵犯之害，但却得不到相应的救济，而强势群体的环境利益不易受到侵害，即使其环境利益受害，他们也能通过其强势地位调动社会资源以获得救济。只有在人域社会内部首先达到环境资源利益的公正分配，才有可能谈论人与自然的关系状态，并进而建设人际同构的生态秩序。

（三）环境正义的城乡结构性关怀

在生态环境遭受破坏与污染的同时，也在破坏着建立在此基础之上的社会秩序。所谓环境正义，形象一点地说就是通过正义理论去矫正"金钱往上流，污染往下流"的结构性扭曲，如果在这里进行套用，就是通过结构性关怀去改变"金钱往城市流，污染往农村流"的城乡环境权益扭曲现象。环境正义将生态环境问题看作社会正义的新领域和延长线，关注环境利益与负担的公平合理分配，它包含了形式正义与实质正义。环境正义具有高度规范性的意义，在关怀人类与自然环境关系的同时，更关注人类社会内部因自然环境而导致的群体分化与差异。

由上文所述可知，在我国环境正义存在城乡差异，其表现形式为城乡环境利益的主体分离，或者说环境利益存在城乡主体分离现象，这具有明显的逻辑错误和一定的现实危害。逻辑错误表现在城乡没有相并列的发展地位。危害至少有两点：一是缩减生态文明建设的时段；二是窄化生态文明建设的内涵。城乡的关联性不断加强，冲突性不断呈现。城乡都是生态人，应该构成生态共同体，在城乡之间应该实现并体现环境正义。"正义观念的形成与事实性因素相关"①，环境正义是可实践的正义，这一过程的核心环节是环境正义的结构化、制度化，而城乡生态连体结构正是城乡环境正义实现的基本场域。也就是说，建设城乡生态连体结构正是环境正义的结构性关怀。建设城乡生态连体结构就是为了对现行失衡的城乡环境正义给予结构性关怀，并在结构中予以纠偏和矫正。应该说，在这一结构建设中，适用最脆弱者优先原则和建立城乡生态福利制度是最为突出的表现，一个是对于农民这一环境弱势群体予以倾斜性优先，一个是加强供给城乡生态福利和公平分配城乡生态福利。

1. 适用最脆弱者优先原则

环境利益的分配受主客观因素影响，表现出群体差异性，不同的主体具备不同的经济地位、天然禀赋、水平能力，由此获取的资源及其利益相差甚大。为了体现对城乡环境权益的倾斜性配置，国家大力开展农村基础设施建设，要求优先发展农业、农村，建立新的反哺机制，重新调整扭曲的城乡关系，这些种种规定就是在适用最脆弱者优先原则。既体现公平，保障农村"发展权"的行使，更有对安全甚至效率等价值的考虑，农村生态福利大为增进，也有利于边际效益的提高。加之，现在的城市反哺农村的现象日益普遍，注重改善城乡环境决策，加强协调与合作，培育公众意识，从资金、技术和能力建设等方面对农村增益。

城乡生态环境问题的形成，就其原因进行分析，既包括事实性因素、制度性因素，也包括主体性因素。通过前述回顾发展阶段，揭示出我国城乡主体之间在环境权益方面存在巨大差异性。毋庸置疑，农民是环境脆弱群体，农村是环境敏感地带，农业是环境弱势产业，更易受到环境污染和生态破坏的侵害。因此，如果要实现城乡环境正义，要建设城乡生态连体结构，构筑城乡生命共同体，必然要遵循"最脆弱者优先原则"。国家也早已意识到这一点，党的十八大以来实施乡村振兴战略和强农惠农富农政策一直是主旋律，特别是 2019 年中央一号文件定调优先发展农业农村之后，加大了资金投入、技术帮扶、设施建设等一系列工作的力度，并积极开启多元共治模式，引导社会资本加入，特别是 2021 年《乡村振兴促进法》专设扶持措施一章，将强农惠农富农政策上升为法律规范，分别就财政投入、农业补贴、土地出让收入、资金基金、融资担保、资本市场、

---

① 〔德〕魏德士：《法理学》，丁晓春、吴越译，法律出版社 2005 年版，第 171 页。

金融服务、农业保险、用地保障,以及社会资本参与乡村振兴等做出规定,从政策扶持上落实农业农村优先发展。而为了治理农业农村污染,专门出台《关于全面加强生态环境保护坚决打好污染防治攻坚战的意见》,明确指出要"打好农业农村污染治理攻坚战",就是要突出重点区域,动员各方力量,强化各项举措,深入推进农村人居环境整治和农业投入品减量化、生产清洁化、废弃物资源化、产业模式生态化,补齐农业农村生态环境保护突出短板,增强农民获得感和幸福感,推动农业绿色发展,改善农村生态环境,实现城乡生态均衡发展。

2. 建立城乡生态福利制度

是否实现了城乡环境正义,一个非常重要的指标就是城乡是否享有充分、均衡的生态福利,城乡生态福利的供给与分配是否公平合理。所以,要实现环境正义的城乡结构性关怀,就要加强供给城乡生态福利和公平分配城乡生态福利,借由制度建设形塑城乡环境正义。

一要加强供给城乡生态福利。环境利益表达、确认、保护、救济、增进是"多样性共生、制衡性共进、循环性再生"的环境法功能进化路径。[①] 通过环境利益的法律构造,构建制度保障环境利益增进与环境社会秩序,而环境利益的增进和良好的生态秩序就是生态福利。为了加强供给,国家应该统筹城乡,仔细考量生态福利在社会整体发展结构中的重要地位和作用,结合我国城乡差异、人口分布、区域差异、资源状况等,计算出合理的生态福利资金预算比例。建立资金专款专用机制和优化筹融资机制,建立生态财政转移支付制度、建立生态福利专项基金制度。同时还要增加良好生态的可供性与可及性,方便民众享受生态福利。积极修复环境污染、生态退化、生态破坏等生态失衡的城乡区域,特别是进行乡村生态宜居建设,扩大良好生态区域的范围,为城乡居民提供生态福利。

二要公平分配城乡生态福利。我国现有生态福利城乡分配不均衡现象突出,也是造成城乡环境不正义的重要因素,所以在城乡生态福利的分配中,首先是平等分配城乡生态福利。这里的平等是指城乡分配机会的平等。所谓机会的平等指赋予人们争取或获得有限资源、抓住有利条件的相同可能性,包括分配城乡生态福利起点的平等、分配城乡生态福利过程的平等和承认并尊重合理差别,对农民等特殊群体给予特殊关照,给不平等

---

① 钭晓东:《论环境法功能之进化》,科学出版社 2008 年版,第 72—76 页。

者以不平等，帮助这些群体拥有与其他群体大体相当的生态福利。其次是公平分配城乡生态福利。关于环境正义首要涉及的议题就是分配正义，即同等情况同等对待。环境正义的观念是建立在对特定事实的认识论基础之上的，在分配环节应当确立以公平为底线的总量控制目标，据此设计机会均等的分配方案。分配要综合现有状况、发展水平、自然资源禀赋等多种指标，形成一致性的客观分配标准，而不应以主观的身份标准进行机械分配。城乡生态福利的分配应坚持严格推行和适用法律制度规范，政府分配城乡生态福利时需要综合考虑城乡整体利益，在个体生态福利保障基础之上实现城乡整体生态福利最大化。城乡生态福利应公平分配，不能牺牲个体利益，不能牺牲弱势群体利益，兼顾形式公平与实质公平，在城乡居民普惠式享有生态福利的基础上，最大限度地增加城乡整体生态福利。

正义是一个日益维新的概念，不同的时代赋予了不同的正义内涵，环境正义已然是当前时代最重要的社会课题之一。"对过去来说，法律是文明的产物；对现在来说，法律是维系文明的工具；对未来来说，法律是增进文明的手段。"① 城乡群体在社会结构内分立，形成了环境社会结构的断裂失衡。这是可持续发展的障碍，这些利益表达不畅造成了社会的断裂，因环境不正义引发的社会矛盾日益突出，因环境议题引发的公共事件也呈上升趋势，环境法律的正当性和合理性面临严峻挑战。作为"回应型法"出现于历史舞台上的环境法，"环境正义概念的提出相当重要，因为它引领着学界再次思考'平等'的意涵，并且扮演着将它重新介绍给社会大众的重要历史任务"②。环境正义"试图协调人们的利己倾向和合作倾向，平衡公民的环境权利诉求、企业的经济利润需求和政府的公共服务追求，最终达致人与自然相和谐的生态社会"③。"环境保护必须要与社会正义问题同时受到关注。缺少环境保护，我们的自然环境可能变得不适宜居住。缺少正义，我们的社会环境可能同样变得充满敌意。"④ 环境问

---

① Roscoe Pound, *Interpretations of Legal History*, Cambridge：Harvard University Press，1923，p. 143.

② Martin V. Melosi, *Equity, Eco-racism and Environmental History Review*, Cambridge：Harvard University Press，1995，pp. 1–16.

③ 王小钢：《义务本位论、权利本位论和环境公共利益——以乌托邦现实主义为视角》，《法商研究》2010 年第 2 期。

④ ［美］彼得·S. 温茨：《环境正义论》，朱丹琼、宋玉波译，上海人民出版社 2007 年版，第 2 页。

题是社会正义问题在生态环境领域的表现，是社会问题中的一种，环境法是对这一问题的回应，解决特定社会结构中基于环境的人与人之间关系，核心关注人类社会中的环境利益与负担的公平分配问题，而非"对环境的正义"。环境正义的实现需要在理性、融合的社会结构内行进，建设城乡生态连体结构就是提供一种结构性关怀，提供实现场域，使得环境正义在城乡之间变得可能并且实现。环境正义也是城乡生态连体结构建设的依据和目的，所以，环境正义论是其理论基础。

## 二　理论基础之二：生态整体主义

### （一）生态整体主义的基本含义

因为人们逐渐认识到生态系统具有不可分割性，生态具有完整性，所以逐步发展出了生态整体主义。生态整体主义主张生态系统具有客观的内在价值，并特别关注生态系统的完整性和稳定性；人类作为法律主体，对维护生态系统负有道德义务。生态整体主义关注生态系统、物种和生态过程的价值，要求尊重生态系统整体及其组成的自然客体的价值。这些观念为保护生态系统提供了理论依据，同时也与建设城乡生态连体结构的内在追求高度契合。生态治理的核心是葆有生态整体主义，是"生态地和整体地看待世界和生命、看待人的存在和世界的存在，并整体地和生态地去生存的思维视野、思想境界、价值取向和行动原则"①。

遵循生态整体主义是可持续发展的核心要义，生态系统必须具有从干扰中恢复并重建其稳定性、多样性和适应性的能力，否则就是不可持续的。可持续性必须要从生态、经济和社会三个层面考虑，涉及生态层面的有效性、经济层面的效率性以及社会层面的公平性。② 三者之间是有紧密联系的，从不同层面来界定着可持续性的内在要求，虽然不能说某一方面具有绝对性地位，因为三者缺一不可，否则就是不完整的可持续性，但仍需强调的是，即便没有绝对性与唯一性，但很显然的是生态有效性是具有基础地位和前提角色的。所以，生态整体主义是生态治理的依据和屏障，城乡生态连体结构意味着城乡连成整体，意味着一体化建设，意味着建立

---

① 唐代兴：《生态理性哲学导论》，北京大学出版社 2005 年版，第 219 页。
② ［德］克劳斯·鲍斯曼：《只见树木，不见森林：环境法上的还原主义》，张宝译，《南京工业大学学报》（社会科学版）2019 年第 4 期。

在城乡生态整体之上。所以，生态整体主义是城乡生态连体结构建设的理论基础。

生态整体主义理念一经形成，就深深地影响了全世界，在诸多绿色经典著作中都可以看到这一理念的印记。如蕾切尔的《寂静的春天》是第一部用事实证明生态整体主义思想正确性的著作，书中运用大量的数据与事实说明了以杀虫剂为代表的化学用品的滥用对动植物乃至人类造成的伤害，深刻揭示了生态是整体的，她说："如果我们还打算给后代留下自然界的生命气息，就必须学会尊重这个精美细致但又十分脆弱的自然生命之网，以及网络上的每一个连结。"[1] 这一著作是对全世界的绿色启蒙。1972 年联合国召开首次人类环境会议，第一次以环境为主题通过了《人类环境宣言》，提出"只有一个地球"，这也是基于生态整体主义来倡导全球在生态环境领域展开合作。之后，生态整体主义日益为人们所广泛接受。回顾这些绿色经典著作和环境行动，会发现生态整体主义的内涵非常丰富，适用广泛，且处于不断完善之中，具有特殊重要的意义。

1. 生态整体主义带来可持续性

只有坚持生态整体主义，生态才能葆有活力，才具有从干扰中恢复并重建其稳定性、多样性和适应性的能力，才带来了可持续性。可持续性该如何理解？可持续性是指一个系统持续存在的能力。从此概念可延伸一系列可持续理念。比如，可持续农业意味着通过对自然资源的妥善管理而保持对环境影响的最小化，同时为农户带来更高的生产率和利润。可持续性是一个宏大的概念，包括了对生态、经济、社会的结合。人是生态的一部分，生态又对人施以影响。可持续性必须可以支持生态、经济、和社会的健康、活力及公平，以保证人类与自然环境和谐共存的长期性，以及人类发展与自身未来的连续性。只有满足这些条件，人类与自然的关系才能与人类自身的发展保持和谐、长久一致。[2] 如果不能坚持生态整体主义，生态将会遭受破坏，将是不可持续的，因此生态整体主义是环境法的基础理论，是生态治理依据的理论基础，并指导具体的治理行为，也是治理效能

---

① 参见黄晶《重温"绿色经典"，追寻可持续发展轨迹》，《可持续发展经济导刊》2020 年第 1—2 期。

② 郭杰群：《可持续性概念及发展变迁》，《供应链管理》2020 年第 8 期。

评判的基本标准。所以，建设城乡生态连体结构也必须遵循生态整体主义。

## 2. 生态整体主义促进协同治理

因为生态整体主义关注生态系统、物种和生态过程的价值，要求尊重生态系统整体及其组成的自然客体的价值，没有哪一个生态环境是可以分割的，是可以单独治理就获得巨大治理成效的，恰恰城乡生态治理的分离状态是形成城乡环境差距的深层次原因，所以生态整体主义必然带来并促进生态环境的协同治理。我国已有多地开启生态环境协同治理，这一理念早已从理念迈向实践。如京津冀协同治理大气污染、长江流域协同治理水污染等，建设取得的成效证明协同治理是解决生态环境问题的未来走向。当两个或更多的事物一起运作时产生的结果胜于分别动作结果的总和时，协同作用就是存在的。既然是城乡生态治理，涉及城与乡两个主体，就有一个相互关系问题。因为坚持生态整体主义，城与乡都是生态的有机组成部分，共同维系生态系统，共同发挥各自的生态功能，所以不是从属的、依附的、吸收的关系，而是平等协同的关系。生态环境的城乡协同治理克服了城乡分而治之的弊端，能有效促进城乡关系，改变原有的不平等关系，做到城乡优势互补、设施互通有无、要素自由流通、资源合理配置，遵循生态系统的内在要求，大为提升治理的共时性效应，能同步提高城乡生态质量。新的阶段追求全面发展，即经济要增长、社会要进步、生态要保护，前两者都建立在生态要保护基础之上，而生态要保护的首要就是生态的完整性，就是秉持生态整体主义，生态整体主义一直推动着生态环境协同治理。

## 3. 生态整体主义提升治理效率

生态文明时代法理的核心内容是适应自然、整体优先和义务本位，[①] 这里的"整体优先"在一定意义上可以理解为生态整体主义优先。生态文明建设注重效益性，倡导综合治理，显然是把生态作为一个整体进行建设，因为系统性、整体性地指导生态治理，比分而治之、单独治理要有效得多。环境法上的效率价值具有三方面的内在规定性：一为合目的性，即环境资源的开发和利用在满足人的需求的同时，应将其产生或者可能产生的负面影响控制在可接受的范围内；二为条件约束

---

① 何士青：《生态文明的法律构建》，《湖北大学学报》（哲学社会科学版）2008 年第 3 期。

性，即环境资源的开发和利用应考虑政策、经济、技术层面的可行性以及社会伦理的可接受程度；三为与负外部性的高度关联性，即对人体健康、生态系统、经济系统产生的负面影响。[①] 坚持生态整体主义，就是对生态环境的全面治理，遵循了生态系统的自然规律，具有科学性，协调了经济发展和环境治理的关系，大大提高了治理效率，会产生治理的规模效应。坚持生态整体主义，会驱使治理实现生态环境资源有效配置，提高整体治理能力，从功能性治理走向结构性治理。生态整体主义既是理论基础，也是城乡生态连体结构的催化剂。所以，坚持生态整体主义合乎目的，考虑生态作为约束的条件，也注重克服产出的负外部性，极具效率价值。

（二）制约城乡生态连体结构的建设

由前述分析可知，坚持生态整体主义是符合生态规律的，是对传统治理机制的扬弃和修正，具有鲜明价值和诸多优势。城乡生态是整体的，城乡环境是共生的，城乡之间环境要素、治理目的、治理过程都是相互契合的整体共生状态，城乡生态安全和生态秩序也都建立在生态整体主义之上。所以，生态系统整体性决定了城乡要一体建设，建设城乡生态连体结构必须坚持生态整体主义，对这一结构建设的制约表现在要把城乡生态的内在关联性、维系城乡生态的有机性贯穿始终，注意城乡生态承载力的监测和治理效能的检视，对不符合的生态治理行为要及时纠正，以解决逻辑连贯性、解释合法性、对象整合性和意义关切性的问题。

生态整体主义对城乡生态连体结构建设的制约之处表现很多，主要是制约城乡生态连体结构的建设路径和建设速度，前者通过要求城乡一体规划来实现，后者则是要求基于城乡生态承载力进行建设，不可超载超负荷。

1. 要求城乡一体规划

生态系统的整体性决定了城乡生态治理必须在系统内部整体进行，不能割裂式治理。单一要素的环境治理不能解决当前结构性的、复合型的区域环境问题，只能进行多要素综合治理。就治理效率而言，有限的管理资源也难以应对数量庞大的环境污染和生态破坏项目。城乡一体规划要求统

---

① 于文轩：《生态环境协同治理的理论溯源与制度回应——以自然保护地法制为例》，《中国地质大学学报》（社会科学版）2020 年第 2 期。

筹资源用于城乡整体生态质量提高上，在考察城乡区域整体生态基础之上制定规划并予以实施，既提高治理效率又节约治理成本。

围绕城乡生态连体结构建设，城乡一体规划也能协调"条块"关系，利用城乡一体规划撬动结构完善和制度改革，建设山水林田湖草沙生命共同体，促进城乡可持续发展。注意这个规划既不是城乡规划，也不是土地利用规划，而应该是国土空间规划。既然是国土空间规划，说明是把城乡作为整体来看待的，城乡都作为国土空间的一部分，国土空间是生态系统的一部分，完整不可分割，这当然也决定了要城乡一体规划。

城乡生态连体结构具有空间尺度性，空间尺度通常指一个区域的时空范围，是指一个特定的时空范围。生态系统格局与过程的发生、时空分布、相互耦合等特性都是尺度依存的，具有时空尺度特征。因此，只有在特定的尺度序列上对其考察和研究，才能把握生态治理的内在规律，以实现生态系统结构和功能的整体协调。城乡生态治理建立在完整的生态系统之上，应站在城乡尺度上看待生态系统的完整性、连续性和持续性。不同尺度的生态系统，其功能有不同的表现，产生的生态效益也不同。必须充分认识和把握不同尺度空间规划如城乡的特点和规律，才能实现系统的自我维持和自我恢复能力，提升生态系统的服务功能。

2. 影响城乡生态承载力

城乡生态连体结构的建设受制于城乡生态承载力，而城乡生态承载力又取决于生态系统的完整性、系统性和连续性，而这些方面和内容就是生态整体主义的基本内涵之一，所以生态整体主义通过影响城乡生态承载力进而制约城乡生态连体结构的建设。

生态承载力是个复杂的结构，是一种综合能力，它包含了生态弹性力、资源承载力、环境承载力、社会经济协调力等，是指在一定的时间和一定的区域范围内，在确保生态环境良性循环和自然资源合理开发利用的前提下，环境资源能够承载的人口数量及相应的经济社会活动总量的能力和容量。生态承载力不仅会随着时间有所变化，而且还会因人们对不同的环境所要求的质量不同而不同。影响一个区域的生态承载力的主要因素有：科技的进步、区域内人类经济活动模式和区域外因素等。可以通过生态承载能力监测预警机制来规范资源开发利用行为，促进资源节约、保护生态平衡。而人类主要就是通过引导科技进步、调整产业结构、优化区域发展布局等，来提高生态承载力。

城乡发展难免会对生态环境造成破坏，即使生态系统拥有自我恢复和调节能力，但这种能力也是有限度的，若是城乡过度发展乃至超过了生态系统的最大承受能力，带来超载超负荷现象，就会引发不可调和的矛盾，最终导致生态系统的崩溃和不可修复。如果想要在城乡建设水平提高的同时，生态系统也稳定发展，就必须要追求二者之间的耦合协调发展。不同资源环境要素通过物质循环与能量流动形成了形态各异、功能多样的生态系统，某个部分遭受到破坏，会对整个生态系统功能的正常运行产生影响，故而生态承载力是动态的。不同要素在生态系统中所处的位置、功能等属性存在差异，不同类型的生态系统在结构、功能等基本特性上也不同，因此要因时因地制宜，从生态整体主义角度出发来进行，来时刻关注并提高城乡生态承载力。

（三）满足城乡生态连体结构的需求

生态环境问题具有整体不可分性和内在关联性，传统的治理模式是孤立的封闭的内向型环境治理，割裂了城乡内部的有机联系，生态治理裂解成碎片状，忽略了污染源的叠加影响和环境质量的协同影响，忽略了城乡发展程度、产业结构甚至时间因素等社会综合因素的影响。多年实践证明这种环境治理效益很差，成本高昂。只有基于生态整体主义的治理模式才是针对城乡生态现状的治理，克服了分治的弊端，从整体的、系统的角度开启治理行为，能提高治理效能，弥补治理裂痕，促进城乡一体发展。故而，生态整体主义与城乡生态连体结构建设具有高度契合性，与当前生态环境问题发展的现状相契合，适应了城乡一体化的发展背景和时代需求，能充分满足其需要。

1. 提供建设理论依据

城乡生态连体结构建设需要科学的理论指导，需要提供生态学上的理性依据，而生态整体主义能够提供这种指导和依据。具体而言，生态整体主义告诉人们治理的视角应该是整体性的，不要做人为分割。生态整体主义指导治理行为应该从"有利于生态系统的动态平衡"标准出发，注意维持生态的完整性。生态整体主义还指导治理行为要注重对生态系统功能的影响，这个"整体"不仅指系统完整，更包括功能完好。城乡生态连体结构是实现可持续发展的重要手段，实现了生态整体主义的社会化参与、结构性应对，建设城乡生态连体结构是发展趋势和价值取向。通过生态整体主义进行理论指导，提供理论依据，可以使建设中关注的视角更为广阔，拉长了治理的时间和空间维度，确保长期利益和短期利益都可以得到考虑和延伸，不仅满足了城乡生态连体结构的需求，更提高了建设质量。

同时，如前所述，生态整体主义会带来协同治理，城乡生态连体结构建设就是在秉持城乡生态合作治理的要求，建成城乡生命共同体。通过提供建设依据，正视城乡区域发展不平衡的矛盾，打破壁垒促进协同发展，实现均衡发展。引导开发乡村的多重功能和价值，鼓励城市资本、信息、资源、人才等要素流向乡村，稳步推进乡村振兴，并通过科学的方法和合理的资源配置促进新型城镇化发展，破解城乡二元结构，推进城乡要素平等交换和公共资源均衡配置，从"统筹城乡发展"到"城乡一体化发展"，再到今天的"城乡融合发展"的政策调适，大大缩小了城乡差距，强化包容性发展，坚持走绿色发展之路，将生态资源转化为生态财富，实现可持续发展。

2. 指导建设具体内容

一是指导确定城乡生态连体结构建设的目标。城乡生态治理有总体目标和区分目标，包括生态目标、社会目标、经济目标、效益目标等。这些目标的设定都要有科学的依据和具体的指导，生态整体主义无疑是指导者，解决其中的逻辑连贯性、解释合法性、对象整合性和意义关切性的问题。二是指导城乡生态连体结构建设的基本制度。围绕这一结构建设，会生成和演进相应的基本制度，如城乡生态承载力制度、城乡生态福利制度、城乡生态修复制度、城乡空间规划制度等，这些都建立在生态整体主义之上。只有秉持这一点，才能兼顾彼此，在不断发展中沿着循环利用、节约利用、永续利用的思路进行，实现建设中的代内公平和代际传承，特别是提高利用效率，扩容生态承载力，确保生态的整体性、系统性、持续性。

3. 校验建设实践成效

一是检验。通过城乡生态连体结构建设，检验是否破坏了生态系统的整体性？是否实现了持续发展？是否具有从干扰中恢复并重建其稳定性、多样性和适应性的能力？是否一个系统具有持续存在的能力？是否可以支持生态、经济和社会的健康、活力及公平，以保证人类与自然环境和谐共存的长期性？是否实现了城乡环境正义？正如"一个行为如果可以保护生态社区的完整性、稳定性和美感就是正确的，否则就是错误的"①，建设成效必须予以检验方能见其真章。建设城乡生态连体结构是建立在生态环境容量和资源承载力的约束条件下，将生态环境资源作为支撑社会经济发展的内在要素，强调了发展的界限。要把实现经济、社会和环境的可持续发展作为目标，并通过整体性检验，否则超越环境资源承载力的发展是与生态文明背道而驰的。二是矫正。城乡生态连体结构建设是个全新的模式，在建设中不断摸索，会有模糊不清、偏离方向甚至出现差错的时候，需要明晰和纠偏，生态整体主义具有独有的包容性，可以提供一个基准，用来矫正指导城乡生态治理，实现城乡生态利益整体优化、城乡生态治理整体上升能力、城乡生态质量整体好转。

# 第二节　建设的基本原则

建设城乡生态连体结构的基本原则是对建设这一结构基本理念的贯彻。何谓理念？理念是指"一种理想的、永恒的、精神性的普遍规范"②。具体到建设城乡生态连体结构的基本理念就是城乡一体化，构建生命共同体。遵循相应的基本原则也是城乡生态连体结构据此获得正当性和有效性的要求。在确定有哪些建设的基本原则时，应基于城乡生态治理历时性与共时性的统一，出于防范城乡生态治理风险目的，立足于矫正城乡生态治理失衡状况，有利于城乡环境权益的结构性调整，以及如何致力于构建城乡生命共同体等角度考量。缘此种种，在城乡生态连体结构建设中，应坚持有区别的共同责任原则、最脆弱者优先原则、风险防范。

## 一　有区别的共同责任原则

（一）问题的提出

中华人民共和国成立以来，我国的生态环境治理工作成效显著。但令人遗憾的是，这一工作在我国并不是整体推进、均衡发展的，成就主要集

---

① ［美］詹姆斯·萨尔兹曼、巴顿·汤普森：《美国环境法》（第四版），徐卓然、胡慕云译，北京大学出版社 2016 年版，第 25 页。作者认为生活在共同的生态社区里，作为社区的成员，人们应该尊重环境伦理，他认为"一个行为如果可以保护生态社区的完整性、稳定性和美感就是正确的，否则就是错误的"。所以，生态整体主义也可以说是一种环境伦理观。

② 周辉、陈泉生：《环境法理念初探》，《时代法学》2004 年第 4 期。

中在城市，城市环境质量不断趋于改善，农村生态环境治理则长期处于滞后、停顿状态，农村环境质量并未同步好转。城乡生态治理失衡状态的形成有着特定的时代背景和客观原因，但随着社会发展，更由于城乡环境差距已到了无法回避、不能忽视的地步，必然要采取措施使城乡生态治理回到均衡状态。这一城乡治理失衡的根源错综复杂、表象形形色色，这些都决定了解决对策必须要高屋建瓴，能区分问题、统领全局，能整体观照城乡生态环境利益。追根溯源，城乡生态环境治理失衡的根源首在治理责任不清、不公，才会带来现实中的种种问题。为此，要在探讨城乡生态环境治理问题及原因的基础上，分析城乡治理责任，合理定位，以此来指导具体制度和措施的实践，同步整体提升城乡环境质量，实现城乡环境正义。

生态环境治理内容繁杂，涉及诸多环节，生态治理的城乡差异也表现在方方面面。如环境立法多是面向城市的，以解决城市环境问题和工业污染为着眼点，针对农村、农业的环境立法则数量不多，且多为原则性的、宣示性的，缺少可操作性。在环保体制机制方面，城市大体一应俱全，农村却缺少基本配套的人（专业人员）、财（环保投入）、物（环保设施）、所（环保机构），生态环境治理链条在最基层断裂，农村生态环境治理能力匮乏。在环保投入方面，投向城市的环保资金长期占据绝大多数，农村环保投入严重不足，城乡环保投入差距显著。还要指出的是，城乡污染转移现象也较为突出，对城乡环境正义造成破坏、侵蚀和压制等现象，对特定群体利益形成伤害。

上述城乡生态环境治理中暴露出来的问题林林总总，表现各异，似乎很难统合起来，逐一分析原因也是多方面的，探讨对策仿佛也要多措并举，这样就会又落入研究我国环境问题常见的"碎片化"境况，即问题的呈现是"碎片化"的，原因的分析是"碎片化"的，解决对策更是"碎片化"的，不能深入找到一条"主线"去贯通，去统合相关问题的解决，只是"头痛医头，脚痛医脚"，这样对于彻底解决实际问题并无裨益。笔者认为，上述种种表现结合在一起，深入寻找原因，根源在于我国现有的城乡生态治理责任机制法律规定近于空白，先天不足，有着根本性缺陷，才会导致结构性失衡。具体而言，一是没有强调共同责任，各自为政，没有进行城乡整体治理；二是没有确定区别责任，城乡环境问题的形成有历史原因，现实状况又各不相同，解决也有现实难度，必须区别对待，城乡责任是不同的。正是由于城乡生态环境治理责任不清、不公，才会使得城乡环境法制资源供给、环保体制设立缺少统筹，对城乡环境治理的另一方责任主体——农村缺少必要的制度支撑，作为受益者、污染者的城市没有承担应有的区别于农村的责任，才会在环保投入、环保设施建设、环境治理能力、污染转移等方面造成城乡严重不公，引发一系列问题。一旦城乡治理责任不清晰、不公平，就不能科学、合理地指导具体制度和措施的实践，就会带来城乡生态治理中的乱（治理失序）、碎（碎片化治理）、错（责任错位）现象。"区域生态环境问题不是简单地依靠科学技术和资金投入就能彻底解决，而是强烈地嵌入各种制度、经济和社会结构的变迁中，与政治、经济、社会结构等处于共同演化的格局之中。"[1] "斯蒂芬·布雷耶在《切断恶循环》中对于公共政策的问题从结构上列举了三点原因：'狭窄视野''无整体行动计划'和'不协调'"[2]，城乡生态环境治理问题的解决也要竭力避免这三点原因，要致力于扩大视野，寻找深层的原因，最终城乡整体协同行动。所以，应该关注的不能仅仅是具体的城乡环境治理法条数量和治理措施问题，根本路径在于明确城乡有什么共同的生态环境治理责任，又有什么不同的各自区别责任，区别责任的原因是什么，共同责任与区别责任如何统合在一起，为了实现这些责任应该如何做出相应的制度安排，也就是说，建设城乡生态连体结构，解决城乡生态治理问题，首要的是尽早公平地确定城乡责任机制。如此，理念更新带来实践创新，才能回到解决问题的逻辑起点，真正应对城乡生态环境治理的困境，融合其中的多元化价值和复杂利益关系，真正建设一体化的城乡生态连体结构。

（二）城乡生态治理责任分析

法律责任在法律规范中处于核心支配地位，责任主体需要承担什么样的法律责任，就会做出相应的选择，进行与之相适应的法律行为，并形成相应的法律后果。在城乡生态环境治理中也不例外，前述问题中诸多都是囿于现有残缺不全的治理责任体系衍生而来的。治理责任是城乡生态治理中首先要明确的问题，责任不清、责任不公都会带来严重后果，如何设计公平合理的治理责任体系是需要考量多方因素的，应该从考察环境特性、

---

① 余敏江：《论区域生态环境协同治理的制度基础——基于社会学制度主义的分析视角》，《理论探讨》2013 年第 2 期。

② 王清军：《我国排污权初始分配的问题与对策》，《法学评论》2012 年第 1 期。

历史成因、现实状况和未来发展出发，分析城乡治理责任的内涵，准确定性，使之从割裂到整合、从简陋到完善，逐渐走向清晰、公平，以此来指导具体制度和措施的实践。

1. 从环境问题的特性看城乡治理责任

环境问题具有整体性和跨界性，生态系统也是有机的统一整体，这是生态环境治理的基本背景。基于生态整体主义理论，生态治理要系统性治理、整体性推进，要遵循生态规律，不能违背自然属性，不能人为割裂。城乡发展具有交融性和综合性，城市与农村生态环境是相互补充、互为依存的唇齿关系，城乡生态治理也应以城乡为整体治理对象，是对城乡整个生态系统的全面治理，各治理主体都必须依从和服务于城乡整体生态环境利益。同时，在把握城乡环境整体状况的基础上进行生态治理，关注城乡各环境要素之间的联系与整合，强调生态系统的空间性，避免多要素分割治理，合理配置资源，从要素性治理走向功能性治理，并更进一步走向结构性治理。这样才是符合环境问题特性的治理行为，才能据此知晓应该承担何种治理责任。

从环境问题的特性可以看出，城乡生态治理必须要进行整体治理和系统治理，那么据此可以推断出城乡治理责任应是共同的，即城乡共同面对环境问题，共同承担治理责任，共同履行治理义务。尤其是在现有情形下，城乡绝不可"独自为政"，也不可能"独善其身"，而是迫切要求城乡之间明确共同的治理责任，以此来进行治理行为的统领，加强全面合作，促使城乡在生态治理上同步，产生共时性的治理效应。否则，不明确城乡生态治理的共同责任，仍然分而治之，城乡处于割裂状态，将会使环境问题愈演愈烈。其实对此问题，相应的政策在前文中可以看到已有所涉及。从这些政策可以看出，不管是"统一"，还是"并重"，都指向的是城乡环境治理要共同应对，这背后更多的是折射出城乡负有共同的治理责任。"尽管政策方面多有回应，然则法律上基本表现为'虚无'因应"①，这种法律规范的"缺席"与依法治国的基本方略是不相符的，并且带来了严重的环境问题，极有必要在环境基本法中明确城乡生态治理的共同责任。

---

① 杨解君：《面向低碳的法律调整和协同：基于应然的分析与现实的检讨》，《法学评论》2014 年第 2 期。

2. 从环境问题的历史成因看城乡治理责任

城乡环境问题的形成有其历史成因，在环境治理方面亦是如此。城市的发达史与城乡环境问题之间是有因果联系的，城市长期高消耗、高排放的生产方式和高消费的生活方式给城乡生态环境带来了很大压力，还有众多环境污染产业从城市迁移到农村，日积月累之下形成农村生态环境问题的主因，农村也因此承受了额外的生态压力及环境损害。但不可忽视的是，这种城乡治理二元化模式是有历史原因的，也是有前提存在的，是当时经济社会发展条件下采取的权宜之计，当原有的存在基础、条件及理由不复存在时，就必须及时改弦易辙。否则，有可能成为最严重的城乡差异，带来严峻的社会问题。

因此，从环境问题的历史成因来看，不论是从公平正义角度出发，还是依据环境法"污染者负担"的基本原则，城乡治理责任都是不同的，必须区别对待。在城乡之间，所承担的责任应当与在历史上和在当前对现实生态环境造成的破坏和压力相适应、成正比，故而城市理应多承担生态治理的责任或者说是承担生态治理的主要责任。正如尼采（Friedrich Wilhelm Nietzsche）所说，"给平等者以平等，不平等者以不平等，才是正义的真正呼声；由此可以推出，永远不要平等对待不平等"[1]。也就是说，"给不平等者以不平等"和"给平等者以平等"才能体现真正的公平正义，在城乡生态治理领域亦是如此，即城乡有共同的治理责任，但同时这一责任是有区别的，城乡生态治理中遵循的是"有区别的共同责任"原则。尼采的这番话可以视为这一原则的哲学基础，里面蕴含了历史责任，体现了矫正正义，也恰好是"与能力有关的责任"[2]，体现了真正的平等理念。

3. 从环境问题的现实状况看城乡治理责任

解决环境问题，仅有先进的理念远远不够，经济能力、技术条件等是

---

① 王小钢：《"共同但有区别的责任"原则的解读———对哥本哈根气候变化会议的冷静观察》，《中国人口·资源与环境》2010 年第 7 期。

② 1986 年 8 月 30 日，国际法协会在汉城（今首尔）通过的《关于逐渐发展有关国际经济新秩序的国际公法原则宣言》宣布，平等（非歧视）原则"是指对同等的情况应同等地对待，对不同等情况应该按照……不平等给予相应的不同等待遇"。"给平等者以平等"和"给不平等者以不平等"构成了"共同但有区别的责任"原则的哲学基础。转引自王小钢《"共同但有区别的责任"原则的解读———对哥本哈根气候变化会议的冷静观察》，《中国人口·资源与环境》2010 年第 7 期。

关键的基础要素。长期以来，囿于国家能力和认识不足，我国在环境法制资源供给、环保机构设立、环保投入、环保设施建设上，明显向城市倾斜，城乡差距显著。总体来讲，相对于城市地区，广大农村地区经济不发达，技术水平不高，环保资金严重短缺，环境治理能力极其匮乏，治理链条在农村基本断裂。在这种城乡之间发展极不平衡的前提下，如果不去优先发展、不去倾斜配置、不去区别对待，而是要求农村去独自面对、自我治理，是冷漠无情地推卸应负的责任，是不问缘由地处理累积的问题，是对治理结果抱有不现实的期待。更主要的是，对广大农民显然是不公平的，也极其不利于真正彻底解决环境问题，也违背了建设全面小康社会、城乡共享发展的理念。如前所述，城市在解决生态环境问题方面拥有更多的优势，具备更强的能力，有更先进的技术，再加上历史原因，无疑应承担更多的义务和更明确的责任，而不是忽视城乡现实差异，单纯追求表面上的城乡同等治理责任，这不是平等，而是不公正地掩饰事实真相。

经过长期发展与积累，城市已经具有相当的经济实力和技术水平，有着充分的能力优势，能够较好地面对和解决环境问题，并且其经济和技术优势的获取多是大量建立在从农村获取廉价自然资源基础之上的。所以，城市应该援助、支持和反哺农村地区，发挥城市对农村的辐射带动作用，多加提供资金、技术和进行人力资源培训，帮助提升农村生态治理能力，完善农村环境基础设施，做到城乡生态治理同步，产生共振效应，促使城乡环境质量整体好转。

另外，为了准确理解治理责任的内涵，要着重指出两点：一是城市承担更多的治理责任，主动向农村提供必要的环保资金和技术支持，不是捐助行为，更不是针对农村生态治理的慈善行动，这是城市本就应有的治理责任，其性质绝不可模糊；二是城市承担治理的主要责任，是充分考量了造成城乡环境问题的历史责任与现实因素，考虑到城乡的经济基础、资源匹配、技术条件和能力水平等诸多因素，绝不是由此而减轻甚或免除农村的义务，而是认为要实事求是，农村应承担与其现实和能力相适应的责任。正是基于这个认识，资金的投入和技术投入或"技术转让"相比，后者更有意义更为重要，因为资金投入只是外部保障条件，实现最佳可得技术或者环境友好技术转让才是治理城乡环境问题的根本途径，只有农村掌握先进的技术才能真正提升农村治理能力和整体治理效率，共同提高城乡环境质量。

4. 从环境问题的未来发展看城乡治理责任

很显然，我国城乡之间发展是不均衡的，城市与农村处于不同的发展
阶段，面临的发展任务和发展目标也是不同的，二者的利益诉求也是不同
的，由此带来城乡对于治理责任的理解及设定当然也应该是不同的，甚至
是有所冲突的。这也是我国城乡生态治理责任难以落实的重要原因，因为
"责任冲突是责任履行的矛盾状态，是不同的利益取向、价值观念之间的
相互碰撞"①。

城乡经济及社会发展不平衡，对生态环境资源的利益需求不同，各自
的生态承载力、环境容量、要素分布等也存在巨大差异。因此，从未来发
展来看，从涉及所谓"发展权"的行使来看，应充分考虑城乡自然条件
和经济发展的实际情况，以及各方的利益诉求和生态治理的现实水平，确
立城乡差别化的治理措施。城乡对于环境权益、发展权益的理解及追求也
不尽相同。城与乡定位不同，每个城乡的定位不同，城与城不同，乡与乡
不同，所以应该差别化对待，坚持在城乡生态治理中奉行"有区别的共
同责任"原则，这样才是因时因地制宜，城乡治理才能各尽其用，而不
是一刀切、僵硬化、机械化地治理，这会带来更大更多的城乡环境不正
义。在生态治理中，应充分注重城乡不同区域的不同发展定位，尊重城乡
自然条件，考虑城乡人口分布、经济发展、对生态资源利用的不同利益诉
求等情况，确立治理目标及任务，建立各有侧重的生态治理责任。

（三）城乡生态治理中的共同责任

城乡生态治理中的共同责任是指城市和乡村都有义务去保护和改善环
境，生态治理是城乡共同的责任。由于生态系统和环境问题的整体性、综
合性、复杂性，任何一个地区的生态环境问题也会对其他地区造成影响，
因此这一问题是共同的问题，不是哪一个地方独自的问题，所以需要共同
应对，承担共同的责任。

生态环境系统的整体性和城乡环境问题的共同性要求必须超越固有的
区划界限，打破狭隘的利益格局，摒弃陈旧的治理理念，城乡一体来保护
和改善共同的生存环境与生态基础，承担生态治理中的共同责任。其一，
环境保护是城乡的共同义务。保护环境是我国宪法规定的基本国策，是基

① 王萌、李志江：《从"共同但有区别的责任"到"有区别的共同责任"———全球气候
合作的理念转换》，《阅江学刊》2013 年第 1 期。

本义务，城乡也不例外，不论面积大小、人口多少和经济发展程度，都负有共同的义务，在保护和改善环境方面都要承担责任。在这里，特别要强调的是，城乡环境保护是当然的责任与义务。不能因为经济发展的落后，某些地区就认为经济发展必然优先，就片面主张"发展权"，认为当然享有生态治理和环境保护的"豁免权"，错误地认为必须先发展经济后治理污染。其实，经济发展和环境保护并不必然矛盾，更不是非此即彼、孰先孰后的关系，二者是一种共存共荣、互惠互促的相互依赖关系。在这里，要特别注意应全面理解"两山论"的全部含义，它包含了从"宁要绿水青山，不要金山银山"，发展到"既要绿水青山，也要金山银山"，再拓深为"绿水青山就是金山银山"，在不断演进中既蕴含了极其丰富的内涵，更说明了对这一问题的理解是动态的，只有真正理解才能真正建设。其二，承担共同责任的原因是明确的。① 如前所述，城乡环境问题日趋严重，地区之间相互影响，谁都不可能独善其身，相互输出特别是城市向农村地区转移污染更是极不可取，最终损害共同利益，即我们共同的家园环境。基于生态整体主义，环境问题是城乡共同面临的问题，需要共同应对，所能秉持的态度只能是唯一的，即城乡共担责任，联防联控联治。其三，城乡共同治理生态环境能增进共同利益。保护和改善环境是维护城乡共同利益之所在，环境污染和生态恶化对城乡均有着不利影响，会严重威胁城乡居民生命、健康、财产等根本的共同利益，特别是农村地区由于防止环境污染和破坏的能力较差，所遭受的环境损害往往比城市更大，后果也更严重，反过来又会对城乡整体环境带来更恶劣影响。要想遏制这种恶性循环，促进城乡生态良性发展，就必须确定城乡的共同治理责任。

（四）城乡生态治理中的区别责任

城乡生态治理中的区别责任是指城市和乡村都有义务去保护和改善环境，但是城乡生态治理责任是不同的，基于城乡生态环境问题的历史成因、解决的现实状况和未来的发展方向，从公平和效率的角度出发，城市应承担更多的治理责任。区别责任其实是一种差异责任，指不同区域承担有差别的责任，包括责任的大小、责任的多少和责任的时限等方面。其依据在于，从造成城乡生态环境问题的历史方面来看，城乡的作用、原因及影响是有差异的，城乡生态治理的能力也是有差异的，从公平和效率角度

---

① 王晓丽：《共同但有区别的责任原则刍议》，《湖北社会科学》2008年第1期。

出发，城乡应承担的责任是不同的，应该区别对待，表现为城乡在治理责任的范围、手段、时限等方面承担差别的责任，其中城市应承担主要责任。所以，区别责任既是差异责任，也是公平责任。

城乡生态环境问题的解决需要承担有区别的责任。因为在生态环境问题的治理中，经济力量和技术力量等是基础因素，而这些在地区之间是不平衡的，特别是一些不发达的农村往往位于生态脆弱地区，经济力量不强，科技水平不高，如果除了维持自身经济生产生活之外，还要承担防止生态破坏、注意水土流失、保护环境资源等治理责任，显然不公平和不利于真正解决环境问题；一些发达的城市地区已经具有相当的经济实力和技术水平解决环境问题，应该援助和支持不发达的地区，反哺农村，承担更多更大的责任，特别是提供资金、技术支持和进行相关培训，[①] 以强化生态治理水平，提升治理能力和治理体系现代化。

（五）历史与现实的统一："有区别的共同责任"原则

1. 含义

前文反映出来的城乡生态治理差异触目惊心，是当前最严重的社会问题之一。要想解决问题，必须找到其深层次原因。根源首先在于现有城乡生态治理是割裂式的，只扫各自门前雪。考虑到农村极其脆弱的生态治理能力，基本上是只有城市在进行主动地、有意识地生态治理，而且多只顾及城市区域。对于因为城市而造成的农村污染治理，在现有的法律体系里，城市是无须承担责任的。而这些环境问题的造成，是因为没有合理的责任机制来指导城乡生态治理，城乡对于生态治理应当承担何种责任是茫然无序的，没有进行明确、科学、公平、合理的城乡责任分配。有什么样的治理责任，就会有与之相对应的治理行为，形成相应的治理后果，现有的治理责任体系下城市和农村没有承担共同的治理责任，而环境是整体的，又具有跨界性，当然不能分而治之，即没有明确城乡负有共同责任。并且，没有考虑城乡环境问题形成的历史原因和现实的城乡生态治理能力，没有合理区分二者责任的不同，即没有明确城乡之间有区别的责任。而责任体系是治理中的核心支配问题，城乡生态治理问题的存在很大程度上是源于治理责任不清、不公，才会带来治理中的混乱、碎片、失衡

---

　　① 李扬勇：《论共同但有区别责任原则》，《武汉大学学报》（哲学社会科学版）2007 年第 4 期。

现象。

因此，基于城乡生态治理失衡失范的根源错综复杂、表象形形色色，决定了解决对策必然要高屋建瓴，能区分问题统领全局，能整体观照城乡生态环境利益，能从历史原因和现实情况的角度出发，能从历时性与共时性的统一中来确立城乡生态治理责任的基本原则，以此来指导具体制度和措施的实践，而能达致这一要求的，就是"有区别的共同责任"原则。所谓"共同"，是指城乡对生态环境问题的产生、发展都有责任，故而治理责任也是共同的；所谓"有区别"，是指基于环境正义理论和生态环境问题产生的具体原因及其解决方案，城乡对生态环境问题的责任又是不同的，由此产生的治理责任是有区别的。共同治理是城乡首要的基础责任，但城乡又是不同的，是有区别的，在基础责任之上应该追求更为准确科学合理的定位，要对责任做不同区分，对城市有更高更多更大的责任要求。

综上所述，"有区别的共同责任"原则是指城乡对生态治理负有共同的但是有区别的责任。具体而言，这一原则有三层含义：第一，包含共同责任和区别责任两个方面。二者缺一不可，城乡发展具有交融性和综合性，强调两大责任，要求进行整合统领，进行整体治理，反对割裂式机械化的单一治理，避免缺失对城乡环境利益的整体观照、保障与衡平。第二，这一责任是国内环境法对国际环境法的转化和吸收。它的精神内涵在国际环境法条约上多有体现，不过多称为"共同但有区别责任"原则，其基本含义相同。共同责任指国际社会的每个成员国都有义务去保护环境，不论各国的大小、贫富，保护地球生态环境是各国共同的责任。区别责任指不同国家承担有差别的责任，包括责任的大小、多少、时限等方面。其依据在于，从造成国际环境问题的历史来看有差异，各国保护环境的能力也是有差异的。显然，虽有表述的不同，但其实有内涵相通之处，有异曲同工之义，甚至在一定意义上可以视为这一国际环境法基本原则在国内环境问题上转化和延续的表现，本书在构想城乡生态治理责任时也深受此启发。第三，城市应承担主要治理责任。城乡生态治理与整个社会发展相伴随、共兴衰，要寻求一条最佳的融合之路。"有区别的共同责任"原则在厘清城乡生态治理责任方面深具合理性，体现实质正义，不是未做区分的笼统责任。

2. 契合性与意义

这一原则在建设城乡生态连体结构中有何意义？在城乡生态治理中发

挥什么作用？为什么是城乡生态治理的责任机制？究其原因，在于它与城乡生态连体结构的高度契合性，在于它的现实意义。因为这一原则体现了在历史发展中的有机统一、在理论研究中的暗相契合、在实践建设中的内在耦合。

首先，突破了原有城乡生态治理责任的局限性。原有城乡生态治理责任不清不明，弊端重重：一是不能有效满足治理需要。前述种种城乡生态治理不足已能充分证明这一点，此处不再展开赘述。二是彰显正义性有所不足。忽视了生态治理主体——城乡的差异性，不能真正体现正义的实质内涵要求。"正义是社会体制的第一美德，就像真理是思想体系的第一美德一样。一种理论如果是不真实的，那么无论它多么高雅，多么简单扼要，也必然会遭到人们的拒绝或修正；同样，法律和体制如果是不正义的，那么无论它们多么有效，多么有条不紊，也必然会为人们所改革或废除。"[①] 很显然，不加区分的治理责任其正义性将受到质疑与拷问。

其次，深具合法性与合理性。这一原则中的"共同责任"部分呼应了宪法、法律中的相关规定，生态建设和环境保护是法定义务和共同责任，符合环境法上的公平正义理论。而其中的"区别责任"部分则极为符合现实需求，兼顾了治理效率与效益，具有可行性，操作性强，满足了城乡生态连体结构建设的需求。"有区别的共同责任"原则体现了同等情况同等对待，不同情况不同对待。能够通过反哺机制，带动城市承担更多责任与义务，实现城乡环境正义，达致环境善治。

最后，有利于形成城乡生态连体结构。一是兼顾基本国情和历史责任。能将有限的资金做最有效益的使用，即运用到有助于实现融合发展的城乡生态连体结构的建设中去，利用资金和技术提高生态治理能力。借助明确的责任分配，形成城乡保护和改善生态环境的合力。二是从现实能力出发。城市掌握了大量可用于生态治理的资金和技术，相对农村有雄厚的经济实力和先进的技术设备。采取这一原则也有这方面的特殊原因，农村经济不发达，技术落后，资金短缺，资源利用率低。三是考虑具体需要。农村地区优先事项仍不可避免的是经济、社会发展，城市来承担更多的治

---

① 孙玉中、陈德敏：《论环境侵害的共同但有区别的责任原则》，《重庆大学学报》（社会科学版）2014 年第 4 期。

理责任满足了具体需要，因为贫困也是环境污染的根源。①

总之，"有区别的共同责任"原则在城乡生态连体结构建设中有着重大的意义。首要表现在建设的责任机制上进行满足和供给，坚决避免在城乡生态治理中淡化历史责任、转移现实责任。落实这一原则的解决方案可以总结为：治理义务的法定化与全面化。义务的法定化强调的是治理义务在规范层面的落实，而义务的全面化强调的则是治理义务的适用。这两个义务条件的确立将为城乡生态连体结构的建设和这一原则的贯彻提供法律依据，并且可以最大限度避免义务分担中由于主观的身份划分导致的"同等情况不同等对待"的非正义，因为单独依赖农村、农业、农民的自我治理，是不现实的也是不可能的，也违背了全面小康社会城乡共享发展的理念。这一原则涉及城乡生态连体结构建设中历史责任与现实、未来需求的满足，涉及公平与效率的考量，是对传统对等原则的重大突破，是建设城乡生态连体结构的基石，有助于构建平等、互利和公平的新型城乡生态秩序和治理结构。

3. 内部关系

这一责任勾勒出了城乡在承担生态治理责任问题上的基本轮廓，包含"共同责任"和"区别责任"两个部分，所以就有一个责任的内部关系问题。虽然有两部分内容，但两者之间不是截然分开的，而是一种紧密联系、高度统一的关系。

首先，共同责任是前提和基础。保护和改善环境是着眼于城乡的整体利益和共同利益，所以是双方共同的责任。在城乡生态治理中，首先要强调的是责任的共同性，因为在生态系统的整体性基础上，基于生态系统的整体关联性和相互依赖性，不论城市还是农村都有责任，这样才能真正解决环境问题，单靠哪一方都不可能彻底解决问题。城乡负有共同的责任，都必须在保护和改善环境方面承担义务。特别要指出的是，农村地区作为后发地区，应该充分参照以往城市发展中出现的一些共性问题，特别是不能重走"先污染、后治理"的老路，要在乡村振兴的同时，充分考虑到自然资源的承载能力和生态环境的负荷能力，发展经济的同时必须担负起环保之责。绝不能认为生态治理是下一步的事，是城市的事，是国家的事。

---

① 谷德近：《巴厘岛路线图共同但有区别责任的演进》，《法学》2008年第2期。

其次，区别责任是核心和关键。强调城乡负有共同责任，是基于环境是大家的、是一体的，但并不意味着是无区别的相同责任，与之相反，城乡是有区别的共同责任。区别责任是限定语，强调面对生态治理这一共同责任，城乡之间在责任大小、责任内容、责任方式上是不同的，二者应该区别对待。城乡在承担保护和改善生态治理责任的范围、大小、时间、方式、手段等方面是有所差别的，在确定具体责任时，应从历史与现实的角度出发，统筹兼顾、全面考虑城乡对环境问题的发生所起的作用大小，城乡经济实力的不同，以及防止和控制环境危害的能力强弱等多种因素。对于农村地区，有区别的责任并不意味着它们可以在履行责任和义务方面掉以轻心。恰恰相反，农村地区必须努力进行改革，改变生产生活方式，争取早日增强经济实力和环境保护能力，走上可持续发展的道路。

最后，两者并不矛盾。"责任冲突是责任履行的矛盾状态，是不同的利益取向，价值观念之间的相互碰撞"[1]，"共同责任"之争体现了承担责任与逃避责任之间的冲突，"区别责任"之争则体现了不同层次的责任之间的冲突。该原则的前提在于首先履行共同的责任，在此基础之上按照能力大小分担不同的责任。责任冲突表面上看是履行不同的责任要求之间的冲突，但实际上是各种不同责任观所代表的利益之间的冲突，"利益是责任冲突的根源所在"[2]。城乡生态治理本就是为了解决生态环境领域累积下来的环境问题及其背后隐藏的环境不正义现象，那么在治理中就不能产生新的有违公平正义的现象。所以，在城乡生态治理责任的确定上，就要坚持历史与现实的统一，坚持能力与需求的统一。基于公平的区别责任是对不平等事项进行区别对待从而取得公平结果。这一责任其实在国际环境法领域更被称为"共同但有区别的责任"，我们在城乡生态连体结构建设中使用与之相似的"有区别的共同责任"原则，也是源于"共同但有区别的责任"原则在全球性的环境合作领域的运用而受到的启发，因为它科学地区分了发达国家与发展中国家在面对全球环境问题时所应承担的责任，在我国城乡生态连体结构建设中可以很好地予以借鉴。城市在生态治理方面具有更大的能力，有更多先进的技术，理应承

[1] 王萌、李志江：《从"共同但有区别的责任"到"有区别的共同责任"——全球气候合作的理念转换》，《阅江学刊》2013年第1期。

[2] 王萌、李志江：《从"共同但有区别的责任"到"有区别的共同责任"——全球气候合作的理念转换》，《阅江学刊》2013年第1期。

担更多的义务。区别责任并不是免去农村的义务，而是要承担与其能力相适应的责任。

总体来说，城乡生态治理原本就具有"共同责任"和"区别责任"的双重属性。如果说"共同责任"强调的是政治责任①无区别，那么"区别责任"则强调治理成本有区别，② 理解这一原则的关键是其中的"有区别的责任"③。在一定意义上，当下情况资金、技术投入等更为重要，因为这是解决环境问题最为有效的途径之一，是最重要的实现手段。基于正义理念的"有区别的共同责任"原则不仅考虑了共性更注重了差异，由此实现城乡生态治理责任的全面、合理、公平分担，具有满足城乡生态连体结构建设的天然秉性。

综上所述，构建城乡生态连体结构，实现城乡共赢共享，代表着未来的发展方向。城乡生态连体结构强调城乡之间的相互依存，而这种相互依存产生了一种整体的更高的利益，即城乡生态共同利益，并因此产生了共同的目标和责任。城与乡不是被分割成了各个孤岛，而是被生态连结成了命运共同体，这需要建立确定的、正义的和安全的生态秩序，城乡生态连体结构有助于这种秩序的形成，城乡承担着有区别的共同责任，这一结构首先是"生态责任共同体"。城乡生态环境问题的累积形成，是因为没有合理的责任机制来指导城乡生态治理，所以需要能整体观照城乡生态环境利益、能遵从历时性与共时性的统一的基本原则，以此来指导具体制度和措施的实践，而能达致这一要求的，就是"有区别的共同责任"原则。城乡对生态环境问题的产生、发展都有责任，故而共同的治理责任责无旁贷；同时基于环境正义理论，根据城乡生态环境问题形成的历史原因、现实的能力基础以及最终的解决方案，不能对城乡施以一样的治理责任，应予区别待之。

## 二　最脆弱者优先原则

城乡生态环境问题的形成，就其原因进行分析，既包括事实性因素、

---

① 在我国，生态治理已被纳入国家"五位一体"的总体建设规划之中，强调这是一种政治责任也不为过。在有些国家，生态治理也被认为是一种政治治理。

② 王萌、李志江：《从"共同但有区别的责任"到"有区别的共同责任"——全球气候合作的理念转换》，《闽江学刊》2013 年第 1 期。

③ 王晓丽：《共同但有区别的责任原则刍议》，《湖北社会科学》2008 年第 1 期。

制度性因素，也包括主体性因素。通过前文回顾生态治理发展阶段，揭示出我国城乡主体之间在环境权益方面存在巨大差异性。毋庸置疑，农民是环境脆弱群体，农村是环境敏感地带，农业是环境弱势产业，更易受到环境污染和生态破坏的侵害。因此，如果要实现城乡环境正义，要建设城乡生态连体结构，构筑城乡生命共同体，必然要遵循"最脆弱者优先原则"。

（一）主体情境分析的重要性

作为"回应型法"出现于历史舞台上的环境法，环境正义的提出相当重要。环境正义应是在机会均等原则下尽量照顾"最少受益者"的分配正义，而"最少受益者"就是"最脆弱者"，尽量照顾"最少受益者"就是让"最脆弱者优先"。作为一种分配正义，环境正义在这里可以表现为在城乡之间分配公平合理的环境利益。城乡环境利益的构成是复杂的，其中既有先天性的自然禀赋产生的环境利益，也有后天人为创造的环境利益，也正由此带来城乡居民环境利益差异巨大，出现了城乡环境利益的主体分离及差异构建。为了探寻理由，就有了文中的主体情境分析理论，而为了纠偏，就有了在城乡生态连体结构建设中的"最脆弱者优先原则"。

何谓主体情境分析？为什么具有重要性？它和城乡生态连体结构建设有什么关系？由于环境正义既具有客观性，也充满主观性，主体是深刻影响环境正义与否的核心要素，在城乡环境正义的实现过程中（通过建设城乡生态连体结构），不可避免地会大量涉及主体问题，那么环境正义的主体因素就极有必要作为一个前提性的基础问题进行讨论。当然，本书在此讨论环境正义主体的目的，除了分析主体自身外，更重要的在于揭示主体所处的不同情境，这些情境是影响主体背景信念和环境正义观念的主观因素和客观因素的综合。不同的主体类型，实际上构成了分析不同主体情境的角度。[①] 这就是所谓的主体情境分析。由前文"有区别的共同责任原则"中关于城乡生态问题形成及发展的历史责任和现实原因的分析可知，城乡主体可以分为环境权益历史盈余主体和历史透支主体，或者是城乡环境权益历史盈余区域和历史透支区域。[②] 在主体之间具有差异性的情况

---

① 陈贻健：《气候正义论——气候变化法律中的正义原理和制度构建》，中国政法大学出版社 2014 年版，第 123 页。

② 陈贻健书中的主体区分法对我们的研究很有启迪意义。参见陈贻健《气候正义论——气候变化法律中的正义原理和制度构建》，中国政法大学出版社 2014 年版，第 120—140 页。

下，进行主体情境分析变得非常重要。

主体情境分析影响城乡环境正义观念，影响城乡生态连体结构建设的方向。正义是价值论范畴的概念，而在价值论中，主体具有极其重要的地位。没有主体，价值就没有依附的对象。没有无主体的价值，也没有无价值的主体。主体的类别、结构、需求、能力等因素都决定了主体是有差异的，决定了价值的大小、有无及其内容。[①] 相应的，主体对于正义论也具有极其重要的意义。正义是社会主体价值观的产物，正义诸价值是以主体的需要、目的及其现实能力等为依据的，正义依附于主体存在。没有社会主体，也就没有使用正义概念的必要。在特定的时空和社会条件下，正义的各主体处于不同的具体情境当中，呈现出不同的类型，而不同情境的主体、不同类型的主体，其持有的正义观念也往往是有差异的。主体情境，是背景信念之外影响城乡环境正义观念的另一个重要因素。主体情境是影响主体环境正义观念的主客观条件的综合，不同主体情境中的主体对于特定"域"的认知的最大公约数，就形成了共同体对该领域的背景信念。

因此，城乡生态连体结构建设过程离不开主体情境分析，城乡环境正义的实现也离不开主体情境分析。现在分析讨论城乡生态环境利益主体或者城乡环境正义主体时，用的还是"一个作为类主体的共同体"，经常出现"城乡""群众"这样的全称名词，它们往往作为不可分割的整体概念被使用，但其实城乡生态环境利益"更是一个作为个体呈现的有差异的主体"[②]。如果要实现真正的城乡环境正义恰恰是要站在城乡主体差异的角度上，对以往的价值观念展开自省、批判和前瞻。面对以往环境正义中无差别主体的表述，本书强调必须要进行主体类型化的分析，因为环境污染和生态破坏后果的广泛性、普遍性在现实生活中并不总是正态分布的。在现实中，承受上述后果程度最严重、最直接的往往并不是污染破坏生态系统程度最大的主体。也就是说，承受主体和破坏主体并不是完全一致的，是有脱节的。环境权益的弱势主体承受着双重压迫，既有来自生态系统本身的压力，还有着来自环境权益的优势主体转嫁环境污染与生态破坏

---

① 李德顺：《价值论》（第二版），中国人民大学出版社 2007 年版，第 76 页。

② 陈贻健：《气候正义论——气候变化法律中的正义原理和制度构建》，中国政法大学出版社 2014 年版，第 137—140 页。

而来的压力。虽然利用生态系统是人们普遍生存方式的一部分，但即使同样是利用生态系统，不同主体的利用目的、利用能力和利用程度也是大为不同的，例如在对生态系统的利用目的上可能存在维持生存和攫取财富的根本不同，即存在满足基本需要和非基本需要、基于生存的需要和基于欲望的需要的不同。各种主体由于所处地理位置、自然资源禀赋、经济发展水平、脆弱性、应对生态系统变化能力的不同，其对环境正义的理解和要求也存在不同程度的差异。因此，有关城乡环境正义的内涵理解，有关城乡生态连体结构的具体制度构建，都必须兼顾城乡环境正义分析过程中揭示出的主体差异性，都要充分关注主体情境分析的重要性。唯有如此，方能真正实现环境正义是在机会均等原则下尽量照顾"最少受益者"的分配正义，也才能真正达到构建城乡生态连体结构的目的与价值。

（二）城乡环境利益的差异构建

经过多年的快速发展，由于体制性、结构性的原因，地区不平衡、城乡差异与群体分化现象日益浮现，逐步显现化，其中的环境利益差异分配是社会差异的具体表现形式，由这些差异建构的环境利益分配也日益引发关注。

1. 环境利益的含义

发展至今日，环境利益已然是当今时代的重要社会议题。"环境利益作为一种典型的公有产品……环境利益公平分享是改革成果分享的一项重要内容……通过环境税手段，政府对于凭借环境财政收入的专项分配，可以保障环境利益的公平分享，最终构建和谐的环境利益分享社会关系。"[①] "由于人的环境是人的需要，是满足人的需要的东西、因素和条件，所以环境就是人的利益即环境利益。对人来说，环境资源首先是一种利益即环境资源利益（简称环境利益）。"[②] 就其存在的问题而言，"区域环境利益平衡制度的缺失主要表现为不同行政区域、地方与中央、城市和农村三对关系的失衡"[③]。因此，有学者指出，"环境利益应当纳入人格权

---

① 王慧：《试论环境税与环境利益公平分享的实现》，《中共南京市委党校南京市行政学院学报》2007 年第 1 期。

② 蔡守秋：《调整论：对主流法理学的反思与补充》，高等教育出版社 2003 年版，第 21 页。

③ 谷德近：《区域环境利益平衡》，《法商研究》2005 年第 4 期。

法的保护范围"①，并由此建立了"环境人格"的概念，"环境人格是以人的环境利益为内容的人格，包括两个方面的规定性：一方面，环境人格是人的自然地位的象征，包含了环境利益的内容，即人在与自然的关系中，应当享有适宜的生存环境，体现出其作为主体的尊严；另一方面，环境人格表征人的社会主体地位，是对普通人格概念的继承。即在社会关系中，享有自身的生存环境不被他人破坏的权利"②。

由上述种种观点可以看出环境利益是非常复杂的，不是单一化的某项权益，而是一种概括性的利益种群。环境本身由两大部分组成，既包括自然环境，也包括人工环境，由此带来环境利益的组成也不是单一的，既有先天性的，也有后天人为创造的。一部分为自然禀赋的环境利益，另一部分为人为创造的环境利益，这些都会产生差异。"环境是社会建构的"③，因为具有社会建构性，环境问题是社会问题中的一种，由此产生的环境利益也就是社会利益中的一种，只不过比一般的社会利益因为掺杂了环境因素变得更为复杂而已。所以，一般可以理解为，环境利益是指依托于自然界环境资源的变化所承载的人与自然的关系，最终表现为在自然界的变化条件下所影响的人与人之间的利益关系的总和。"环境利益是人类需要与环境资源交互作用的产物，也就是说，环境利益是环境资源给人类带来的好处。"④

2. 环境利益的城乡主体分离

发展到现在，城乡环境差异已经事关城乡环境正义与生态环境秩序，城乡"环境剪刀差"日益产生负面效应。由前述可知，环境利益的城乡主体分离意味着市民与农民享有的环境利益是不同的，市民享有更多的环境利益，农民享有的环境利益则相对甚少，是环境弱势群体。和市民相比，农民还没有取得完全同等的国民待遇，有些方面还受到歧视。由于城乡身份的标签，使得污染制造者和污染承受者分离，农民是一个非常脆弱的群体，农民与市民有不同的环境利益诉求，其环境利益受到保护的程度存在区别，在前文论述"环境正义的城乡差异"时，已经通过一组数字

①　刘长兴：《环境利益的人格权法保护》，《法学》2003 年第 9 期。
②　刘长兴：《环境利益的人格权法保护》，《法学》2003 年第 9 期。
③　杜健勋：《环境利益分配法理研究》，中国环境出版社 2013 年版，第 107—108 页。
④　廖华、孙林：《论环境法法益：对环境法基础的再认识》，《中南民族大学学报》（人文社会科学版）2009 年第 6 期。

说明了各种来源于城乡的环境污染和生态破坏对农民群体健康状况的影响。弱势群体作为社会发展的建设者、参与者，却不是完全的受益者，甚至还是环境污染与生态破坏的受害者、承受者，这充分反映出其不仅仅是城乡生态环境问题，更是深刻的社会问题。城乡群体在社会结构内分立，形成了环境社会结构的断裂失衡，这是可持续发展的障碍，这些利益表达不畅造成了社会问题。

既然环境利益是公共产品，是一种人格利益，那么就应该是平等的，不应该有城乡区分利益。环境区分利益是差异的表现，其矫正分配需要法律的强力介入。如果有不平等不公平现象，出现了失衡，就应当向农民等弱势群体倾斜，就应当通过"最脆弱者优先原则"予以矫正。

3. 城乡环境利益差异构建的原因

城乡环境利益差异构建的原因既有内部原因，也有外部原因。既有产业结构布局、各地持续发展能力等原因，也有政策、制度层面的因素。应该说，制度缺失与政策导向是更为深层次的原因。

第一，源于城乡二元发展的结构性安排。

"某些制度安排存在歧视和公共财政分配的不公平性，导致了城乡之间的巨大鸿沟。"[①]农村生态环境问题的恶化是城乡二元结构的社会问题化反映，不但"反映了我国现行环境法律与政策中存在的问题，而且也在深层次上揭示了农民利益在环境领域被忽视乃至损害的事实"[②]。整个社会是"偏向城市"的，农村在社会发展格局中偏离中心，分享社会资源的能力有限，处于边缘化地位，大量的环境负担被转嫁给农民，形成环境利益与负担分配的不正义。由于发展经济的需要，将农村的资源都向城市倾斜调拨，我国的城乡发展差距在很长一段时间内呈扩大化趋势。这种源于社会公正与环境正义的缺失，一直没有结构化的救济渠道。

城乡二元结构本身就不正义，由此最终形塑的社会秩序也是异化的，城乡在获取资源、资金投入与承担责任上也是错位的，"中国污染防治投资几乎全部投到工业和城市"[③]，城市环境污染向农村转移与扩散，"乡镇

---

①　胡鞍钢、门洪华：《绿色发展与绿色崛起——关于中国发展道路的探讨》，《中共天津委党校学报》2005年第1期。

②　马晶：《农民环境利益的法学分析》，《当代法学》2005年第2期。

③　潘岳：《环境保护与社会公平》，《今日中国论坛》2004年第1期。

工业污染处于失控状态，污染仍在进一步蔓延"①。环境问题与贫困问题又形成恶性循环的趋势。生态环境建设离不开相应的设备、设施与技术手段等，通过固定资产的投资多少也可以非常准确地反映城乡生态建设实际状况。通过查找与对比，一段时间内在农村地区的固定资产投资增长非常缓慢，在城市地区的则是快速增长的势头，在 2000 年以后这一趋势更为明显，城市投资增长趋势与社会发展总增长保持一致，农村则不能体现这一社会发展。2009 年以后，对于农村的固定资产投资还有明显的下降，甚至其规模仅相当于 20 世纪 90 年代的水平。我国目前仍然是以城市为中心的公共资源和公共服务配置的格局，"城市是公共资源和公共权力配置中的中心，而农村则被放在次要和边缘的位置"②。近年来，各地大力推进农村人居环境整治和农业面源污染防治，农业农村生态环境保护取得积极进展。但总体上看，我国农业农村生态环境保护形势依然严峻，并呈现不应有的落后面貌，村庄"脏乱差"问题在一些地区依然比较突出，城乡环境利益差异分配的格局尚未彻底打破。

第二，源于不适当的制度安排。

在我国的立法安排里，涉农利益表现不足、空间狭小。试举几例，《水污染防治法》虽然设专节对"农业和农村水污染防治"作了规定，但都是原则性规定，缺乏可操作性。《固体废物污染环境防治法》中对农村环境保护也仅有几项条款规定，对农村生活垃圾污染环境防治的具体办法授权地方性法规规定。这样的例证并不罕见，我国"现行的污染防治法律原则和制度，着重反映了大中城市的环境保护需要，污染控制法律要求确立的基础主要依据大中城市环境保护要求，实施条件和形式亦是为适应大中城市和大中企业的污染防治而设计、创立，并未认真研究和采取适应于小城镇建设、乡村和乡村企业环境管理的法律制度及其实施手段和形式"③。

制度的缺位造成了污染的制度性发生与转移。对于如何防止污染的梯度性转移，法律并无具体的规定。致使这一污染转移行为在我国一直未能

---

① 苏杨、马宙宙：《我国农村现代化过程中的环境污染问题及对策研究》，《中国人口·资源与环境》2006 年第 2 期。

② 陆学艺：《当代社会结构》，社会科学文献出版社 2010 年版，第 270 页。

③ 李启家：《中国环境立法评估：可持续发展与创新》，《中国人口·资源与环境》2001 年第 3 期。

根除，边远、落后的农村地区往往"藏污纳垢"，承受了环境污染、生态破坏之苦，而并未得到补偿与救济。对于如何强制淘汰落后产能等也缺乏直接具体的明文规定。对于典型的城乡二元利益配置不公现象，我国的环境法律基本失语，也就是说城市污染向农村转移是制度性的，也是我国有关法律允许的污染转嫁。[①] 并且，我国的城乡生态治理以政策文件讲话居多，纲领性、原则性强，缺少制度性规范，带来操作中的模糊性、随意性，这也是制度缺位的表现形式。

第三，源于权利贫困和能力不足。

"权利贫困"是指一国公民由于受到法律、制度、政策等排斥，在本国不能完全享有公民权利或基本权利得不到体制保障。[②] 由于历史和现实的原因，在我国，农民在环境利益上处于"权利贫困"状态，对于环境利益缺少确认、保障及维护，是环境利益弱势群体。权利贫困阻止了农民对城乡环境利益的分配参与。农民环境利益得不到充分发展的机会，根本原因是话语权缺失、维护自身利益能力低下。应该赋予农民群体更多的话语权，有这一群体利益的表达者和推动者。要给予农民群体更多的参与途径和渠道，赋能、赋权于他们，引导他们更多融入国家治理进程中来，而不是一个旁观者、被剥夺者。赋权之后，还应帮助农民群体用权、维权，推动权利意识觉醒和行使能力提升，走上从权利贫困→赋权→用权→维权→权利富足的良性循环之路。

能力不足同样能导致农民环境利益表达不畅。能力是一种"自由的概念，它代表了一种真正的机会"[③]，只有能力才能保证机会平等，没有能力，机会平等便是一句空话，即"真正的机会平等必须通过能力的平等"才能实现。[④] 所以说，能力是进行利益表达与权利诉求的重要基础，没有能力，就等于失去了利益分配倚靠的自身条件。而我国的环境弱势群体恰好也是能力贫困的群体，总体受教育程度低，权利意识模糊，并且个体参与的成本极高，阻碍了他们对于环境利益过程的参与性，在城乡环境

---

① 董正爱：《社会转型发展中生态秩序的法律构造——基于利益博弈与工具理性的结构分析与反思》，《法学评论》2012 年第 5 期。

② ［美］查尔斯·A. 比尔德：《美国宪法的经济观》，何希齐译，商务印书馆 1984 年版，第 27 页。

③ Amartya K. Sen, *The Standard of Living*, Cambridge：Cambridge University Press, 1987, p. 36.

④ Amartya K. Sen, *Inequality Reexamined*, Cambridge：Harvard University Press, 1992, p. 7.

利益之间形成了制度性的阻隔。

（三）城乡环境权益的倾斜性配置："最脆弱者优先"原则

1. 适用的意义

利益是人类社会的主旋律，所有关系都是围绕社会利益的主线展开。城乡同为社会主体，面对的环境利益却是不同的，环境利益呈区分形态，环境法律的正当性和合理性面临严峻挑战。既然环境利益是公共产品，是一种人格利益，那么就应该是平等的，不应该有城乡区分利益。环境区分利益是差异的表现，这种由惯性使然和必然发展带来的恶果，其矫正分配必须法律的强力介入。如果有不平等不公平现象，出现了失衡，就应当通过"最脆弱者优先原则"予以矫正，进行结构性纠偏。利益是社会过程，更是一个法律过程。社会基座价值中缺乏真正的"公平、共生、共进"，反映到人与自然环境的关系上，便是在对人力压迫基础上的对环境资源的剥削，带来环境正义不彰与环境利益倾斜性分配，长此以往失去秩序的土壤。"环境问题的真正原因是社会关系和社会结构的非正义性。"[①] 环境不公加重了社会不公，环境问题若不与社会公正联系起来便不会得到有效的解决。在这些违背自然生态规律和市场经济规律，人为设计的制度缺陷背后，农村付出的已经太多了，却没有相应的回报与收益，应该予以纠正。

如前所述，环境利益的分配受主客观因素影响，表现出群体差异性，不同的主体具备不同的经济地位、天然禀赋、水平能力，由此获取的资源及其利益相差甚大。因为资源是有限的，是稀缺的，供应总量是有限定的，当部分群体利用政治权力、社会地位、能力优势占有丰富的自然资源和拥有充足的环境权益时，另一部分群体享有的资源和权益则很有可能受到挤压和侵占，沦为环境弱势群体。

"一个群体的利益实现得越多，另一个群体获得的利益就越小。"[②] 在一个社会系统中，不同社会群体社会地位和决策影响力的差异，必然导致环境资源在不同群体间配置的差异性，如果这种配置差异所型构的结构状态破坏了社会系统持续、和谐、稳定的态势，其结果就是环境资源的无序性和破坏性开采利用，加剧环境资源的稀缺程度，形成环境污染、生态破

---

① 李培超：《论环境伦理学的"代内正义"的基本意蕴》，《伦理学研究》2002年试刊号。

② ［美］彼得·S. 温茨：《环境正义论》，朱丹琼、宋玉波译，上海人民出版社2007年版，第24页。

坏和资源危机等环境资源问题与贫困、两极分化和社会冲突等社会问题的恶性循环。最终导致优势群体获得越来越多的经济利益和越来越好的环境，而弱势群体得到的是却是越来越少的经济利益和越来越糟的环境。让弱势群体承受环境库兹涅茨曲线的上升阶段，而优势群体享受环境库兹涅茨曲线的下降阶段，这显然是不公正不正义的，这种情况下的社会生活将"是孤独、贫困、卑污、残忍而短寿的"①。

"我们在生态环境方面欠账太多了，如果不从现在起就把这项工作紧紧抓起来，将来付出的代价会更大。"② 城乡生态差异就是历史欠账之一，形成了巨大的城乡环境剪刀差，现在建设这一城乡生态连体结构就是在还这一历史欠账，解决历史遗留问题。"环境污染是民生之患、民心之痛，要铁腕治理。"③ "人民群众对新鲜空气、清澈水质、清洁环境等生态产品的需求越来越迫切，生态环境越来越珍贵。我们必须顺应人民群众对良好生态环境的期待，推动形成绿色低碳循环发展的新方式，并从中创造新的增长点。"④ 人们以往注重"温饱"，现在注重"环保"，以往是求"生存"，现在是求"生态"，这体现了面对环境危机人们生存之道的嬗变。人们对生态产品的需求越来越迫切，渴望美好的生态环境。污染治理和环境保护已经成为政府工作的重点，也是改善民生福祉的最大抓手，对于城乡居民环境权益的重视前所未有，启动了一系列加强供给、公平分配、矫正失衡的举措。

2. 适用的体现

为了体现对城乡环境权益的倾斜性配置，国家大力实施乡村振兴战略，坚持农业农村优先发展，强化乡村振兴的扶持措施。这种种规定就是在适用最脆弱者优先原则。既体现公平，保障农村"发展权"的行使，更有对安全甚至效率等价值的考虑，带来农村生态福利大为增进，也有利于边际效益的提高。加之，现在的城市反哺农村的现象日益普遍，注重改

---

① 〔英〕托马斯·霍布斯：《利维坦》，黎思复、黎廷弼译，商务印书馆 1985 年版，第95 页。

② 中共中央宣传部：《习近平总书记系列重要讲话读本》，学习出版社、人民出版社 2016年版，第 234—235 页。

③ 中共中央文献研究室：《习近平总书记重要讲话文章选编》，中央文献出版社、党建读物出版社 2016 年版，第 396 页。

④ 中共中央党史和文献研究院：《习近平关于总体国家安全观论述摘编》，中央文献出版社2018 年版，第 186 页。

善决策，加强协调与合作，培育公众意识，从资金、技术和能力建设等方面对农村增益。

2019 年中央一号文件对坚持农业农村优先发展做出了全面系统的部署。"优先发展"是指在每个时点上，农业农村发展所需要的环境和条件都需要得到保障，应该市场发挥作用的地方就要尽快建立市场、允许市场发挥决定性作用，需要政府更好发挥作用的地方就要及时提供。要求在要素配置上优先满足，在资金投入上优先保障，在公共服务上优先安排。要明确意识到优先发展的内涵具有动态性和阶段性。坚持农业农村优先发展的总思路是"快补存量，同步增量，融合发展"，即对农业农村发展各种投入存量要补齐，同时在增量分配上要与城市和工业至少保持"同步"，甚至有适当"倾斜"，最后实现城乡"融合发展"。当前发展阶段"优先发展"的总思路就是努力补"短板"、快速还旧账。当前阶段仅仅同步不够，必须优先。做到补"短板"要快，还旧账要快，构建新型体制机制和政策体系要快，而对城乡环境权益进行倾斜性配置，适用"最脆弱者优先"原则就是重要体现。

而如何体现这一原则呢？一是平等与返权。按照城乡平等目标，制定向农民返权的政策。要把二元结构下制定的不平等制度和政策逐步扭转过来，把应该赋予农民的权利返还给农民，实现城乡居民享受同等的权利。实现农村与城市平等。二是坚持发挥市场在资源配置中的决定性作用，为完善农村市场奠定基础，积极培育农村要素市场，规范发展农村产权市场。三是建立健全农业农村优先发展的财政投入机制，优先满足农村环境基础设施建设和公共服务需求，扩大农村覆盖面，加强城市辐射作用，推进城乡基本公共服务均等化。确保农业支持资金投入持续增加，调整优化农业支持政策。

在具体适用本原则时，首先要注意倾斜性发展的次序。对于重点领域和重要任务要放在优先的考虑位置。要着力抓好最为紧迫的农村人居环境整治工作，特别要注重做好城乡一体规划建设和社会治理各项工作。其次是倾斜性扶持的领域。在工农城乡关系上，要相对于工业和服务业，对农业更加优惠，相对于城市，对农村更加优惠。在农业农村内部，也要区分优惠的领域，处理好特惠与普惠的关系。最后是要注意优化投资的效率。要制定优化投资结构，注重投资效率的体制机制，引导资源向高品质、低成本、高收益、可持续的项目流动。[①]

另外，本原则在生态环境领域并不是孤立地存在，有很多的表现形式。例如，关于长江水资源水权行使原则的探讨中，有学者提出"生存性水权优先原则"[②]，这其实在一定意义上就是最脆弱者优先原则的延伸或者变异，二者都是指最具基础性的、事关生存性的权利或者利益要优先考虑，要放在公平正义的角度上来衡量，只不过这个"最脆弱者"既可以指某个群体、某些地区，也可以指某个具体权利。这可以说是法律精神的一脉相承，也可以说是异曲同工。"水资源生态价值和经济价值的双重属性，决定了在长江水资源上既存在生态性的水权，也存在为满足民众基本生活需要的生存性水权和基于经济发展而产生的经济性水权，在'生态为先，保护为先'的背景下，如何处理生态性水权、生存性水权和经济性水权之间的关系需要立法进一步明确。水资源对人类的生命维持、社会发展及生态平衡具有重要的意义，确定水权类型，应同时兼顾这三个方面的需要。但在上述为不同目的设立的水权中，即使是'生态为先，保护为先'，维持生存需要的水权仍是最高利益的水权，水权是一项基本人权。生态优先是相对于经济发展而不是相对于生存而言的。在人类社会各种利益中，维持生存安全的生命利益是最高利益。因此，在长江水权制度建设中，在加强长江生态环境保护的同时，必须要先保障维持基本生存需要的水权。在生存性水权与生态性水权、经济性水权发生冲突时，优先保障生存性水权。"[③] 关于这一点，《水法》第 21 条中也有明确体现，该条规定"开发、利用水资源，应当首先满足城乡居民生活用水，并兼顾农业、工业、生态环境用水以及航运等需要。在干旱和半干旱地区开发、利用水资源，应当充分考虑生态环境用水需要"。

因为环境问题对不同的地区、不同的群体会产生各异的影响，即环境风险的分担和环境利益的分配与地区差异和社会分层中的地位及其社会关系网络的强弱相关。在地区差异的向度上，是自然资源禀赋差异与环境利

---

[①]　主报告课题组：《构建农业农村优先发展体制机制和政策体系研究》，载魏后凯、杜志雄主编《中国农村发展报告 2019：聚焦农业农村优先发展》，中国社会科学出版社 2019 年版，第 32 页。

[②]　黄萍：《大保护背景下的长江水权问题探讨》，《南京工业大学学报》（社会科学版）2019 年第 6 期。

[③]　黄萍：《大保护背景下的长江水权问题探讨》，《南京工业大学学报》（社会科学版）2019 年第 6 期。

益分配的纠结；在城乡差异的向度上，城市在高度追求现代物质文明的同时，农村还尚未完成最为基本的人居环境整治工作，差异显著，并承受城市发展带来的污染转移，表达的是一种制度性污染转移的环保哲学；在群体差异的向度上，是由差序格局转向结构断裂的社会分层与社会关系网络所决定，不同群体社会资源不均衡，弱势群体是社会进程的参与者，但却不是完全的行动者，他们深受环境利益被侵犯之害，但却得不到相应的救济，而强势群体的环境利益不易受到侵害，即使其环境利益受害，他们也能通过其强势地位调动社会资源以获得救济。只有在人域社会内部首先达到环境资源利益的公正分配，才有可能谈论人与自然的关系状态，并进而建构人际同构的生态秩序，① 所以，在城乡生态连体结构建设中，要遵循"最脆弱者优先原则"。

## 三　风险防范原则

环境风险是指环境遭受损害的可能性，包括环境遭受风险的可能性以及风险所致损害的严重性。② 环境风险的危害具有潜伏性和不可逆转性，代价可能是灾难性的。因为对其发生的机制方面的知识是不完全和支离破碎的，存在很大的不确定性，因而不可能全面客观地判断灾难发生的可能性。环境风险是正在出现的一种新型的环境问题，本质上不同于为人熟知的环境污染和资源耗竭等问题。

风险的特征在于人类对引起风险的行为与风险的危害后果之间的因果关系缺乏科学上确定性的认识，因此，风险常常与不确定性的概念联系在一起。随着对生态系统复杂性的认识增加，人们开始意识到对这些系统的了解实际上远远不够，已经了解和掌握的知识无法完全满足有效保护健康和环境的需要，人类对环境问题的认识在很多方面存在不确定性。在时间和空间跨度都很大的环境领域，用现有的工具完全获得有关风险危害的确定信息相当困难，甚至可以说，实际上人们永远也无法确定性地知道某些活动是否会导致环境风险，但是仍然可以依靠观察和良好的意识去预见这些风险，并提前采取行动，这才是对待不确定性的合适途径。

---

① 杜健勋：《从权利到利益：一个环境法基本概念的法律框架》，《上海交通大学学报》（哲学社会科学版）2012 年第 4 期。

② 唐双娥：《环境法风险防范原则研究：法律与科学的对话》，高等教育出版社 2004 年版，第 14 页。

根据"自然最有智慧"原理,[①] 如何对环境风险做出适当的反应,并因此设计出科学合理的法律规则予以防范,可以说已经成为环境法的新课题。

(一) 城乡生态治理中的风险分析

1. 风险来源

现在是一个风险社会,也正处于高度不确定时代,加之建设城乡生态连体结构这一全新的治理结构,其中必然会蕴含着一定的风险。在不同治理阶段的建设过程中,应该如何防范这些风险? 在此之前,先来分析城乡生态连体结构建设风险的源头有哪些。

第一,特有的时空发展结构蕴藏着环境风险。

当代社会发展的时空结构为环境风险的产生孕育了特定的社会环境。几十年来,我国始终处于高速发展之中,在短短时间内就完成了其他国家上百年甚至两三百年的积累过程,这种高度压缩的时空发展结构蕴藏着巨大的风险,因为没有那么多的时间和空间来消化、容纳发展过程。并且我们超越了一些发展阶段,省略了或者跨过了一些发展过程,直接进入或者急速进入新的发展阶段,这种超常规的、进化式的发展方式也有可能会带来一些无法预测的后果。另外,现在的互联网时代和信息化社会大大延展了发展空间,也会带来一些未知甚至不可知的领域,这也大大增加了环境风险的发生。上述种种情况,有学者概括为中国社会发展特有的"时空压缩、时空延伸、超越进化"[②] 现象,这些现象叠加在一起,必然会蕴藏着不容小觑的环境风险,加之正在进行生态治理结构的转型,更是加剧了风险爆发的数量级,为此风险防范必不可少,不然后果堪忧。

第二,风险社会的来临促发了环境风险。

参考贝克的风险社会理论,可知现代社会是高度风险社会。风险社会

---

① 这是巴里·康芒纳提出的生态学第三法则,也被称为"自然最知"法则、生态智慧法则。美国生态学家巴里·康芒纳提出了生态学的四条法则:"每一种事物都与别的事物相关"(生态关联原则),"一切事物都必然会有其去向"(物质不灭定律),"自然界所懂得的是最好的"(生态智慧原则),"没有免费的午餐"(生态代价原则),这些规律不仅是生态学的重要理论基础,也可以成为新的法律内在理论来源和法则。参见 [美] 巴里·康芒纳《封闭的循环:自然、人和技术》,侯文蕙译,吉林人民出版社 1997 年版,第 35 页。

② 吕忠梅:《环境法原理》(第二版),复旦大学出版社 2018 年版,第 13—16 页。

的特征就是具有巨大的不确定性，迅猛发展的各种新技术研究和开发出了自然界本身没有的许多东西，使得环境中存在成千上万潜在有毒的化学品等环境风险，相互之间也会发生各种各样的物化反应，有些是前所未有，有些是始料未及……如此之下，生态秩序是否失控？生态安全是否隐患重重？生态安全、生态秩序这些环境风险突如其来并且后果未明。这些特点使得环境风险从根本上区别于传统环境问题。环境风险的独特性决定了有必要重新审视以前的法律制度和价值追求，发展出一种新的环境法指导思想——风险防范原则，这也是本书分析此类问题的起点所在。城乡生态治理结构是当今风险社会的有机组成部分，当然蕴含着治理风险，必须要进行防范，防范城乡生态治理中的系统性、结构性风险。

2. 风险类型

根据前述的风险来源，来检视城乡生态连体结构建设中，在生态治理环节中蕴含有哪些风险类型。总体来说，如图 3-2 所示，主要包括以下三类：

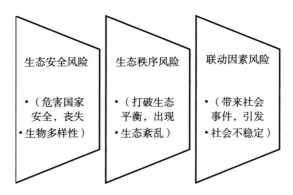

图 3-2　城乡生态连体结构建设的风险

第一类是生态安全风险。生态安全论的提出同样关涉城乡生态环境问题，风险防范原则对应的就是生态安全理论。生态安全内容丰富，里面首要的是生物安全，也就是生物能保有、保存、保留下来，即生物多样性处于延续状态，并通过不断培育和孕育环境，增加生物多样性。而现实中，生物多样性正面临着严重的丧失问题，不仅危及生态安全，也涉及国家安全问题。在城乡生态连体结构建设过程中大量涉及生物问题，如果操作不当、落实不严，会有着极大的生态安全风险。

第二类是生态秩序风险。生态之所以平衡，在于生态秩序良好，即各个生态要素和整个生态系统井然有序。建设城乡生态连体结构是个全新的命题，如何进行建设，建设目标、建设标准、建设要求、建设的具体制度等如何设定，都尚处在探索之中，就会出现诸多未知情形，甚至有可能出现"试错"的情形，这些都有可能带来生态紊乱现象，打破各种生态平衡，使得城乡生态面临无序甚至乱序的风险。因为人类生存依赖生态秩序，生态秩序可以说是其他秩序的根基，要特别注意借由生态秩序失控可能引发其他社会秩序崩塌，引发多米诺骨牌效应。

第三类是联动因素风险。建设城乡生态连体结构是个系统工程，其建设目标也不仅仅局限于生态目标，而是还同时包含了经济目标、社会目标、效益目标等，因为生态建设和经济发展、社会治理是分不开的，建设过程必须要考虑综合效益、效率指标等其他因素。也就是说，围绕着建设城乡生态连体结构这一主旨目标，周围有许多联动因素，牵一发而动全身，在城乡生态治理过程中，除了以上两种特有的生态风险之外，同样蕴含着联动因素风险，比如建设这一结构会否带来涉环境社会事件，从而引发社会不稳定等，这些风险同样值得高度关注，甚至不能因为是联动因素带来的风险而有所忽视，否则也会引发严重后果。并且，在建设过程中，要有意识地带有"广角"思维，多想一些可能导致的联动因素风险，防患于未然，做好各种联动风险预案。

（二）安全比后悔好："风险防范"原则

环境风险导致的危害具有很长的潜在性，种类、数量也不少，并且往往是由许多人同时承受危害，就危害范围而言主要是一种集体风险，带有集体性。这些特点使得环境风险从根本上区别于传统环境问题。环境风险的独特性决定了有必要重新审视以前的法律制度和价值追求，发展出一种新的环境法指导思想——风险防范原则，这也正是本书在建设城乡生态连体结构时认为应该坚持的一项基本原则。

1. 原则的含义

国内学者大都将《里约宣言》原则 15，即"遇有严重或不可逆转损害的威胁时，不得以缺乏科学充分确实证据为理由，延迟采取符合成本效益的措施防止环境恶化"，作为风险防范原则的含义，并且认为《里约宣言》原则 15 是风险防范原则最权威的定义。[①] 风险防范原则是对以前贯

---

① 唐双娥：《环境法风险防范原则研究：法律与科学的对话》，高等教育出版社 2004 年版，第 137 页。

穿在环境法中的思维的转变，首先表现为一种拓展，即将"对环境产生的负面影响"延伸到科学不能准确预测这些负面影响是否会发生或者这些负面影响是什么的上面。

在目前，环境风险的法律规制成为环境法面临的新课题：是像传统那样持观望和等待态度，直到科学能确切地证明的确存在环境危害或者说消除了科学不确定性之后才采取措施？还是既然目前没有科学能确切地证明的确存在环境危害，就不应犹疑直接采取措施？抑或持"安全比后悔好"的价值观，事先采取预防措施防患于未然？显然，环境法在以科学为基础的同时，又应当超越科学认识上的局限，即在采取预防行动之前不必等待要有科学上的确定性认识。因为如果等到科学能够提供这些知识时才采取措施，可能会导致不被希望的灾难性或者不可逆转的后果。这种针对环境风险采取预防措施的精神，概括来讲就是风险防范原则。可以说，这一原则是环境法超越对科学确定性的依赖、克服因为科学不确定性导致环境不行动的集大成者，拥有的是更为广阔的视野、更负责任的态度和更谨慎小心的行为。

风险防范作为环境规制的重要一环，在诸多方面表现出特有之处：（1）在前提预设上，以环境风险的不确定性为规制起点，这源自被规制对象客观存在的科学不确定性，其中也包含了社会认知的不确定性。（2）在理论模型上，以环境容量为总量控制依据。环境容量理论以资源物质载体在自然状态下的污染物容纳能力为研究对象，量化环境和资源的最大承载能力，从而控制和防范风险。（3）在风险规制上，以行政许可为准入门槛。以环境影响评价和环境利用整体规划为制度依据，把控环境风险，确保生态安全和生态秩序。（4）在规制效果上，以环境质量标准为量化手段。界定环境行政性质量管控标准，以此保证资源环境的承载力在容许范围内，并以此评判环境风险。（5）在技术依赖上，以环境监测为依据。通过现代化的环境质量监测技术，发现、预判、预防和控制风险。

2. 原则的意义

建设城乡生态连体结构是从系统性、结构性角度出发统筹城乡生态治理问题，而风险防范原则恰恰正是为了防范生态环境系统的系统性风险、结构性风险，它不同于一般的污染防治原则，也不是现有的预防原则。以前，在未能证明"环境是有害的"之前就假定"环境是安全的",① 现在恰恰相反，出于对风险的防范，出于各种不确定性，将这一理念修正为：在未能证明"环境是安全的"之前就假定"环境是有害的"，而这正是风险预防原则的核心理念，反映了谨慎负责的态度。

一是对预防原则的拓展。从环境风险的技术背景可知，科学技术的快速进步虽然大大方便和丰富了人类的生活，但科学家也告诉人们这些技术伴随着一定的环境风险。环境风险对人类的生命支持系统不仅可能而且已经构成新的威胁，因而必须对人类可以合法地利用地球的需要的性质重新审视，必须对给环境产生巨大负面影响的各类活动施加限制。环境法的预防原则要求预防环境危害发生，国外最初仅将这种预防原则称为"防止原则"，这种防止原则解决的只是科学有确定性认识的那部分环境危害，对于存在科学不确定性的环境危害，则仍然等待科学证据证明确实存在环境危害后才采取行动。而风险防范原则作为最高形式和最具革命性的预防原则，要求突破仅仅局限于预防有肯定性认识的那些危害，将预防的范围延伸到可能造成环境危害的环境问题上。由此可见，风险防范原则比预防原则走得更远，是对后者的延长和深化，在拓展中不仅包括对确定性危害的防范，还包含了对不确定性危害的防范。

根据现实发展状况，总有人类未知的领域存在，总有科学尚未抵达之处，科学还远远不能提供有效保护环境所需的全部知识，如果等到科学的确能提供这些知识时才采取措施，可能会导致不被希望的后果。虽然传统上环境法的发展中也存在科学不确定性，但这种不确定性被解释为对潜在的污染者有利，因为他们可以以科学没有证实其行为与潜在的污染后果之间的因果关系为借口，拒绝采取预防环境危害发生的措施，这种不确定性从而成为潜在的污染者不采取预防措施的"权利来源"。风险防范原则要求克服因为科学不确定性导致不行动的做法，认为要防患于未然，必须坚持"安全比后悔更好"的思想，人类宁可在谨慎上犯错误，也不能去冒后果可能不堪设想的危险。谨慎原则、预防原则、风险防范原则的指向是一致的，即对于科学不确定性、对于未知领域，不能贸然采取行动，不能采取"一定安全"的预设。已有的一些案例，已经敲响了人类冒进带

---

① 唐双娥：《环境法风险防范原则研究：法律与科学的对话》，高等教育出版社2004年版，第137页。

来恶果的警钟。

二是对生态安全的重新定义。在以关注确定性为基础的环境保护理念下，环境措施倾向于污染控制和事后治理，对于科学不确定性，认为不能证明环境是有害的即认为环境是安全的，采取环境措施以什么程度的安全才是安全的、何种水平的风险才是可以接受的、人类或者生态系统可以承受多大的污染而不显示出任何明显不利的影响为标准。与之不同，就风险防范原则对安全的追求而言，谨慎为时刻考量因素，对人类活动施加一定的限制准则，达到使人类生活在有序、安全的环境之中的目的。风险防范原则认为"不能证明环境是有害的"，并不等同于"环境是安全的"，只能认为"尚不能证明环境是有害的"或者"尚不能证明环境是安全的"，处于有待确认的状态，在科学尚未能证明的情况下应该谨慎行动，而不能认为科学证明不了危害性就可以采取行动。尤其在涉及环境和公众健康保护的场合，当一种活动的潜在不利影响存在不确定性时，应该执行"安全第一"的方法，安全成为指导风险防范原则得以适用的深层的价值。因此，风险防范原则体现的是"安全比后悔更好"的思想，有序、安全也因此成为风险防范原则追求的最为重要的法律价值，对生态安全更为慎重，这种慎重不是犹豫守旧，而是应有的科学态度，尤其是面对新问题时。建设城乡生态连体结构这一新型治理结构，就有许多未知的新问题、新风险，坚持风险防范原则能有效降低风险，维护城乡生态安全。

三是对生态秩序的追求。秩序的存在是人类一切活动的必要前提，不能破坏目前已经存在的良好的生态秩序，要通过预防对环境的破坏来实现。因为环境风险的危害很难预测，一旦发生，就具有不可逆转性、巨大的破坏性等严重后果，超出人们为其设计的危害范围，更超出人们的心理承受能力，打破人们相对有序和稳定的生活，有时甚至使人类陷入动荡不安的境地。这种对有序的可能破坏，与人类对秩序的追求是不相吻合的。人类不仅追求现有的秩序状态，而且希望能对未来的秩序有所保障，能有对秩序稳定的未来预期。为了达到这一理想状态，会采取种种措施予以保障，其中就包含有风险防范原则的运用，降低未知的不确定性风险发生的可能性。所以，坚持风险防范原则也体现了对生态秩序的追求，并且提供了预期保障。

四是对"环境吸收能力"理论的重塑。在风险防范原则看来，以"环境吸收能力"理论为基础发展起来的环境法，形成的环境保护思维范式是：在活动或者产品被证明危害环境之前被假定为环境上是安全的。相应地，在采取预防措施之前，首先提出的前设问题是什么程度的安全才是安全的，何种水平的污染才是可以接受的，人类或生态系统可以承受多大的污染而不显示出任何明显不利的影响。这种思维下形成的环境法，追求的不是考虑怎样才能预防和减少更多的污染的产生，而是考虑在污染产生以后，目前的污染程度或日后更多的污染是否会超过环境的容忍限度。风险防范原则认为，必须超越"环境吸收能力"的理论和以该理论发展出来的理论假定，即假定一种活动或物质在被证明危险之前是环境上安全的；它转向这样的预设：如果不能证明在环境上是安全的，先假定为是危害环境的，即先做最坏的假定，以此来判断行为走向，而不是先做最好的预期，认为是无害的、安全的，而贸然采取行动。这样，风险防范原则首先追求的是在保持必要的环境价值下，能够避免多大程度的污染，某一活动是否存在环境上更加安全或友好的替代方法，潜在危害环境的活动是否必须进行。这一原则的意义就在于不以环境是否具有吸收能力为首要考量因素，这是因为如果这样考量就意味着行为就是有污染性的，只不过这种污染环境是否能够吸收而已，这不是真正意义上的预防为主，而是对污染行为的精确计算。风险防范原则通过对"环境吸收能力"理论的重塑，更加倡导行为的无危害性和可替代性，倡导最佳可得行为。

3. 原则的影响

第一，强化相应的国家义务。

国家负有环境保护义务，这一义务的具体内容根据时代变迁及社会发展的结构性变化而变化，以更好地回应现实中纷繁多变的环境问题，比如环境风险问题。这一原则的适用，会强化随之而来的国家义务：（1）国家的现状保持义务，或者说"倒退禁止"义务，即国家权力应保证环境状况不继续恶化，这是最为基本的国家义务。（2）国家的危险防御义务。即对于具有明显、直接环境危害性的"危险"，国家负有采取干预性措施并加以排除的义务。（3）国家的风险预防义务，即对于具有科学不确定性的各种"风险"，国家应在合理判断社会所能接受的"剩余风险"的基础上适当地采取预防措施。[①] 虽然在时间和空间跨度都很大的环境领域，

---

① 陈海嵩：《国家环境保护义务论》，北京大学出版社 2015 年版，第 94—98 页。

用现有的工具获得有关风险危害的确定信息相当困难，甚至可以说，实际上人们永远也无法确定性地知道某一种活动是否会导致环境风险，但是人们仍然可以依靠观察和良好的意识去预见这些风险，并提前采取行动，这才是对待不确定性的合适途径。

第二，促进最佳可得技术的运用。

风险防范原则包含的环境保护理念的转变，要求在环境保护的技术上也实行转变，从力图判断环境能吸收多少程度污染的技术，向那些将消除或至少减少向环境排放污染物的技术转移；从以"吸收和扩散"为基础的政策，向对环境有害物质"最少化"的政策转移。采取生态环境预防行动，自然物具有内在的权利。清洁生产技术和方法这类最佳可得技术是环境保护技术转移的代表，因为清洁生产得到采纳的原因在于该生产技术或方法能不产生或少产生污染，而不是因为有关危害后果与原因之间的因果关系得到了科学的证明。

（三）城乡生态治理中的风险防范路径

要想使"环境风险得到有效管控"，生态观测、实验和模型数据的快速积累必不可少，基于生态大数据的整合研究，以期发现生态的普遍规律，揭示多过程耦合、多尺度效应、多要素调控的生态系统过程的复杂性，认知生态系统的演变规律和机理，定量评估生态系统健康状况，进行科学预测和监管，是新时期发展的重要方向，进而实现从观测到预测的跨越。[1] 对于环境风险的防范亦如是。在建设城乡生态连体结构时，产生大量的生态治理行为，其中暗藏着环境风险需要进行防范，以下路径有助于这一原则的具体实施。

1. 坚持生态底线

这里的生态底线是城乡生态系统健康的底线。"生态环境没有替代品，用之不觉，失之难存"[2]，绿色是发展的底色，建设融合发展的城乡生态连体结构必须坚持生态底线原则，即坚持环保法律政策的底线、坚持公众环境权益的底线、坚持城乡生态系统健康的底线。所谓城乡生态治理，本质是重新培育和建构地方生态空间场域的探索过程，是建构空间结

---

① 牛书丽、王松、汪金松等：《大数据时代的整合生态学研究——从观测到预测》，《中国科学：地球科学》2020 年第 8 期。

② 习近平：《习近平谈治国理政》（第二卷），外文出版社 2017 年版，第 209 页。

构合理、生态系统健康和社会要素和谐的共生共享式新空间的过程。既然是生态空间的培育和完善，那么必须依照生态规律进行。应将生态置于时间与空间的双重维度下，通过生态演变辨析生态格局特征，以生态格局和特征作为标尺，用生态系统观来识别生态问题，建立大生态观概念。建设城乡融合发展的生态治理体系是国家治理现代化的重要环节，它的建设底线可以从现实压力和对传统的反思两个方面来理解。从现实压力来看，大自然的倒逼效应日益明显，所谓倒逼是指如果不依照生态规律去做，不去改变人类行为，生态的灾难性后果将不可避免，生态系统濒临崩溃将成为最重要威胁。如果没有好的生态，一切都等于白费。现在已经到了"没有保护就没有发展，不保护就等于发展为零，甚至发展为负"的地步，① 说明建设城乡生态连体结构迫在眉睫、刻不容缓。从对传统的反思来看，恰恰是传统的发展方式引发了生态危机，唯有变革发展方式才能从根本上解决生态环境问题产生的根源。因此，现实的生态危机和对传统的反思这双重因素推动了城乡生态治理必须走向现代化，必须要实现生态保护和经济发展的平衡，而要做到这些，就必须从坚守生态底线出发，这是治理唯一的逻辑出发点。"生产发展、生活富裕、生态宜居"的三生协调发展、城乡统筹融合也是以生态为前提、为底线的。

在建设融合发展的城乡生态连体结构中坚持生态底线原则，首先要摸清区域内城乡自然资源数量、质量及分布状况，明确区域环境承载力阈值，建立监测评价体系标准，防范环境风险发生，推动建立基于环境承载能力的绿色发展模式。长期以来，由于不能坚持生态底线原则，重开发轻保护、重利用轻循环、重产量轻质量的现象一直存在，致使农业不够强、农村不够美、农民不够富的问题难以解决。在今后的建设中，坚持城乡发展的生态底线，就能努力使产业结构变"轻"、经济形态变"绿"、发展质量变"优"。

在建设融合发展的城乡生态连体结构中坚持生态底线原则，意味着要依托"三线一单"总体设计，严格落实管控要求。所谓"三线"，即是生态红线、质量底线、资源利用上线。任何一个建设项目都不能侵占生态红线，违反质量底线，跨越资源上线，并且把建设项目空间占位、排污总量、资源利用等量化指标用排污许可证固定下来，形成执法依据。这样就

---

① 参见吴平《全面推进国家生态治理体系和治理能力现代化》，《中国经济时报》2016 年 8 月 2 日第 A05 版。

能通过以生态质量为核心的预防体系，将城乡生态开发与资源利用管理相融合，将资源、环境、生态管理体系优化组合。更为重要的是，还有"一单"，即开发区域负面清单制度，通过环评等逐级完善城乡区域内禁止开发、限制开发的各类项目清单，使预防体系具体到各控制单元和各类资源开发利用项目。"三线一单"是为保护正常生态功能和生态服务所设立的具有法定强制性的管制边界，不仅包括空间界限红线，还包括生态介质的质量红线，包括环境质量标准、污染物排放总量和环境风险管理内容等，既是开发建设的边界约束，也是地区生态治理的基础和目标，确保城乡区域得到彻底治理和有效保护，共筑城乡生态保护的坚实防线。

2. 坚持公众环境权益底线

坚持公众环境权益底线，就是坚持环境正义原则。原有的城乡二元体制塑造了异化的生态关系，"从法律与政策制定、权利配置、资源分配、参与机会等方面预设了城贵乡贱的基本格局"[1]，由此形成环境利益的城乡分配差异。城乡生态治理的分离状态是形成城乡环境差距的深层次原因，保障城乡居民环境权益的正当享有和不受侵犯，就要坚持公众环境权益底线，统筹城乡生态治理，对于农业生产、农村生态、农民生活中最为突出的问题着重解决，满足城乡居民对良好生态环境的追求。"生态环境是最公平的公共产品，是最普惠的民生福祉……环境就是民生"[2]，这些论断深刻阐明了生态文明建设的根本目的，是以人民为中心的执政为民情怀和生态公平的环境正义观。要清醒地认识到保护生态、治理污染的紧迫性和艰巨性，以对人民群众、对子孙后代高度负责的态度，解决人民群众最关心的环境问题，维护社会公平正义。在城乡生态治理领域也不例外，并且这种公平正义观应表现得尤为突出。必须加快解决农村突出生态环境问题，改善农村人居环境，使发展的成果能惠及广大农民群众，增强广大农民获得感和幸福感，实现城乡环境正义。在建设城乡融合发展的生态治理结构中坚持公众环境权益底线，就是要体现以人（城乡居民）为本，表现为：

其一，人的幸福最大化：着眼公众，涵盖农村，城乡是一家，建立公平的参与制度，保障城乡居民环境利益诉求的表达权利，实现城乡基础设

---

① 杜健勋、陈德敏：《环境利益分配：环境法学的规范性关怀》，《时代法学》2010年第5期。

② 中共中央党史和文献研究院：《习近平关于总体国家安全观论述摘编》，中央文献出版社2018年版，第179页。

施一体化和公共服务均等化，加强城乡环境整治，以集中连片的村庄改造为契机，围绕"三生统筹"（生产、生态、生活统筹），来带动农村整体向前发展，提升城乡生态宜居水平和幸福指数。其二，资源利用最优化：以新型城乡可持续发展为基础，城乡统筹、产业互动、节约集约，设计有效的制度安排为城乡环境资源的利益分配者提供规范其经济行为的基本框架，实现环境利益在城乡的公平分配。其三，环境影响最小化：纵深推进农村环保"两清（清洁种植和清洁养殖）、两减（农药、化肥减量化）、两治（规模化养殖治理和农村环境综合治理）、两创（生态乡镇和生态村创建）"的工作模式。不以牺牲农村、农业、农民为代价，不以牺牲粮食、生态和资源为代价，所有的建设活动均采用舒缓措施，最大限度地减少生态环境负面影响。

3. 坚持法律底线

需要强调的是，采取相关行动不是贸然和随意的，只有能够证明采取风险防范措施对于防范风险发生、防止环境损害发生是必要的，采取的风险防范措施才是正当的和合法的。正因为存在实践中的环境风险，才需要通过法治化的制度架构予以防范和化解，为风险治理提供结构保障和制度保障。也就是说，防范环境风险必须要坚持法律底线。环境法产生于环境权益与其他多种权益的平衡，风险防范原则在适用的过程中引入平衡的因素才能使其得到真正的实施。它是实现可持续发展的措施之一，是谨慎行为的制度化，是合理注意之义务。

要注意适用风险防范原则的阈值较高，要是"严重或是不可逆"。《里约宣言》规定的是"严重或者不可逆转的损害的威胁"；《联合国气候变化框架公约》规定必须是存在"严重或者不可逆转危害的威胁"。英国1990年的白皮书《共同的遗产：大不列颠环境战略》的要求是"危害环境的重大风险"；《生物多样性公约》规定的是存在对"生物多样性的重大减少或损失的威胁"。存在某些使社会结构和社会环境失调的障碍因素，需要通过基准主义①、合作主义进行制度安排，确保维护城乡生态

① 所谓基准主义是指人类社会对一些基本问题逐渐达成共识，各国通过建立强行法的形式，采取基准立法，框定人类社会之"底线"，涵盖：普遍推行义务教育制度、建立个人声明、财产与自由不可剥夺和不可交易的基本人权保障制度、建立防治污染与自然资源保护的基本制度、建立国家与社会对交易秩序的必要"敢于"制度等，详见郑少华《生态主义法哲学》，法律出版社2002年版，第179页。

安全和生态秩序的法治保障之实现。上述种种规定，均说明适用风险防范原则需坚持标准和要求，切忌标准随意、要求松懈、贸然行动。滥用这一原则将导致环境不可知论和自由裁量的泛化，最终伤害生态环境本身。

# 第四章 城乡生态连体结构建设的具体制度

制度是城乡生态治理的工具箱，城乡生态连体结构建设的最后落脚点就是具体制度的构建，否则只是空有结构而无落实之制度，城乡融合发展从何而来？宏观发展全局中微观具体生态制度的缺失被普遍视为我国生态文明建设的主要问题。所以，制度建设的价值意义不言而喻。通过制度建设，将"规范外的价值"转换为"规范内的价值"，研究从价值维度转向了制度维度，使城乡生态治理完成从事理到法理的转变，一系列理念完成从价值论到认识论到方法论再到实践论的过程，是城乡生态治理结构制度建设的转型与创新。

制度文明的生成和演进是一个合规律性和合目的性的辩证统一的过程，既有自身的规律性，在根本发展方向上不以任何人的意志为转移；但同时又是一个自觉的过程，在很多方面依赖于人的主观能动性的发挥。经由自发社会秩序演进路径而形成的内生性的制度，才具有自我维系的运行机制。这些制度不仅仅是手段或者保障，而是目的本身，具有价值理性。生态制度文明的实现比之局部生态环境的改善更有深远意义。环境法治作为生态制度文明体系的重要组成部分，也应当被视为生态文明不可或缺的一部分，而不仅仅是其外部的强制性保障。在环境法治建设过程中必须突出其生态价值理性。[1]

## 第一节 城乡生态连体结构建设制度概述

任何一项法律制度的建立都离不开一定的社会背景，具有一定的目的

---

[1] 陶蕾：《论生态制度文明建设的路径——以近 40 年中国环境法治发展的回顾与反思为基点》，南京大学出版社 2014 年版，第 88 页。

性。"目的是全部法律的创造者。每条法律规则的产生都源于一种目的，即一种事实上的动机。"① 城乡生态连体结构建设的具体制度之生成、回应与演进也不例外，这些制度都是建立在城乡生态连体结构产生的社会背景、城乡关系认知视角和治理阶段变迁的基础之上，其目的性非常明确，即为建设这一结构而服务，具有鲜明的工具理性价值，同时作为制度本身也是生态文明制度体系的一部分，其特有的价值理性意义同样不可忽视。

## 一　制度的体系化

城乡生态治理内容纷繁、情形复杂、任务艰巨，这些都决定了具体的实施制度必然是一个集群，组成了城乡生态连体结构的制度体系。

（一）制度体系的构成

因为城乡生态治理是生态治理中的一种，所以一般性的治理制度都是适用的，也是城乡生态连体结构制度体系的组成部分，为了聚焦研究对象，这里探讨的是这一结构的特有制度。从建设结构的连体性、建设内容的整体性、建设效果的融合性出发，从要满足制度的中立性（不偏向城市）、制度的交涉性（能交涉城乡生态环境问题，具有可操作性和实效性）、制度的自足性（能满足解决城乡生态环境问题所用及所需，制度供给自给自足）出发，本书认为城乡生态连体结构建设的制度体系包括如下五个基本制度，即城乡生态承载力制度、城乡生态福利制度、城乡生态产品制度、城乡空间规划制度和城乡生态修复制度。

这五大制度在城乡生态连体结构的建设中各自发挥不可或缺的重要作用。换个角度看，城乡生态连体结构建设最重要的目的就是消除城乡环境剪刀差，实现城乡融合发展。这里面最为核心的环节就是城乡环境利益的产生、供给、分配、补偿、修复和保障问题，这关涉城乡环境正义的实现和全面小康社会的真谛，利益问题是法律中最为核心的命题，法律就是对利益的确认、分配与维护，环境法律制度也不例外，也是围绕环境利益这一中心思想展开构建的。因此，城乡生态承载力制度旨在解决城乡生态利益确定等问题；城乡生态福利制度旨在解决城乡生态利益供给及分配等问题；城乡生态产品制度旨在解决城乡生态利益产生及循环、补偿、交换等

① ［美］埃德加·博登海默：《法理学：法律哲学与法律方法》，邓正来译，中国政法大学出版社 1999 年版，第 109 页。

问题；城乡空间规划制度旨在解决城乡生态利益分布等问题；城乡生态修复制度旨在解决城乡生态利益修复等问题。可见，选取建设的这些制度是高度契合城乡生态连体结构建设的，它们共同组成了该结构的制度体系（如图 4-1 所示）。

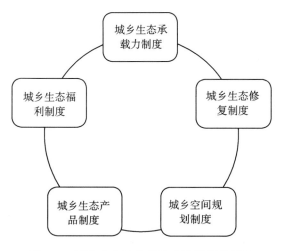

**图 4-1　城乡生态连体结构建设的具体制度**

这五大部分共同构成了城乡生态连体结构建设的制度体系。这些制度中，既有变迁性制度（生态修复制度），又有创新性制度（如生态产品制度）；既有诱致性制度（如生态产品制度，重在将"绿水青山"转换为"金山银山"），又有强制性制度（如生态承载力制度，必须要根据城乡生态承载力确定建设强度与速度）；既有协调性制度（如生态产品制度，要合理转化及自由流通），又有供给性制度（如生态福利制度，含城乡生态福利的供给、分配与矫正）；还有预防性制度（如空间规划制度）、控制性制度（生态承载力制度）与补救性制度（如生态修复制度）。这些内容丰富的制度分工不同、相互配合、相互制约，缺一不可，构成了城乡生态连体结构的制度体系。

（二）制度的体系关照

因为多个制度组合在一起构成了制度体系，制度之间如何充分衔接与协调是需要考量的一个重要问题，否则不仅没有发挥制度的体系优势和集成效果，反而会带来极大的牵制与内耗，影响城乡生态治理成效，导致城乡生态连体结构名存实亡。所以，制度的体系观照尤为重要，关键之处在于制度体系的协同性与整体性。

制度体系应注重协同性。若干个制度分布在一个治理结构之中，必须要协调一致才能发挥每个制度的作用与功能，并形成制度体系的叠加效能，而不是因为不能协同产生制度的耗损。制度结构合理分布与否直接决定了城乡环境正义的法律映像。所以，制度体系的协同性非常重要。为此，要实现制度体系的协同性，应该要有一定的弹性，给予制度成长的可能，不能太过僵硬，没有调整的余地；应该要有明确的指向，把不同的制度能够通过共同的指向予以聚集，而不是生硬地拼凑形成所谓的体系。如上所述，城乡生态连体结构建设中的五大制度都是围绕城乡环境利益这一中心思想展开构建的，能形成一定的体系；应该要有开放的空间，制度有进有出，制度体系不应该是封闭的，随着治理背景的变迁、治理阶段的演变、认知视角的转换等，城乡生态治理会随之而变，为之服务的城乡生态连体结构也会不断调整，蕴含其中的具体制度当然也处在变动之中，有的制度会完成历史使命而退出，有的制度会走入我们的视野，登上治理舞台。所以，为了保持制度体系的协同性，应该是一个开放包容的空间，唯此方能不断协同制度、不断完善体系。

制度体系应注重整体性。基本规范是其他规范的基础，是法律制度结构体系的灵魂，这不但是城乡生态连体结构形成的前提性条件，也是环境利益公正分配的现实性要求。[①] 在遵循生态整体主义的基础上通过制度的嵌入与联结，实现城乡整体生态利益，这就是制度建设的过程，制度的功能定位、构建模式和调整领域也都是服务于城乡整体的，任何个别的制度、局部的治理、单一的建设都不能达致制度设计的初衷。所以，注重整体性也是制度体系的应有之义。

## 二　制度的功能与导向

### （一）制度的功能

法的功能是法律内在的特性，法律制度一经形成，也必然具有其内在的功能。法的功能即法具有的功用与效能，这些功用和效能是由法的性质、要素等决定的。法的功能具有自身的特点，内在性和应然性的特点是最为突出的。首先，法的功能具有内在性的特点，法的功能是法内在所具

---

① 杜健勋：《环境利益分配法理研究》，中国环境出版社 2013 年版，第 218 页。

有的。法的功能与法的作用不同，法的作用仅仅是法的功能发挥得好或者坏的状况，即在何种程度实现法的功能的问题。法的功能有可能得到较好的发挥，也有可能得不到正常的发挥。但是它并不影响法本身所具有的功能质与功能量。这就要求城乡生态连体结构法律制度的制定者要充分考虑如何设计具体的法律制度，这一法律制度应当具有什么样的功能。其次，法的功能具有应然性的特点。法的内在性更多地强调静态的、稳定性的一面，应然性则更多地强调动态的、适应性的一面。法的功能的应然性，主要是指法的功能为法的作用发挥设定了一个立法上的理想模式。

　　因此，城乡生态连体结构法律制度体系的功能定位，既是对已经形成的法律制度体系的内在功能的遵循，也是对需要完善的法律制度体系的功能引导，据此进行着具体制度的筛选和定位。结合法的功能的内在性和应然性，可以对城乡生态连体结构建设的法律制度的功能作出如下定位：即具有引导功能、调控功能和分配功能（如图4-2所示），通过这些功能的实际发挥，城乡生态连体结构法律制度体系将会是城乡生态治理的行动规则，是城乡生态连体结构风险下的预防措施，是城乡生态福利和环境利益供给的制度尝试，是城乡生态治理法治化的路径安排。

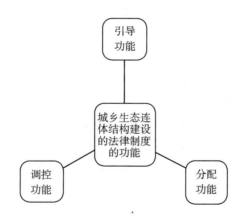

**图4-2　城乡生态连体结构建设的法律制度的功能**

　　城乡生态连体结构制度的引导功能、调控功能和分配功能与前述的这一结构的功能是一致的，这也反映了制度功能受制于结构功能，是内在性的一种体现，是结构内部应然而然产生的制度，而不是外来嫁接的制度，否则就会带来适应性和可持续供给问题。制度的功能定位决定建设的最终走向。功能价值依据的是结构和制度的"内在属性"，其强调的是这一结构存在的独特性和系统制衡的功能，应该从"目的性""正当性"和"合理性"进行判断。城乡生态连体结构是个复杂的结构，牵涉的法律关系非常多元，其中隐含着多重功能。这些功能集城乡生态连体结构为一体，它是一个多功能综合体，既说明了这一结构的功能价值巨大，也反映了建设的艰巨性，建设时要特别注意这些功能之间的兼容性。并且，要注意这些功能的行使环境和条件，否则，制度的功能就会停留在制度上，而不是转化为制度的效能。

（二）制度的导向

制度的实施能引导问题的解决，能决定问题的走势和去向，这些即为制度的导向。制度的导向很大程度上来源于制度相应功能的发挥。城乡生态连体结构的制度具有鲜明的导向性，建设这些制度之初就充分考量了基于什么样的导向来进行具体制度的筛选和定位。一是目标导向，所有的制度都是为建设城乡生态连体结构这一目标服务的。二是问题导向，正是因为原有的生态治理结构无法应对新的发展阶段和新的环境问题，才需要建设全新的城乡生态连体结构，是为了解决问题才有了这些制度，如果不能解决现在城乡生态治理中的问题，这些制度就没有存在的必要性，所以问题导向非常确切。三是运行导向，制度制定出来就是为了运行的，否则就是停留在纸面上的摆设，没有任何意义，并且会造成极大的制度浪费。所以，城乡生态连体结构的制度当然是以运行为导向的，并通过运行情况不断完善这些制度，甚至根据运行情况制定出新的制度。

显而易见，目标导向、问题导向、运行导向这三大导向处于动态变化之中（如图4-3所示），因为城乡生态治理是时刻变动的过程，制度本身也呈现不断发展状态。同时，三大导向之间是相互影响的，关联性非常强，如问题导向中的"问题"会指引运行导向的具体设计与运行安排，

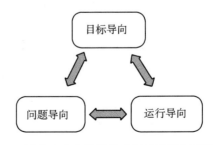

**图4-3　城乡生态连体结构建设的法律制度的导向**

同时运行的效果又会进一步影响问题的解决。

## 三　制度的建设标准与要求

制度是用来建设城乡生态连体结构的，而制度本身也是需要建设的，这其中就需遵循建设的标准与要求，否则就会制度发育不健全，带来一系列负面影响。也可以说，研究制度建设的标准与要求，是为了让制度更科学合理可行，这也是一种供给侧结构性改革，也能释放"制度红利"。制度有什么红利？制度能带来城乡生态治理的确定性，制度的内容、形式、后果是明确的，减少盲目随意含混不清，可以避免城乡生态治理中的模糊性，增强操作性；制度能带来城乡生态治理的稳定性，可以避免城乡生态治理中的易变性；制度能带来城乡生态治理的权威性，制度具有强制性和保障性，可以避免城乡生态治理中的随意性。

（一）建设的标准

1. 可供性

可供性是指制度建设要实事求是，要依据实情而建设，客观现实要满足该制度的建设，要能提供建设的条件，要具备建设的基础，否则就是不顾实际情况地予以建设，不仅收不到建设成效，反而破坏制度建设的严肃性。

可供性着眼于制度的"产生"层面和"持续"层面。具体而言，制度建设的可供性应从三点来判断：一是依据能否满足需要进行判断（即"需要的标准"），依据当下需要进行制度建设，一般有需要就有制度上的回应，环境法也是以"回应型法"面貌出现在历史舞台上的；二是依据现实能力进行判断（即"能力的标准"），制度建设需要满足一定的现实条件，有能力才能予以建设，不能好高骛远；三是依据责任分配进行判断（即"责任的标准"），在城乡生态治理中许多问题是由历史原因造成的，城乡也因此背负不同的责任，为了制度设计的公平正义，必然有些制度建设中会有倾斜性的制度安排，比如城乡生态福利制度建设中应该加强对农村农民的生态福利供给，这就是依据责任分配进行制度建设的例证。

2. 可及性

可及性一词常见于公共服务的提供上，如药品的可及性研究等。在这里借用可及性的含义用到制度建设上，因为从广泛意义上来说，制度建设也是提供一种公共服务。可及性通常是指能够接触并使用某项服务的能力，在这里指的就是借助制度接触并使用城乡生态产品及其服务的能力。

可及性着眼于制度的"利用"层面和"匹配"层面，所以是否便利和适用非常关键，能否实现制度的平等供应（即"平等的标准"）和实现制度的便捷享有（即"便捷的标准"）是可及性的判断标准。正是因为存在差异性才使得讨论制度可及性格外有意义和特别有必要。城乡生态治理中的地区差异、群体差异和资源禀赋差异，使得城乡环境不正义现象突出，研究可及性能使城乡生态资源配置的公平性得到保障，可及性就是致力于消灭这些差异性以实现城乡生态环境领域的公平正义。可及性也带来有效性，可及即可得，带来制度实施的效应，也提高使用效率。

可供性和可及性都具有相对属性，是从供给与需求的视角来探讨的，也反映了制度和城乡生态连体结构的高度契合性。另外，可供性和可及性二者关系紧密，可供性决定可及性，可及性反过来影响可供性（如图4-4所示）。

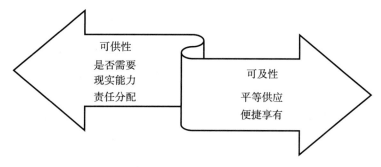

**图4-4　制度建设的可供性与可及性**

（二）建设的要求

制度建设除了要遵循相应的标准，还要落实具体的建设要求。

1. 整体建设

如前所述，城乡生态连体结构的制度是个集群，形成了制度体系，制度体系注重协同性与整体性，制度之间存在博弈与均衡。所以在建设时应该整体建设，才能发挥协同效应和整体效应，不能割裂式建设。

2. 系统建设

城乡生态连体结构是城乡系统在生态环境领域的体现，也是建立在生态系统之上的，治理涉及的也是生态环境问题的方方面面，并且生态治理牵一发而动全身，由此带来的制度建设也应该是系统的，也才能经过系统建设带来城乡生态环境的根本好转和城乡生态系统的安全有序。要想产生系统性效果，必须系统性建设制度，不能碎片化建设。

3. 差异建设

制度建设要根据城乡现状、功能定位、生态差异、历史原因等，有所区别对待，表现在具体制度的内容方面城乡有所不同，道理正如前面所讲的优先发展农业农村、新的反哺机制和城乡生态补偿一样，这样才能填平补齐，达到城乡生态连体结构建设的目的——城乡融合发展，不能同质化建设。

4. 有序建设

制度建设是一个长期的过程，也是一个相互耦合、相互依存的过程，不能一哄而上，也不是一蹴而就的，要具备相应的现实条件和能力水平，要根据成熟性和适宜性来有序建设，要根据远近目标、难易程度、紧迫与否来综合判断，有条不紊地予以建设，不能无序化建设。

## 第二节　制度建设的具体内容

各种制度是生态环境治理的"工具箱"。只有用好制度的工具箱，运用多元化的环境治理工具，通过社会化的环境治理实践，才能实现协同一致的城乡生态治理目标。[①] 城乡生态连体结构建设的现实意义在于制度这一维度，制度建设不仅包括事前的必要性论证，更包括事后的制度实效评价，通过下述具体制度的建设与集成，将使城乡生态连体结构的生成具体化、可操作化。

### 一　城乡生态承载力制度

（一）生态承载力概述

1. 含义

承载力一词最早来自物理学，是指物体在不产生任何破坏时所能承受的最大负荷。随后，这一概念被广泛应用于多个学科及领域。1921 年，帕克（Robert Ezra Park）和伯吉斯（Ernest W. Burgess）在人类生态学领域中首次应用了生态承载力的概念，提出由食物资源量计算研究区域可以

---

① 马可：《文明演进中利益衡平的法律控制——兼论通向生态文明的法律理性》，《重庆大学学报》（社会科学版）2010 年第 4 期。

支撑的最大人口。随着环境问题、生态危机的爆发，尤其是在过去一个世纪中，全球实际经济产出增长了 20 倍，1950 年以后的加速增长更是显著改善了人类福祉，使得人类的平均寿命持续增长。但随着大量物种灭绝、生态系统的崩坏，地球已经无法再承载快速增长的人口及其对自然资源的消耗。根据生态足迹理论最近一项研究估计，大概在 1978 年，人口数就已经超过了地球的承载力。到 2000 年，人口数已经达到了地球承载力的 1.4 倍。① 由于承载力的内涵与可持续发展理念高度契合，生态承载力的研究日益受到关注。

关于生态承载力的含义，首先要明确这一名词的内涵处于在不断演进之中，是一个动态变化过程，它逐步从自然生态系统的种群承载力一步步拓展到资源承载力、环境承载力，然后又渐渐发展为生态系统承载力。本书非常认可高吉喜在《可持续发展理论探讨：生态承载力理论方法与应用》一书中提出的概念，即"生态承载力是指生态系统自我维持、自我调节与恢复自身稳态的能力，地球资源和环境系统的支撑、承受能力，还有可以支持的社会经济行为的强度大小，能够养活的达到一定生活水平的人口规模"②。该概念反映了生态系统所能承受的人类社会活动，且生态系统会受到人们价值选择、社会目标与反应的影响。可以理解为，生态承载力是一种生态系统维系其自身健康、稳定发展的潜在能力，包括了对可能影响甚至破坏其健康、稳定状态的防御能力、恢复能力和发展能力。

2. 内容

由上述定义可知，生态承载力的内涵非常丰富，涉及面非常广，并且处于不断扩容之中。一般而言，生态承载力包含以下内容：

（1）生态弹性力。是生态系统客观承受能力的表现，指的是生态系统所具有的能够维持自身状态、自我调节与恢复，且可以抗衡来自外界的压力与干扰的能力。生态系统并不是处于一成不变的状态，而是表现出动态平衡的状态，拥有自我修复的能力，然而这种能力是有一定的局限性的，若是外界对生态系统施加过大的压力，且超出生态系统的弹性界限，就会导致生态系统所处的状态发生变化，生态系统经历不断波动后会重新

---

① 罗曙辉：《万物共生之路——生物多样性溯源》，《可持续发展经济导刊》2020 年 10 期。

② 参见高吉喜《可持续发展理论探讨：生态承载力理论方法与应用》，中国环境科学出版社 2002 年版。

表现出新的平衡状态。生态弹性力是生态系统具有回弹性的表现，也代表了一定的承载空间。超过生态弹性力则易引发生态系统崩溃，所以生态弹性力有临界值，应时刻保持在临界值之内。生态弹性力也是可以增强的，维持良好的生态有助于加大生态弹性力。

（2）资源承载力。是指在一定的时间，某一区域凭借所拥有的资源的数量与质量可以支撑的人口数量及能够支持的经济发展规模。资源承载力是生态承载力的基础，如果没有各种资源，经济不能得以发展，人类也无法继续生存。资源承载力的大小不仅由资源存量所决定，并且也由人类利用资源的方式所决定，人们可以通过改变资源利用方式来提高资源承载力。在可持续发展的背景下，生态承载力应从整体上提高，而非只追求提升单个子系统承载力。可以通过资源承载能力监测预警机制来规范资源开发利用行为，促进资源节约、保护生态平衡，提高资源承载能力。

（3）环境承载力。是指在特定的环境状况下及生活水平下，生态系统可以承受的污染物排放量，以及特定经济发展水平下的人口规模。环境承载力包括了三个方面的内容：其一是环境可承受污染物的数量，即容纳能力，这基本上是由环境容量决定的；其二是受特定的生活水平的约束，这基本上是由环境标准所决定的；其三是一定经济发展规模下的人口数量，这基本上是由生产生活方式决定的。总之，环境资源承载力是指在一定的时间和一定的区域范围内，在确保生态环境良性循环和自然资源合理开发利用的前提下，环境资源能够承载的人口数量及相应的经济社会活动总量的能力和容量。[①] 环境承载力不仅会随着时间有所变化，而且还会因人们对不同的环境所要求的质量不同而不同。影响一个区域的环境承载力的主要因素有：科技的进步、区域内人类经济活动模式和区域外因素等。环境承载力监测预警机制的建立就是要通过引导科技进步、调整产业结构、优化区域发展布局等，提高环境承载力。[②]

（4）社会经济协调力。是指随着生态系统的发展，社会经济这一因素对其产生的影响，这也是生态承载力的重要部分。在同时体现了自然、社会与经济的复合系统内，仅有人类拥有意识，且具备主观能动性，能够

---

[①] 贾彦鹏：《资源环境承载力监测预警机制研究》，中国改革网：http://www.chinareform. net/index.php? m=content&c=index&a=show&catid=99&id=39021，2020 年 6 月 4 日访问。

[②] 吕忠梅：《环境法原理》（第二版），复旦大学出版社 2018 年版，第 223—225 页。

给资源、环境造成很大影响，同时也会干扰生态系统演化的方向。随着人口规模的不断扩大，人们在社会经济这一子系统上所做的努力会使承载力扩大，但也要充分防范人类在社会经济领域的不理性行为对生态系统造成的伤害。

3. 特点

第一，生态承载力具有客观性。生态环境和自然资源必须为经济社会发展提供必要的客观支撑，会有水、土地、矿产等资源的客观消耗，而能否可持续发展就要进行生态承载力的客观评价。生态承载力就是基于生态系统中的环境、资源、能源、人口、经济、社会发展等客观要素和客观指标进行评估来确定最大负荷，是一种客观承载的能力。这种客观性既能为生态系统抵抗外力的干扰破坏提供基础，也能为生态系统向更深层次的发育奠定基础。

第二，生态承载力具有可变性。生态系统本身就是不断变化的，所谓稳定也是相对的稳定、动态的稳定。建立在此之上的生态承载力当然也不是固定不变的，而是同样处于动态变化之中的。也正因为生态承载力具有可变性，所以可以通过生态文明建设，不断去提高生态系统承载力，让生态系统更具弹性，更有容量，与社会经济发展更协调。

第三，生态承载力具有层次性。生态系统由不同层次的大小单元所组成，内部分层丰富，错落有致，生态系统的承载力也表现在上述各个层次水平上，在不同层次水平上，生态承载力不同。也正因为如此，整体的生态承载力受制于部分的生态承载力，在考虑生态承载力时必须从整体角度出发，否则各自为政，只顾及局部利益，很可能带来整体生态系统的承受不能，突破生态承载力，引发系统崩溃。

我国的生态承载力制度还很薄弱，处于起步阶段，在城乡建设之中也没有很好地关注这一点，很少从这一视角分析城乡生态治理问题，导致城乡生态承载力制度多停留在研究上。而在实际中，我国的城镇化快速发展，累积了不少突出的矛盾和问题，生态环境资源超载现象非常严重和普遍。有些地方，还处在发展的初级阶段，生态承载力就已经大大消耗，环境资源的承载功能极为脆弱，处在临界值的边缘，需要引起高度重视，因为这直接关系到发展是否可以持续的问题。城乡生态连体结构建立在城乡生态承载力基础之上，为了更好地建设这一结构，有必要从城乡生态承载容量、承载强度等方面建设城乡生态承载力制度。

（二）提升生物多样性发展城乡生态承载力

提高生态承载力必须坚持可持续发展，合理确定城乡生态定位，通过提升生态多样性水平可以提高生态承载容量，进而发展城乡生态承载力。《生物多样性公约》将"生物多样性"定义为："所有来源的活的生物体中的变异性，这些来源包括陆地、海洋和其他水生生态系统及其所构成的生态综合体；这包括物种内、物种之间和生态系统的多样性，或者可以说，包括物种的多样性、遗传基因的多样性和生态系统的多样性。"[①] 那么，应该如何提升生物多样性？

一是生态空间实现有机整合。关注人、动物、植物、环境等生命共同体中各方角色的有机整合，对生命体和非生命体都予以关怀，强调"山水林田湖草沙生命共同体"系统思想，遵循以维护和提升区域生态系统服务功能为核心，统筹管理自然资源与环境、污染治理与生态保护、水—气—土—生物要素管理，保护生态系统原真性、完整性和生态服务功能，统筹生态系统的整体保护、系统修复、经济发展、资源利用的关系。

二是统筹考虑人的要素。将人纳入生态共同体，合理的配置生产生活生态空间，尊重和顺应自然规律，生态系统的不同自然要素之间通过物质循环和能量流动形成直接或者间接的相互作用关系，对于外界压力具备一定的抗干扰能力和自我恢复能力。同时，当外界压力超出其生态阈值时，可能引发系统发生不可逆的非线性退化，因此在建设过程中必须要考虑系统效应和阈值效应，统筹兼顾、循序渐进。将人类福祉的提升和改善作为根本出发点和落脚点，以优化生态系统服务供给为抓手，实现生态系统结构、过程和功能修复与人类福祉的有机统一，以实现联合国 2030 可持续发展目标（SDGS）为重要牵引，向人类社会创造更多惠益。当然，由于不同的生态系统服务之间存在此消彼长的权衡关系和相互增益的协同关系，应根据生态系统管理的不同目标，权衡与协调不同生态系统服务供给的内在格局及其与消费的关系，整合提高生态承载力。

生态承载力的内部层次非常丰富，各种功能、尺度、要素等都聚集在一起，呈现出复杂多变的状态，既恒定又脆弱，要加强动态监测，同时竭力提升生态承载力。要对生态系统结构的复杂性、过程的合理性、功能的

---

① 罗曙辉：《万物共生之路——生物多样性溯源》，《可持续发展经济导刊》2020 年第10 期。

稳定性、生物多样性等内在机制进行逐一研判，并据此对生态系统在整体格局和局部区域的健康程度进行诊断。根据基础数据和相关方法对不同生态系统的敏感性和脆弱性进行等级划分，并基于生态系统动态反馈复杂过程和相关模型方法对可能引发生态系统状态的非线性变化的早期预警信号进行系统识别，进而讨论生态系统对于外界压力的抗干扰能力和自我恢复能力，界定人类活动的合理规模和强度。综合自然条件、社会经济状况和人类需求等不同要素，对生态系统的不同区域进行功能分区，确定不同区域的主导功能类型，并基于生态系统服务评价理论对不同区域生态系统服务的物理量和价值量进行科学评估，根据生态系统管理的不同目标进行生态系统服务权衡与协同，根据基础数据和相关理论对生态系统状态的演变趋势进行情景模拟与综合研判，为发展生态承载力提供科学参考。[1]

（三）加强监测及时预警城乡生态承载力

生态承载力是动态变化的，受到人口规模、开发程度、城镇化规模、产业发展、基础设施建设、空间布局、气候和自然条件等多重因素的影响，必须建立监测预警机制，以便于实时掌握当前的环境资源承受能力，制定符合当前环境资源形势的决策部署和相关政策，找准承载力的制约因素和薄弱环节进行补充强化，避免因过度开发而突破环境资源承载力的底线，损毁生态环境的自我恢复的能力，出现不可逆的后果。[2]《环境保护法》第18条明确规定："省级以上人民政府应当组织有关部门或者委托专业机构，对环境状况进行调查、评价，建立环境资源承载能力监测预警机制。"

首先，确定生态承载能力测算方法。精确测算生态承载力是核定生态承载容量和承载强度的重要依据，是进行空间规划的重要前提，是划定主体功能区和生态红线的重要基础，所以要确定科学、经济、适用的生态承载力测算方法，注意针对不同的测算内容、标准和要求测算方法或有不同。生态与环境自身带有大尺度属性。以生态系统为例，作为生物群落与无机环境构成的统一整体，生态系统的范围可大可小，相互交错，生态系统越大，其内部各组成成分的相互关系越复杂，物质循环与能量流动的途径亦更多。因此在更大的空间尺度上，需要通过整合研究，构建更复杂的

---

① 牛书丽、王松、汪金松等：《大数据时代的整合生态学研究——从观测到预测》，《中国科学：地球科学》2020年第8期。

② 吕忠梅：《环境法原理》（第二版），复旦大学出版社2018年版，第260—261页。

生态系统模型和理论框架来满足更加真实的生态系统模拟和预测。各种因子的作用强度及其对生态系统服务的影响存在很大的空间变异，揭示生态与环境问题在城乡区域尺度上的格局及变异规律，可以真实全面地展现城乡生态与环境状况，满足生态环境治理的现实需求。当今生态治理已经发展到"大数据""大科学"时代，如何提取有用的、普适性的生态系统过程规律，是城乡生态承载力监测中应该予以甄别的。① 不同于其他的从用途出发服务于经济社会发展的调查监测方式，这一测算更多从生态功能、从生态系统自身角度予以进行，更加注重资源—资产—资本的系统理解，尤其是对生态资产有更深入的认识。立体划分自然资源空间层次，实现"山水林田湖草沙"系统要素的整合。通过立体组织结构，有效表达自然资源要素之间及其与人类社会要素在空间上的整体联系，形成了对生命共同体思想的系统诠释。这些也是城乡生态连体结构建设的生态学意义上的基础和前提。一方面对自然资源要素的认识从单一的数量底线思维走向数量底线和质量底线的结合，另一方面也有助于自然资源要素的理解从直接观测指标的罗列走向对生命共同体系统组织结构和功能效应的综合评价。在相同空间位置、一致空间尺度上的自然资源专项调查，将为"山水林田湖草沙"系统结构与功能协同治理和优化提供有力工具。②

其次，建立生态承载能力监测体系。布局建设覆盖区域范围内所有敏感区、敏感点的主要污染物监测网络，完善环境资源信息采集工作体系，建立生态承载力动态数据库和计量、仿真分析以及预警系统。深入研究不同发展情景下的资源压力、环境影响及其时空特征，使生态承载力的动态性特征在评价过程中加以体现。加强生态承载力监测评价的规范化与标准化工作，积极开展区域承载力监测评价与示范。③ 生态承载力需要建立强大的调查与评价→探测与观测→模拟与预测全流程技术体系。在自然资源的综合管理体制下，需要利用时空天地一体化的调查方法技术，获取自然资源的数量、产状、分布等要素特征数据；利用大数据、云计算等现代信息技术，结合各门类资源的属性特征，对自然资源的质量、生态价值或效

---

① 牛书丽、王松、汪金松等：《大数据时代的整合生态学研究——从观测到预测》，《中国科学：地球科学》2020 年第 8 期。

② 傅伯杰：《系统重构"山水林田湖草"调查体系》，《中国自然资源报》2020 年 11 月 10 日第 3 版。

③ 吕忠梅：《环境法原理》（第二版），复旦大学出版社 2018 年版，第 260—261 页。

益开展综合评价，为确定生态承载力提供准确可靠的基础支撑。

再次，进行生态承载力评估。通过前述环节，间断或不间断地对影响环境质量因素的代表值进行测定，可以有目的地、系统地收集相关生态环境资源在时间上的变化和空间上的分布状况的信息，按照一定的评价标准和评价方法对一定区域范围内的环境质量进行说明、评定和预测，对污染程度进行评定，做出定性或者定量的评判，研究生态演进规律，预测未来发展变化趋势，为进行组织活动的决策提供依据。并提出控制和减缓环境不利变化的对策和措施，评估中要注意"双评价"。[1]

最后，建立生态承载力预警响应机制。开展定期监控，设立生态承载力综合指数，设置预警控制线和响应线。建立生态承载力公示制度。充分发挥生态承载力的制约、导向和指标作用，以相应的承载力为依据，合理确定产业规模，对国土规划目标、任务和主要内容进行适当调整。做好预警应对工作，及时落实限产、限排等污染防控措施，在环境污染重点区域有效开展污染联防联控工作，建立协作长效机制。

在从观测到预测、从监测到预警的过程中要探索应对环境变化的生态系统适应性管理以及区域生态系统可持续发展的途径。各项指标在时间维度上均存在很大的不确定性，实现大尺度高精度的生态预测无疑非常困难。在发展城乡生态承载力中要注重生态系统适应性管理以及可持续发展，整合分析不同尺度和范围的生态系统功能及其变化动态，评估区域污染物对植物、微生物以及动物的活性和人类健康的影响；定量不同生态系统的临界负荷阈值，解析区域环境变化对生物区系和功能的影响，以及物种资源在空间上的变化对区域环境变化的适应；评估区域生态环境变化对区域可持续发展的风险。基于生态大数据的整合研究，揭示多过程耦合、多尺度效应、多要素调控的生态系统过程的复杂性，认知生态系统的演变规律和机制，定量评估生态系统健康状况，进行科学预测和监管，进而实现从观测到预测、从监测到预警的跨越。[2]

---

[1] "双评价"是指资源环境承载能力与国土空间开发适宜性评价。资源环境承载能力评价，指的是基于特定发展阶段、经济技术水平、生产生活方式和生态保护目标，一定地域范围内资源环境要素能够支撑农业生产、城镇建设等人类活动的最大规模。国土空间开发适宜性评价，指的是在维系生态系统健康和国土安全的前提下，综合考虑资源环境要素条件，特定国土空间进行农业生产、城镇建设等人类活动的适宜程度。

[2] 牛书丽、王松、汪金松等：《大数据时代的整合生态学研究——从观测到预测》，《中国科学：地球科学》2020年第8期。

（四）划定生态红线维持城乡生态承载力

生态保护红线制度是我国生态文明建设的创新之举。2011年《国务院关于加强环境保护重点工作的意见》提出，"在重要生态功能区、陆地和海洋生态环境敏感区、脆弱区等区域划定生态红线，对各类主体功能区分别制定相应的环境标准和环境政策"。2015年《中共中央、国务院关于加快推进生态文明建设的意见》要求，"在重点生态功能区、生态环境敏感区和脆弱区等区域划定生态红线，确保生态功能不降低、面积不减少、性质不改变"。由此，我国开始划定生态红线，生态红线是保障和维护国家生态安全的底线和生命线，以生态服务供给、灾害减缓控制、生物多样性保护为主线，将生态功能极重要和极脆弱区域划入生态保护红线，并整合涵盖各类自然保护区域。

生态保护红线是针对在生态空间范围内具有特殊重要生态功能，必须强制性严格保护的陆域、水域、海域等区域。划定并严守生态红线其实是建立严格的空间管控制度，落实主体功能区战略，尊重自然山水格局，管控最重要的空间格局和最重要的控制指标，形成人口、资源、环境相协调的国土开发格局和城镇格局，构建城乡生态连体建设空间载体，是城乡生态连体建设的必要手段。通过生态红线制度，可以扩大森林、湖泊、湿地等绿色生态空间，增强水源涵养能力和环境容量，让透支的环境资源逐步休养生息，逐步增加生态承载容量。通过严守底线，严控增量、盘活存量，优化结构，提升效率，从而切实提高城乡生态承载力。

从空间利用的视角来看，之所以划定生态红线，目的非常明确，正是2015年中共中央、国务院印发《生态文明体制改革总体方案》文件中所要求的——"确保生态功能不降低、面积不减少、性质不改变"。通过执行生态红线制度，来保障重要生态空间的独立性和免干扰性。随着国土空间规划体系的逐步建立，生态红线的刚性管控作用日益凸显，对保障生态空间的独立性和免干扰性具有重要作用。生态红线区就是严格环境管理区，对该区域要实行严格的环境治理，加大环境污染治理、控制环境污染总量的突破、重视生态建设，对污染环境、破坏生态的活动要断然关停，避免环境容量被消耗殆尽，接近环境阈值或环境质量接近最低值或生态破坏程度达到临界值的，必须要进入环境预警或限制状态。要按照多规合一的要求，在开展资源环境承载力和国土空间开发适应性评价的基础上，完成生态保护红线、永久基本农田、城镇开发边界三条控制线，科学谋划国土空间开发保护格局，以建立健全国土空间管控机制，以空间规划统领水资源利用、水污染防治、岸线使用、航运发展等方面空间利用任务，促进经济社会发展格局、城镇空间布局、产业结构调整，与资源环境承载能力相适应。

城乡生态连体结构是建立在生态环境容量和资源承载力约束的条件下，它将生态环境治理作为实现可持续发展重要支柱的一种新型发展模式。在建设中，要将生态环境资源作为支撑社会经济发展的内在要素，要把经济活动的"绿色化"和社会生活的"生态化"作为建设主要内容和途径，强调发展的界限，超越环境资源承载力的发展是与生态文明背道而驰的。只有在生态承载力的约束之下，才能保障资源使用的有效性，节约资源减少污染，使得资源环境的使用符合环境资源承载力要求，把排放限定在环境的自净能力范围内，保障资源利用的可持续性。

（五）确定建设速度保障城乡生态承载力

在现有城乡建设中，暴露出来的很多问题，都会影响生态承载力的保障。比如，城乡只讲扩张性规划，建设中存在土地等资源粗放利用，等等。生态环境问题归根到底是资源过度开发、粗放利用、奢侈浪费造成的，不能随意侵占和破坏资源。还有城乡国土空间开发的强度问题，城乡建设特别要注意水资源底线、粮食安全底线、建设用地上限、人口上限等一系列承载力的约束性。城乡建设要注意公共服务和空间品质问题，要注意公共服务设施和生活的便利性，同时特别强调生态空间合理布局，如果合理布局，即使总面积一样功能也会有本质差别。关键是要控制好城市建设用地总量和结构，先控制保护，合理做减法，保持城乡周边的内在一致性。

在城乡生态连体结构建设中，要消耗大量的生态环境资源，会消减城乡生态承载力，所以，为了可持续发展，为了不断优化城乡生态治理，必须要确定合理、适当、有梯级的建设速度，以保障城乡生态承载力，不可"竭泽而渔"。并且，还应在建设中不断发展城乡生态承载力。

第一，在确定建设速度时，要注意考量以下几个因素。（1）城乡定位不同。城与乡的差别显而易见，二者定位完全不同。例如，城市的建筑密度、容积率要高于农村，二者对空间感的需求是不一样的。在建设中，要根据城乡定位不同，分别制定合宜的建设速度，不能强求一致。不能片面地理解城镇化和城乡一体化，更不能以城代乡，这是完全不考虑农村和农民实际利益。（2）城乡生态差异。城乡的生态环境状况以及经济社会发展状况不同，由地理位置、资源状况、气候条件、经济社会发展状态等条件组成的生态承载力也不同，城乡出现的生态环境问题也不同，相应地，生态治理方式也不同，所以城乡生态治理必然是差异性治理。需要根据城乡的环境状况、资源容量、发展潜力、开发程度等，识别城乡各自的生态功能和治理目标，采取不同的建设速度，实施城乡差异治理。

第二，在确定建设速度时，要注意考量以下几组关系：一是生态系统保护与开发利用的关系。要注重城乡生态承载力建设，并不意味着转向极端保护主义，仍然要坚持适度的开发利用。既要充分发挥生态系统的支撑、同化、吸引、减灾等功能，经济社会发展离不开开发利用生态系统；也要明白开发利用行为可以维持、激发、强化、扩充生态系统的生产能力，也是在建设城乡生态承载力，生态系统保护与开发利用的关系处理得好，两者将相得益彰。二是生态系统保护与用途管制的关系。用途管制是非常重要的生态系统保护手段，要提出相应的国土空间用途管制差别化管理建议，① 按照不同重点区域和特定类型的差异进行生态建设。三是承载能力与空间格局的关系。城乡生态承载力与空间格局密不可分，生态承载力不仅受自然资源规模影响，也与其空间布局方式有关，良好的城乡空间配置可以增强城乡生态承载力。所以，在建设城乡生态连体结构时要考虑空间格局因素的影响，在空间规划中体现出来。四是变化与稳定的关系。生态系统本身就是不断变化的，所谓稳定也是相对的稳定、动态的稳定。建立在此之上的生态承载力当然也不是固定不变的，而是同样处于动态变化之中的。也正因为生态承载力具有可变性，所以可以通过生态文明建设，不断去提高生态系统承载力，让生态系统更具弹性，更有容量，与社会经济发展更协调。五是近程与远程的关系。综合治理的效应并不一定局限在本地，要有全域视野，要有广角思维，突出生态承载力建设中的系统性、整体性和协调性。

生态系统是时空分布的，是相互耦合的，是尺度依存的，具有时空尺度特征。因而，只有在特定的尺度序列上对其考察和研究，才能把握生态承载力的内在规律，以实现生态系统结构和功能的整体恢复。所以，对于

---

① 关凤峻等：《系统推进自然生态保护和治理能力建设——〈全国重要生态系统保护和修复重大工程总体规划（2021—2035 年）〉专家笔谈》，《自然资源学报》2021 年第 2 期。

城乡生态治理应站在城乡尺度上看待生态系统的完整性、连续性和持续性，因为不同尺度的生态系统，其功能有不同的表现，产生的生态效益也不同。必须充分认识和把握不同尺度生态承载力的特点和规律，才能实现系统的自我维持和自我恢复能力，提升生态系统的服务功能。正因为尺度性，正因为生态承载力制度，后面才有了空间规划制度、生态修复制度等一系列制度，生态承载力制度是基础制度。以生态承载力为基础，认清生态环境中"长短板"，注重生态环境和生态过程，以自然规律为准则，来指导城乡发展解决快速城镇化对资源高速耗散、城市空间无序蔓延和空间利用低效等资源承载能力趋紧问题，合理配置"三生"空间和优化国土空间布局，保护生物多样性及提升城乡生态系统服务功能，是城乡生态连体结构建设的必然选择。

"耦合"这一词汇原本是来自物理学，描述的是电路网络之间的互相作用或者说多个电路元件之间的作用，反映了能量的转移，现在多是指事物之间的联系，以及事物之间的影响。耦合度表现的则是系统内或者系统间各部分的关系程度。[①] 城乡发展难免会对生态环境造成破坏，即使生态系统拥有自我恢复和调节能力，但这种能力也是有限度的，若是城乡过度发展乃至超过了生态系统的最大承受能力，就会引发不可避免的矛盾。如果想要在城乡建设水平提高的同时，生态系统也稳定发展，就必须要追求二者之间的耦合协调发展，提高耦合度。不同资源环境要素通过物质循环与能量流动形成了形态各异、功能多样的生态系统，某个部分遭受到破坏，会对整个生态系统功能的正常运行产生影响，生态承载力是动态的，不同要素在生态系统中所处的位置、功能等属性存在差异，不同类型的生态系统在结构、功能等基本特性上也不同，因此要因时因地制宜，从整体系统角度出发来进行。地域分异规律导致的地域间自然资源本底、社会经济差异、生态足迹和资源承载能力的不同，生态保护与修复侧重点各异，需要因地制宜，采取适地、适时、适宜地予以建设，促进城乡河湖水系相通、林草复合成网、田园错落有致，使生态系统"通经络、强筋骨"，充分发挥生态系统的整体功能，不断提高城乡生态承载力。

---

① 杨士弘、廖重斌、郑宗清：《城市生态环境学》，科学出版社 1996 年版，第 114—119 页。

## 二　城乡生态福利制度

福利意味着美好生活，故而人类对福利的追求从未停止。在早期阶段，人们追求满足自身衣、食、住、行等基本生存需要的生存型福利，然后逐步追求以提升个人素质、谋求个体发展为宗旨的发展型福利，福利形态不断进化，彰显着生活品质日益提升。在生态文明思想逐步树立，环保理念日益深入的情形下，生态福利开始进入人们的视野。总体上，生态福利制度还非常稚嫩，更遑论城乡生态福利制度了。这一制度在我国尚属新鲜事物，有学者在呼吁，但尚未引起足够的讨论及关注。人类福祉的增长将取代单纯追求 GDP 的增长，成为新的增长目标。在建设城乡生态连体结构中最大的问题，也是建设最大的起因之一在于城乡生态环境不正义现象明显，而这种不正义就突出表现于生态福利的城乡供给、分配不公平不公正等方面。所以，城乡生态福利制度对城乡生态连体结构建设至关重要。否则，城乡生态公共产品和服务的公平供给及分配仍然无法彻底实现。

正是在这样的社会背景下，城乡生态福利制度逐步进入人们的视野，并成为强烈吁求的新型福利之一，在相关政策文件及规范性要求中的地位日渐凸显，把生态福利逐步提升到民生福祉的高度，并把它既视为目标又视为途径。早在 2012 年，党的十八大报告就指出，"建设生态文明，是关系人民福祉、关乎民族未来的长远大计"，这是首次把生态文明建设与人民福祉（包括生态福利）联系起来，说明已经意识到二者之间的紧密联系与建设走向。之后，这一趋势越发明显。包括《关于加快推进生态文明建设的意见》在内的一系列政策文件日益明确，如党的十八届五中全会提出的绿色发展理念、"绿水青山就是金山银山"在内的一系列新思路、新理念；开展的美丽中国建设、农村人居环境整治等一系列治理实践，都说明增进城乡生态福利、促进社会全面发展已成为新的社会共识和努力方向，生态福利制度将作为生态文明建设的重要内容予以推进。

（一）生态福利制度概述

1. 概念

福利，是指人们免费或低费获得的能够提升幸福感，并满足特定需求的客观利益。① 第一，福利是一种利益，福利不仅指利益本身，还包括实现利益的条件、措施或保障，具有客观性。第二，福利还代表了主观感受，具有一定的主观性。"福利在本质上不是一个经济学概念，而是一个心理学概念，它关乎个人的幸福。"② 现实生活中，由于个体的主观认识、价值观念、实际需求及对理想生活状态的标准存在差异，不同主体即便获得利益相当，主观感受也不可能完全相同，福利的内心体验感是强烈的。第三，福利能够满足人类需求，具有需求满足性。"当人类免于主要的生活风险时，即安全、营养、健康、居住、收入的基本需求得以满足，社会福利就出现了。"③ 人类对幸福美好生活的向往和追求是福利产生的最初动因，福利直接或间接地回应着人类的需要，满足受益对象的物质或精神需求是福利的出发点和立足点。第四，福利具有免费或低成本获取性。福利是一种无须等价交换即可免费或低成本获得的利益。从受益对象的角度来看，其获取利益无须支付对等对价，而是凭借特定的资格或身份免费或低成本取得。这是福利区别于一般利益的关键所在。总之，福利是一个具有主观与客观性、需求满足性、获取免费或低费性的利益形态，"福利与对状况良好、幸福的体验和良好状况的形成条件有着复杂的联系。说一个人活得好，是指他实际生活得好并且感觉也好（doing well and feeling well）"④。

"生态"是主客体一体化的范畴，"生态是一种关系，是去中心化的，而环境虽然也体现了关系的要素，但其重心在于周围事物的状态，是中心化的"⑤，生态是一个去中心化的关系性概念，以关系性为根本属性。虽然生态概念的外延不断拓展，但始终未离开其根本属性——关系性。生态就是一种客观存在的关系性概念，是生命有机体与周围相互关系的总和。生态福利从产生机制上说是指着眼于人与自然的彼此影响，相互作用，这种关系既包括除人类之外的各种生物之间以及生物与非生物之间的关系，也包括人与自然、人与人之间的关系。它既强调整个有机、无机世界的关

---

① 刘茜：《生态福利法律制度研究》，法律出版社 2019 年版，第 14 页。
② 高公敬：《国家福利功能的正当性研究》，博士学位论文，山东大学，2014 年，第 6 页。
③ 孔爱国、邵平：《利益的内涵：关系与度量》，《复旦学报》（社会科学版）2007 年第 4 期。
④ ［英］安东尼·吉登斯：《第三条道路——社会民主主义的复兴》，郑戈译，北京大学出版社 2000 年版，第 121 页。
⑤ 刘茜：《生态福利法律制度研究》，法律出版社 2019 年版，第 12 页。

联性，又注重其整体性。不同的社会阶段，人类的需求也迥然有异，大不相同。随着时代发展，人类的物质生活极大丰富，但与此同时，生态危机愈演愈烈，良好的生态环境求而不得、求而难得，便开始强烈意识到可持续发展才是真正的发展，生态环境才是最普惠的民生，人们开始渴望高品质的生态环境，生态福利的需求随之应运而生、适时而生。

生态何以成为一种福利？可以对照福利的概念及特点进行分析。一是生态环境能够产出利益。大大小小的生态系统无时无刻不在生产者、消费者、分解者和非生物环境之间进行着物质循环和能量流动。在此过程中，产生了丰富的动物、植物、微生物等资源。这些资源就是生态环境向人类提供的、客观存在的利益。这是生态最大的功能与价值，没有生态环境产出的这些利益，人类将无法生存下去。所以，反过来说，生态就成为人类的一种福利。二是生态环境能够满足人类需求。由生态环境产出的自然环境要素，不仅为人类提供重要的生产和生活资料，满足人类生存与发展的物质需求，而且还通过强大且形式多样的生态产品和生态服务，给人类带来愉悦、舒适、美好、休闲等情感体验，满足精神需求。随着社会的发展，生态环境的这种功能越发重要，人们对美好生态环境的渴望前所未有，这也是为何生态福利现在兴起的原因。三是生态环境属于公共产品范畴。生态环境是一种特殊的公共产品，具有非排他性和非竞争性，符合公共产品的属性要求，是全社会的共同财富和共同需求，全体社会成员都有权享用。马克思明确指出国家是提供这种公共产品与服务、满足社会公共需要的当然主体，这是它必须履行的基本社会管理职能，恰如恩格斯所言，"国家在一定程度上就是为了维护社会公共利益的需要而产生的"[1]。所以，生态成为福利是符合社会发展规律的，这也为国家提出了新的建设目标与任务。国内有些地区已经在致力于打造生态社区等，就是基于对生态是一种必不可少的福利这一认识而展开的，推而广之，我国也应加快生态福利国家的建设。欧洲有些国家，如德国、挪威、芬兰已走在建设生态福利国家的前列。

综上所述，生态福利可以界定为：政府和社会向全体社会成员免费或低费供给高品质生态环境的福利形态。[2] 生态福利制度是国家为保障社会

---

① 周明海、贾凯君：《马克思主义公共产品理论及其现实意义》，《探索》2009年第5期。

② 刘茜：《生态福利法律制度研究》，法律出版社2019年版，第18页。

成员的生态福利权，制定或认可的将高品质生态环境这一公共产品作为一种福利在社会成员间进行平等、公平的供给和分配，以实现生态环境资源共享，保障社会成员生态福利权，以调整生态福利供给、分配、救济等相关社会关系的法律规范的总称，体现了生态福利供给、分配、救济活动的规范化和法制化。① 用政府主导是生态福利法律制度的基本运行模式，这一定位正是由生态环境的公共产品属性和特征决定的。也正因为是国家义务，所以在建设城乡生态连体结构时，必须要高度重视一并建设城乡生态福利制度，在整体格局中赋予其应有的地位。

2. 内容

一是生态福利的供给。这是基础环节，有供给才有享有，有供给才有分配。只要是社会成员就可以享受生态福利，享有高品质的生态环境。早在 1994 年，《人权与基本原则草案》就明确了这一权利，其第 13 条指出："任何人皆享有基于文化、生态、教育、健康、生活、娱乐、精神或其他之目的，而公平享受因自然资源之保护及永续利用所生利益之权利。其包括生态上平等接近自然之权利。任何人皆享有保存独特遗址之权利，而与生活于该区域人民或族群之基本权利相合致。"基于社会成员有权享有生态福利，相应地就有生态福利的供给。生态福利是新型福利，其供给也是全新的尝试，如何供给？供给什么？都值得深入研究，要明确生态福利的供给模式及供给内容。

二是生态福利的分配。人们在享有生态福利时，既是生态福利的供给，更是生态福利的分配过程。这其中既有生态产品的分配，也有生态服务的分配，包括生态福利的分配原则及分配方式，这是整个制度当中的中心环节，最为体现环境正义实现与否。

三是生态福利的救济。这是保障环节，社会成员的生态福利遭受侵害后，应该给予充分有效便捷的救济途径。具体是指受侵害人有权通过一定的途径或方式获得救济，包括生态福利的行政救济及司法救济。

生态福利是人类社会发展到一定阶段，在生存保障的基础之上，为谋求生活品质的进一步提升和发展而形成的福利形态，是满足人们对美好生活和良好生态的追求而发展起来的新型福利类型。生态福利属于服务型福利，这种服务既包括供给物质型生态产品，也包括供给精神型生态服务，

---

① 刘茜：《生态福利法律制度研究》，法律出版社 2019 年版，第 18 页。

在舒适、优美的环境中生活是根植于人之本性的深层次需要。

3. 城乡生态福利存在的问题

我国城乡生态福利经过大力建设，取得了一些成绩，供给总量和供给规模都处于持续增加之中，生态福利的结构类型也逐渐丰富。但与实际需求相比，现状仍不容乐观，供需矛盾突出，发展结构仍不合理，发展机制也不完善。主要有以下两方面的突出问题：

一是城乡生态福利发展结构失衡。我国长期实行城乡二元治理模式，有限的建设资源优先分配给了城市，对于广大农村地区的环境资源配给重视不够，农村地区生态福利供给严重不足，城乡之间生态福利共享程度极不平衡，生态建设、资源配置和生态福利的供给与分配长期存在"重城市、轻农村"现象。在城镇居民能享受清洁、舒适、优美环境，能体验生态观光区的同时，农民的一部分物质性生态产品供给、环境基础设施建设等生态福利基本公共服务还没有纳入国家财政预算范围，城乡生态福利供给在财政支持这一重要起点上落差巨大。这种差异不仅背离了公共服务均等化原则，也进一步拉大了城乡生态福利水平差距，有违公平正义。为扭转这一局面，国家通过农民人居环境整治、乡村振兴等举措来加大对农村生态福利的供给和分配，但城乡生态福利发展结构之调整是个渐进的过程，远非一蹴而就之事。

二是城乡生态福利发展机制尚未完全实现双向互动。[①] 虽然随着社会治理水平的提高，城乡居民的生态福利需求日益得到重视，但遗憾的是，我国的生态福利制度尚未建立良好的双向互动交流机制，公众的需求和偏好被忽视的现象时有发生，公众参与的途径不畅和表达机会有限。实践中，关于配给何种生态产品、生态服务及配给数量是通过政府"自上而下"的决策机制实现的，行政主导力量过于突出，公众需求得不到有效释放，致使生态福利供给、分配的内容和质量往往难以切合公众需求，生态福利得不到切实保障，影响生态福利的发展效能。

社会成员都渴望享有充分、公平、合理的福利，但现实中这种需求却往往无法得到有效而充分的满足，这在城乡生态领域的表现就是前述种种城乡环境不正义现象。现在，对于城乡生态福利的建设社会力量也参与甚少，总体生态福利供给是有限的，仍处于宝贵的稀缺状态，如何加强供

---

① 刘茜：《生态福利法律制度研究》，法律出版社 2019 年版，第 123 页。

给、公平分配和保障救济就成为城乡生态福利建设中的重要内容。在建设城乡生态连体结构时要尤为注意这一点，应该城乡一体考虑来建设生态福利制度，下文将展开论述。

（二）加强供给城乡生态福利

这是建设城乡生态福利制度的基础。环境利益表达、确认、保护、救济、增进是"多样性共生、制衡性共进、循环性再生"的环境法功能进化路径。① 通过环境利益的法律构造，构建制度保障环境利益增进与环境社会秩序，而环境利益的增进和良好的生态秩序为城乡居民所带来的就是生态福利，就是加强供给的城乡生态福利的具体内容。

第一，建立城乡生态福利资金保障制度。发展生态福利需要充裕的资金保障，我国城乡生态福利发展结构的不合理突出表现在福利建设投资总量不足和投资结构不均衡两个方面，对生态福利建设的财政投入有限。要促进生态福利的良性、健康发展，必须建立相应的生态福利资金保障制度，将城乡生态福利建设资金纳入财政预算，加大对福利建设资金的投入和支持。国家应统筹城乡，仔细考量生态福利在社会整体发展结构中的重要地位和作用，结合我国城乡差异、人口分布、区域差异、资源状况等，计算出合理的生态福利资金预算比例。建立资金专款专用机制和优化筹融资机制，建立生态财政转移支付制度和生态福利专项基金制度，适当引入社会资本和市场化机制，参与生态福利的供给建设。

第二，增加良好生态的可供性与可及性。通过免费或低费开放良好生态区域，设置亲民性服务措施，方便民众享受生态福利。"良好生态区域属于全人类的共同财富，是一种公共资源，为了让更多的人享受到这种资源，目前，国际上存在着降低良好生态区域门票，甚至免费开放的趋势。"② 我国应该适度、适时降低或取消良好生态区域的门票，增加生态体验性活动项目，便于民众亲近、感受、享受自然。所以，增强良好生态的可供性与可及性是非常重要的建设手段，能够大幅增加生态福利的供给，这同时也是建设的方向与标准，即建设有成效才是真正的供给。

第三，加强对良好生态区域的建设管理。增加资金投入，建设以国家公园为代表的良好生态区域，保障生态区域工作人员开支、绿化养护、基

---

① 钭晓东：《论环境法功能之进化》，科学出版社 2008 年版，第 72—76 页。
② 刘茜：《生态福利法律制度研究》，法律出版社 2019 年版，第 167 页。

础设施建设与维护等问题，打造生态福利之网，促进可持续发展。积极修复环境污染、生态退化、生态破坏等生态失衡的区域，特别要注重功能的修复，在修复完成之后使受损生态重新恢复。通过建设国家公园、自然保护区和划定生态红线等各种方式扩充良好生态区域，不断丰富建设内涵，使自然生态充满生机活力，通过有意识地建构加大供给力度，为生态福利的增进与实现提供保障，这也是生态福利供给的基本内容。

第四，提升城乡生物多样性，增加生态福利的"家底"。通过提升生态多样性水平可以提高生态承载容量，城乡生态空间实现有机整合，保护生态系统原真性、完整性和生态服务功能，统筹生态系统的整体保护、系统修复与经济发展、资源利用的关系。统筹考虑人的要素，将人纳入生态共同体，合理配置生产生活生态空间，尊重和顺应自然规律，生态系统的不同自然要素之间通过物质循环和能量流动形成直接或者间接的相互作用关系，将人类福祉的提升和改善作为根本出发点和落脚点，以优化生态系统服务供给为抓手，实现生态系统结构、过程和功能修复与人类福祉的有机统一，以实现联合国 2030 可持续发展目标（SDGS）为重要牵引，为人类社会创造更多惠益。当然，由于不同的生态系统服务之间存在此消彼长的权衡关系和相互增益的协同关系，应根据生态系统管理的不同目标，权衡与协调不同生态系统服务供给的内在格局及其与消费的关系，整合提高生态福利。

（三）公平分配城乡生态福利

在城乡生态福利的分配中，要注意以下两点：

第一，平等分配城乡生态福利。这里的平等是指城乡分配机会的平等。所谓机会的平等指赋予人们争取或获得有限资源、抓住有利条件的相同可能性。机会平等包括机会起点的平等、机会实现过程的平等以及承认并尊重合理差别。首先，分配城乡生态福利起点的平等。即地位的平等，凡是具有同样潜能和基本贡献的社会成员均应拥有获取生态福利的同等起点，既没有特权，也不能被忽视。"社会经济生活的个体在客观能力上可能是不平等的和不相同的，但是法律所赋予其行使客观能力的资格与前提必须是平等的。不能因人而异，因时而异。"[①] 其次，分配城乡生态福利过程的平等。分配的要求和规则是平等的，无论城乡居民，排除获取生态

---

① 单飞跃：《经济法的理念与范畴的解析》，中国检察出版社 2002 年版，第 9 页。

福利的干扰因素和人为障碍。最后，承认并尊重合理差别。人人平等不是指绝对的平等，人生来不同，存在各种先天性、类比性差异，对此必须承认并采取措施予以区别对待，即给予弱势群体以更多支持与特殊关照，方能帮助这一群体有可能获得与他人同样的权益。只有这样才是平等分配的体现，否则仅仅是形式平等，承认并尊重合理差别是实现真正平等的内在要求，也是对平等含义的深化与延伸，在有着巨大差异的城乡生态治理领域更是意义重大。

第二，公平分配城乡生态福利。这里面包含了形式公平与实质公平。形式公平是指"法律制度的公正和一贯的执行，它要求在落实法律制度时应平等地适用于属于它们所规定的各种各样的人"①。城乡生态福利的分配首先应坚持推行和适用法律规范上的严格公正。除此之外，还要重视实质公平，对城乡生态福利的分配也要追求公正，政府分配城乡生态福利时需要综合考虑城乡整体利益，在个体生态福利保障基础之上实现城乡整体生态福利最大化。城乡生态福利应公平分配，兼顾形式公平与实质公平，在城乡居民普惠式享有生态福利的基础上，最大限度地增加城乡整体生态福利和社会公共利益，不能牺牲个体利益，不能牺牲弱势群体利益。在很大程度上，现代化进程中财富分配的不公正是环境衰退的一个重要社会原因，也是实现生态现代化的突出障碍。不能做到发展成果由全体社会成员共享，就不可能保障发展的可持续性，更谈不上实现生态取向的现代化。

（四）保障城乡生态福利救济

这是城乡生态福利制度中的保障环节。在供给与分配生态福利的过程中，会有各种矛盾和冲突，有人与人之间的矛盾，也有人与自然之间的冲突，在生态福利受到侵害之后，有权进行救济，包括行政救济和司法救济。只有切实的保障措施，城乡生态福利制度才能行之有效。我国已经建立起了环境公益诉讼制度，可以在受案范围方面深化改革，把对城乡生态福利的保护与救济也纳入其中。

总之，对美好环境的追求和供给、分配导致的不正义是城乡生态福利制度产生的根本动因。一些人享用较多的生态福利而另一些人享用较少的生态福利，当这种不平衡的分配关系固化为一种社会结构时，会产生不平

---

① 刘茜：《论我国生态福利供给制度的完善》，《广西社会科学》2018年第5期。

等的社会关系，最终影响人们的生活质量和社会整体福利水平。"法律制度作为人类社会的特有现象，之所以被人为创造出来，是因为它能够满足人们的需要，使人的行为在既定的制度约束下进行并受它左右。因此，法律制度通过建立或多或少的固定化行为模式，或者设计人类行为的界限，或者订立人类行为准则，或者约束人类行为。"① 建构城乡生态福利制度，可以借助法律的约束和强制功能规范生态福利的供给、分配和救济，通过制度规范衡平人与人之间的关系，保障城乡居民的生态福利权，实现城乡生态福利平等供给、公平分享的衡平状态。这种衡平不仅是一种规范约束下的衡平，更是一种能动创新的衡平。因为，生态福利法律制度不是简单地维护生态环境的原始静态平衡，还通过制度创新理性地改造和保护生态环境，建立起一种动态的平衡机制。在这样的情形下，公众会"更理智地对待自然，在协调共生的范围内利用和重构自然，进行适宜合理的物质能量交换，在自身发展的同时，努力提高生态系统各要素的协调度和有序度，增进和保持生态系统的再生和永续能力，维护自己和自然的和谐发展"②，从中享受良好的生态服务，获得实实在在的生态福利。

## 三　城乡生态产品制度

从"既要金山银山，也要青山绿水"，到"宁要青山绿水，不要金山银山"，再到"青山绿水就是金山银山"，这一步步的演进过程，就是一步步地认识到"青山绿水"价值的过程，就是生态资本一步步被认可为"金山银山"的过程，就是生态资本化的过程、生态产品价值化的过程。生态资本是自然资本，资本分为自然资本和社会资本，以前总认为只有社会资本是"有价"的，而自然资本是"无价"的。现在看来，这种认识不仅是肤浅的，更是有害的，加剧了人们任意使用自然生态资源的状态，造成了滥用、浪费和破坏，加剧了资源紧张态势，社会付出了沉重代价。随着认识的深入、理念的升华，特别是大自然的发展现状，人们逐渐意识到了大自然是无比宝贵的资产，是有价的，甚至是无价的，并且生态还可以进行价值化的转换，成为一种资本，即生态还具有资本属性，会以生态产品的形式体现出来。现在严峻的城乡生态治理局势实际上反映的是生态

---

① 聂德宗：《对法律制度功能与效率的经济学阐释》，《学习与探索》1996年第4期。
② 秦鹏：《生态消费法研究》，法律出版社2007年版，第138页。

资源在整体上自然供给的短缺，要从根本上解决问题，必须通过人力作用的介入弥补自然更新的不足，扩大生态资源的供给。因此，就必须确认生态的社会资本属性，拓展生态市场，在一定程度上和范围内实现生态资源的社会化生产与供给。① 也就是说，确认生态的资本属性，正确认识城乡生态产品内涵，科学核算城乡生态产品价值，建立城乡生态资本市场，落实城乡生态资本补偿，合理转化城乡生态产品价值。

（一）生态产品概述

生态资本的保值与增值对人类而言不仅是带来经济利益，也保持与提高了生态利益，使得生态资本论成为这两种利益统一的彰显与基石。对于效率价值而言，生态资本论的提出丰富了其内涵，人作为个体运用生态资本于经济活动中，对生态资本的统筹安排、合理利用、精心养护，在努力达到自身个体经济效率的目标的过程中，也实现了社会效率与生态效率的最大化。生态资本的运转不仅满足了投资人的经济收益之目的，而且生态环境的良好态势还回报给人们丰厚累累的自然孳息。②

《自然资本议定书》将自然资本定义为"组合起来能够产生带给人们利益或服务流量的地球上可再生和不可再生的自然资源存量（例如植物、动物、空气、水、土壤和矿物）"③。生态资本是自然资本，所以，这一定义也适用于生态资本。生态资本就是生态产品的资本，因为生态产品是生态资本的载体和表现形式。所以，在探讨生态资本制度时，最为核心的是明晰生态产品的定义，最为重要的是正确认识生态产品价值、科学核算生态产品价值、合理转化生态产品价值。

（二）正确认识城乡生态产品内涵

1. 含义

因为是新鲜事物，对于生态产品的定义还没有统一认识，对其内涵界定也尚未达成共识。本书赞同石敏俊在《生态产品价值实现的理论内涵和经济学机制》一文中提出的生态产品概念："所谓生态产品，是指在不损害生态系统稳定性和完整性的前提下，生态系统为人类生产生活所提供的物质和服务，主要包括物质产品供给、生态调节服务、生态文化服务

---

① 张璐主编：《环境与资源保护法学》（第三版），北京大学出版社 2018 年版，第 54 页。
② 陈泉生等：《环境法哲学》，中国法制出版社 2012 年版，第 53—55 页。
③ 王影、殷格非：《自然资本助力企业可持续发展》，《可持续发展经济导刊》2020 年 10 期。

等。也有人把提供生态系统服务的载体理解为生态产品，譬如提供生态调节服务的森林、绿地。广义的生态产品可以理解为某区域生态系统所提供的产品和服务的总称。生态产品价值可以定义为区域生态系统为人类生产生活所提供的最终产品与服务价值的总和。"①

在实践中，还有一些概念与生态产品高度相关，主要有生态系统服务、生态服务价值、生态系统生产总值等。生态系统服务是指人类能够从生态系统获得的所有惠益，包括产品供给服务（如提供衣食）、生态调节服务（如涵养水土）、生态文化服务（如休闲旅游）以及生命支持服务（如维持地球生命生存环境的养分循环）。生态服务价值是指人类直接或间接地从生态系统得到的利益，主要包括生态系统向经济社会系统输入有用物质和能量、接受和转化来自经济社会系统的废弃物，以及直接向人类社会成员提供服务（如人们普遍享用洁净空气、水等舒适性资源）。生态系统生产总值是指生态系统为人类提供的产品和服务的经济价值总量，即一定区域生态系统为人类和经济社会可持续发展提供的最终产品与服务价值的总和，包括物质产品价值、调节服务价值和文化服务价值。②

在理解生态产品的定义时，有几点需要注意：第一，注意生态产品的外部性。生态产品是公共资源，容易过度利用，导致资源损耗、环境污染、生态退化等负外部性。生态产品的外部经济是动态变化的，如果处置不当，有可能造成负面影响。故而必须引入公共治理，使外部成本内部化，主要有：加大资金、设施和技术投入，加强对生态资源转化为生态产品的设计，加快对于如何利用自然资源与生态要素的统筹协调和规制管理等。第二，注意生态产品的整体性。生态产品或生态系统服务是一种综合产出，提供的也是综合价值，有着不可分割性，不能无限细分，而且往往有一定的规模门槛。因此，对于生态产品价值实现而言，整体规划和统筹协调就变得十分重要。这就是为什么许多生态基础设施建设不能依靠个体或企业自发进行，而是需要地方政府的统筹规划，甚至建设资金投入也需要依赖地方政府的根本原因。第三，注意生态产品价值取决于质量非数

---

① 石敏俊：《生态产品价值实现的理论内涵和经济学机制》，《光明日报》2020 年 8 月 25 日第 11 版。

② 石敏俊：《生态产品价值实现的理论内涵和经济学机制》，《光明日报》2020 年 8 月 25 日第 11 版。

量，因此生态产品质量的管理和维护非常重要，避免大量低效低质生态产品的产出。第四，注意与社会资本的结合对于生态产品的价值实现至关重要。应该重视社会资本对生态产品的投入，不要轻易认为生态产品取之不尽、用之不竭，不要过度强调原生态的自然资本，不要认为自然资本不需要维护、改善和美化，不要狭隘地理解社会资本对于生态产品的作用，社会资本是很好的助力剂和催化剂，当然要严格控制社会资本的运用方式、效果及导向，但绝不能放任所谓的狭隘的"原生态"，二者之间要平衡发展，把握尺度，结合起来把生态优势很好地转化为经济优势，不竭泽而渔、不缘木求鱼，既发展又保护。

2. 内容

关于生态产品的内容，有不同的理解，但都认为其内容丰富，表现形式多样，一般认为主要包括三个部分：良好的本底、有形的产品和无形的服务。生态产品既有有形的，也有无形的；既有物质的，也有服务的；既有基础的，也有附加的。以前，局限于认识，对于生态产品仅仅理解为由森林、草原、土壤、水体这类自然生态系统提供、产出的有形物质产品，对于无形的服务不知晓、不理解、不重视，只关注生态的经济价值，对于其具有的生态价值、社会价值予以忽视，甚至认为是无偿的、无价的。对生态产品的作用和价值没有充分认识，不知道生态产品可以进行价值转化。所以，有必要充分认识生态产品的丰富内容，如森林还可以提供涵养水土、调蓄洪水、调节气候等生态调节服务的产品，包括生物多样性的存在对于生态资本的健康和稳定来说至关重要，它亦是生态产品中的一种，既是存量的重要组成部分，也是流量中"生态系统服务"的基础。正因为生态产品如此丰富多样，才可以通过科学测算方法，确定生态产品价值，并予以合理转化，增加生态福利供给，造福于人类。也才能调动生态建设的积极性，最终践行"保护生态环境就是保护生产力，改善生态环境就是发展生产力"①。

3. 意义

党的十九大报告提出，现在的社会主要矛盾已经转化为人民日益增长的美好生活需要和不平衡不充分的发展之间的矛盾，要大力提升发展质量

---

① 习近平：《论坚持人与自然和谐共生》，中共中央党史和文献研究院编辑，中央文献出版社 2022 年版，第 62 页。

和效益,所以必须提供更多优质生态产品,满足对美好生态环境的渴望,这正是建设城乡生态资本制度最大的意义,也是正确认识城乡生态产品内涵的意义。

"绿水青山就是金山银山。"基于自然有价原则,只有承认自然生态系统的价值性,承认自然价值的创造者或者维护者的贡献,才会使得"绿水青山"真正变成"金山银山"。要确保实现自然的价值,只有不断完善自然资源有偿使用制度和生态补偿制度,自然生态价值化,才能从根本上推动对自然生态系统保护的积极性、自觉性并实现自然生态系统的永久保护,如此,生态文明才能真正实现。建立生态产品价值实现机制,就是把看不见、摸不着的生态效益转化为经济效益、社会效益,实现绿水青山向金山银山的价值转换。

生态资本蕴含的生态价值是惊人的,仅以森林生态系统服务功能的货币价值量就可以说明这一点。"早在 2009 年,我国首次公布森林生态系统服务功能的货币价值量,仅固碳释氧、涵养水源、保育土壤、净化大气环境、积累营养物质及生物多样性保护 6 项生态服务功能年价值量就达10.01 万亿元。2014 年,我国公布第二次全国森林生态系统服务功能年价值量为 12.68 万亿元。根据第九次全国森林资源清查结果估算,当前我国森林生态系统服务功能年价值量为 15.88 万亿元。近 40 年间,我国森林生态功能显著增强,其中,固碳量、释氧量和吸收污染气体量实现了倍增,其他各项功能增幅也均在 70% 以上。"[1]

(三) 科学核算城乡生态产品价值

1. 生态产品价值核算

在"绿水青山"变成"金山银山"的过程中存在如何核算、怎么转化的现实难题。在实践中,对于生态产品的价值核算还没有形成统一、标准的评估框架,也尚未建立生态产品价值实现机制。生态价值核算是指"针对某区域或生态系统总的自然资源存量和服务流量的计算过程"[2],这可以看作生态产品的价值核算。要注意的是,因为生态产品是指在不损害

---

① 吴兆喆:《生态系统服务价值的实现路径:生态价值核算》,《中国绿色时报》2020 年 11 月 10 日第 2 版。

② 王影、殷格非:《自然资本助力企业可持续发展》,《可持续发展经济导刊》2020 年 10 期。因为在该文中用的是自然资本这一定义,指的也是环境经济综合核算体系对自然资本核算的定义,但在本书中用的是生态资本这一定义,所以这里也适用于生态价值核算的定义。

生态系统稳定性和完整性的前提下，为人类提供的生态系统物质和服务产品，所以在核算时要关注生态系统的良好性，要核算存量和流量，要核算有形的和无形的，要核算当下的和将来的。

科学地核算城乡生态产品价值，就能够精确评估出生态产品所蕴含的转化价值，可以在后续的环节中发挥基础作用，推动生态产品价值实现。还是以森林生态系统服务功能核算为例，"以货币化形式评价森林生态效益、衡量林业生态建设成效，不仅可以提高人们对森林生态效益重要性的认识，提升人们的生态文明意识，更有助于探索森林生态效益精准量化补偿的实现路径、自然资源资产负债表编制的实现路径、绿色碳库功能生态权益交易价值化实现路径等。生态产品价值实现的实质就是将生态产品的使用价值转化为交换价值的过程"[①]。

2. 编制生态产品目录清单

伴随着人类经济活动对自然资源利用强度不断加大，保护自然资源、保证其永续利用的必要性越来越突出。可以说，没有自然资源的永续利用，不可能有经济社会的可持续发展。为了实现这个目标，必须将自然资源管理纳入经济社会发展统一规划之中，而实现有效管理的基本前提就是要仔细算清楚自然资源这笔账。科学开展生态产品价值核算应该建立包含生态物质产品、调节服务产品和文化服务产品在内的科学的完整的指标体系，以充分体现生态效益，体现生态系统对人类福祉的贡献。一方面，可以采用生态系统生产总值（GEP）核算指标体系，尤其应该结合区域生态系统的特征，编制体现区域特点的完整的生态产品清单，通过 GEP 核算生态系统的最终产品，明确区域内生态产品价值。另一方面，摸清区域内生态产品目录清单，可以使决策者清楚地了解当地生态资源和生态系统的生产状况甚至是空间分布情况，还可以为"绿水青山"及其所蕴含的生态产品贴上价值标签，成为担保抵押、市场交易的基础。[②]

3. 编制自然资产负债表

编制自然资产负债表可以为生态补偿和生态产品市场交易提供科学依

① 吴兆喆：《生态系统服务价值的实现路径：生态价值核算》，《中国绿色时报》2020 年 11 月 10 日第 2 版。

② 宋昌素：《以生态系统价值核算助力生态产品价值实现》，《学习时报》2020 年 11 月 25 日第 A07 版。

据，同时政府在制定生态保护和资源利用方面的政策时也有据可循，还可以据此进行生态责任的问责与追责，因为可以通过领导干部自然资源资产离任审计来确定自然资源资产是增值、减值还是保值状态，以此明确生态文明建设任务与责任。对此，一些地方已经开始相关实践，如内蒙古自治区已经探索出了编制路径方案，并进行了实践运用，其有益经验对于国家层面健全领导干部自然资源资产离任审计制度大有裨益，使科学评价生态政绩、测算绿色 GDP 和严格问责常态化，[①] 对于推行自然资源资产负债表编制具有现实意义。

（四）合理转化城乡生态产品价值

生态产品价值转化是生态产品价值的真正实现，也是绿水青山能否转化为金山银山的核心环节。浙江丽水开展我国首个生态产品价值实现机制试点以来，实现了地区生产总值（GDP）与生态系统生产总值（GEP）较快协同增长，农林产业增加值、生态服务业增加值和城乡居民人均可支配收入等多项指标增幅连续多年在浙江省名列前茅，证实了生态产品价值转化的巨大绿色潜能。[②] 与传统手段的"外部约束"相比，转化生态产品注重"内在约束"，具有促进环保技术创新、降低生态治理成本与行政监控成本等优点。生态产品的价值转化可以本地转化，比如涵养水土，也可以异地转化，如流域中上下游之间的生态补偿。

生态产品的价值转化是个系统工程，不仅仅是有生态资本就行了，更不是自动转化的过程，要加强设计转化的实现过程。这个实现过程要生态资本与社会资本有机结合在一起共同完成，一方面生态产品是前提，另一方面，要管理和维护生态产品的质量，要"通过社会资本投入提升生态产品价值，主要体现在生态产品经营的整体规划和品牌营销、生态资源利用的统筹协调和规制管理、生态产品经营管理能力提升等方面。生态产品价值取决于生态产品的质量而非数量。自然资本与社会资本的有机结合，

① 吴兆喆：《生态系统服务价值的实现路径：生态价值核算》，《中国绿色时报》2020 年 11 月 10 日第 2 版。内蒙古为客观反映森林资源资产的变化，编制负债表时创新性地设立了 3 个账户，即一般资产账户、森林资源资产账户和森林生态服务功能账户，还创新了财务管理系统管理森林资源，使资产、负债和所有者权益的关系一目了然，对于推行自然资源资产负债表编制具有现实意义。

② 彭绪庶：《激活生态产品价值转化的新动能》，《光明日报》2020 年 8 月 22 日第 5 版。

可以使自然资本的生态服务价值产生乘数效应"①。在生态产品的价值实现过程中，关键是要延长、拓展和重构生态产品产业链、价值链，这里面就离不开生态资本与社会资本的有机结合、相辅相成。

具体而言，生态产品的机制转化有两条路径：

一是运用市场机制配置绿色资源，构建"绿色权益交易中心"。以区域公共品牌认证为代表的生态物质产品价值实现和以生态旅游开发为代表的生态文化产品价值实现，仍然是目前市场化生态产品价值实现的主要路径，调节服务产品的交易尚缺乏一个综合性的能够量化的指标、标准和统一的交易市场。可以采用 GEP 的核算结果，将生态产品尤其是调节服务产品打包，为政府采购、企业购买生态产品等"生态+市场"的生态产业化路径提供数据支撑。还可以根据 GEP 核算结果，开发生态贷款、"两山"基金、绿色证券等绿色金融产品，搭建交易市场，打通"生态+金融"的生态产品价值实现路径，吸引更多资金、科技力量参与生态保护和绿色发展。② 现在资源趋紧，环境管理要实现从控制总量到改善质量的目标转型，推进绿色权益交易是良方之一。在这其中，政府主导是保障，初始权分配是基础，培育市场是方向。绿色权益交易应在市场化的环境中进行，培育市场迫在眉睫。现在有矿产交易所等绿色权益交易平台，但多是独立运行，没有整合起来，没有形成整体效益。建立绿色权益交易中心是要将各种平台进行整合，将碳排放权、排污权、水权、城市矿山资源权等交易整合在一起。③ 绿色权益

---

① 石敏俊：《生态产品价值实现的理论内涵和经济学机制》，《光明日报》2020 年 8 月 25 日第 11 版。该文指出，以生态旅游为例，如果仅有观光，那就只有门票收入加餐饮服务收入，自然资本带来的经济效益有限。通过社会资本投入，发展多种业态，把游客留下来，旅游业总收入就能够成倍增加。杭州西湖景区向游客免费开放后，巨大客流量带来的经济效益远超过门票收入，乘数效应使得杭州的旅游业总收入增加了数倍。按照"旅游生活化、生活旅游化、生活旅游产业化"的理念，推动"旅游+"多业态融合发展，在生态旅游的基础上促进产业链延伸，收到了良好的效果。

② 宋昌素：《以生态系统价值核算助力生态产品价值实现》，《学习时报》2020 年 11 月 25 日第 A07 版。

③ 吴兆喆在《生态系统服务价值的实现路径：生态价值核算》（《中国绿色时报》2020 年 11 月 10 日第 2 版）一文中举例说明了：绿色碳库功能生态权益交易是指生产消费关系较为明确的生态系统服务权益、污染排放权益和资源开发权益的产权人和受益人之间，直接通过一定机制实现生态产品价值的模式。以广西壮族自治区森林生态系统服务的"绿色碳汇"功能为例，广西森林生态系统固定二氧化碳量为每年 1.79 亿吨，同期全区工业二氧化碳排放量为 1.55 亿吨。所以，广西工业排放的二氧化碳完全可以被森林所吸收，其生态系统服务转化率达 100%，实现了二氧化碳零排放。同时，广西还可以采用生态权益交易中的污染排放权益模式，将"绿色碳库"功能以碳封存的方式交易，用于企业的碳排放权购买。

交易中心应遵循"政府主导、企业主体、市场运作"的建设原则，将企业作为主体，确保交易市场的活力和绩效，采用市场化运作模式，有效发挥市场在资源配置、自由交易中的重要作用。以排污权有偿使用和交易制度为例，根据区域的环境质量标准、污染排放状况、经济技术水平等因素综合考虑来确定一个排污总量，然后合理进行排污权的初始分配，做好对参与排污权交易企业的监测和执法，规范交易秩序。

在生态产品市场建设之初，要形成引导机制，政府通过多种方式创造可交易的生态产品市场，积极引导要素资源转向生态产品生产和价值实现。同时，以生态产品价值实现激活绿色发展新动能，不仅要实现生态产品价值转化，还要实现价值倍增，形成具有规模的生态环保产业。就现有生态环保产业而言，产业分布上的不均衡与产业结构上的不合理现象十分严重，生产环保产品的企业多，而在其他方面如环保产业服务体系方面的技术开发、咨询服务等就相对薄弱，应该予以丰富化。要致力于延长产业链、价值链和形成产业集群，善于利用新科技为生态产品价值实现赋能，拓展生态产品市场边界，促进生态产品价值转化。[①]

二是落实城乡生态补偿。落实城乡生态补偿也是生态产品价值实现的重要方式。提供生态产品的过程就是在提供生态服务，比如水土保持、涵养水源、调节气候、蓄洪排涝等。生态产品是有价的，通过科学测算和合理转换，将生态系统生产总值（GEP）的增量作为补偿的依据和标准，生态优势转化为经济价值就是生态补偿中的一种，也同时消除了环境剪刀差。城乡生态补偿也是对生态资本的补偿，包括补偿手段和补偿内容要因地制宜，特别是注意城乡生态资本补偿标准，应该不低于未补偿的受益标准，应该与受益地区经济发展联动。应以促进资源可持续利用、保障城乡可持续发展为目标，保护所有地区和所有人享有平等的发展权，以环境利益相关者的利益分配为调整内容，综合考虑提供的生态服务价值、付出的生态保护成本、丧失的发展机会成本，运用行政和市场手段，建立健全覆盖所有利益相关者（包括受益者、开发者、破坏者、污染者与保护者、恢复者、受损者等）的激励约束机制，全方位多层次构建生态补偿政策体系框架。生态补偿机制应逐渐由"输血型"补偿转变为"造血型"补偿，除了作为基础的资金补偿之外，更加注重在技术、政策、产业方面进

---

① 彭绪庶：《激活生态产品价值转化的新动能》，《光明日报》2020年8月22日第5版。

行补偿, 既使补偿多元化, 也使补偿持久化。建立覆盖重点流域、重要生态功能区、自然保护区、资源枯竭地等生态环境补偿政策体系, 选择典型地区开展试点, 并实行补偿绩效考核。①

当生态优势转化为经济优势时, 绿水青山就成了金山银山, 也就是生态产品的价值实现过程。"要积极探索推广绿水青山转化为金山银山的路径, 选择具备条件的地区开展生态产品价值实现机制试点, 探索政府主导、企业和社会各界参与、市场化运作、可持续的生态产品价值实现路径。"② 城乡生态连体结构建设也正是这一实践, 正努力探索生态产品核算方法、生态产品价值转化路径和实现过程, 积极将生态优势转化为经济优势, 把绿水青山转化为金山银山, 并在转化之后成为社会资本, 再来反哺绿水青山的建设, 持续供给更多良好生态产品, 拓宽生态福利的供给内容和供给途径, 既保护了生态环境, 又发展了当地经济, 形成良性循环, 有助于城乡之间的协调发展。

## 四　城乡空间规划制度

### (一) 空间规划概述

自从党的十八届三中全会上提出"山水林田湖生命共同体"理念后, 如何实现自然资源的合理配置、资源利用强度的科学设定、生态服务功能的最大化和自然资源的永续使用及人地和谐等问题日益成为研究热点, 这些都离不开国土空间的科学合理规划。空间格局的优化成为国家生态文明建设的关键任务, 如何均衡人口、资源、环境和统一经济、社会、生态效益及实现"三生"空间的科学布局已成为迫切需要解决的关键问题。

### 1. 概念

长期以来, 我国 "各级各类空间规划在支撑城镇化快速发展、促进

---

① 吴兆喆:《生态系统服务价值的实现路径: 生态价值核算》,《中国绿色时报》2020 年 11 月 10 日第 2 版。该文指出, 森林生态效益科学量化补偿是基于人类发展指数的多功能定量化补偿, 结合了森林生态系统服务和人类福祉的其他相关关系, 并符合不同行政单元财政支付能力的一种给予森林生态系统服务提供者的奖励。以内蒙古大兴安岭林区森林生态系统服务功能评估为例, 以此评估数据可以计算得出森林生态效益定量化补偿系数、财政相对能力补偿指数、补偿总量及补偿额度。结果表明: 森林生态效益多功能生态效益补偿额度为每年每公顷 232.8 元, 为政策性补偿额度的 3 倍, 其中, 主要优势树种 (组) 生态效益补偿额度最高的为枫桦, 每公顷达 303.53 元。

② 石敏俊:《生态产品价值实现的理论内涵和经济学机制》,《光明日报》2020 年 8 月 25 日第 11 版。

国土空间合理利用和有效保护方面发挥了积极作用，但也存在规划类型过多、内容重叠冲突，审批流程复杂、周期过长，地方规划朝令夕改等问题"①。这一现象导致了既有的规划体系与国家治理体系改革目标的内在冲突，严重阻碍生态治理效能的进一步提升，因此在中央的战略部署和城乡转型发展的内在需求之下，国家开始改革空间规划制度，大力推进"多规合一"。

2013 年 11 月，《中共中央关于全面深化改革若干重大问题的决定》提出"建立空间规划体系，划定生产、生活、生态空间开发控制边界，落实用途管制"。2013 年 12 月，中央城镇化工作会议要求"探索建立统一的空间规划体系，推进规划体制改革，加快规划立法工作。城市规划要由扩张型规划逐步转向限定城市边界、优化空间结构的规划"。2014 年 3 月，《国家新型城镇化规划（2014—2020 年）》指出"适应新型城镇化发展要求，提高城市规划科学性，加强空间开发管制，健全规划管理体制机制"，"推动有条件地区的经济社会发展规划、城市规划、土地利用规划等'多规合一'"。2014 年 5 月，《关于 2014 年社会经济体制改革重点任务的意见》提出开展空间规划改革试点作为和国家新型城镇化综合试点同等重要的改革任务。2015 年《中共中央、国务院关于加快推进生态文明建设的意见》提出"编制实施全国国土规划纲要，加快推进国土综合整治"。2019 年 5 月《中共中央、国务院关于建立国土空间规划体系并监督实施的若干意见》明确"国土空间规划是国家空间发展的指南、可持续发展的空间蓝图，是各类开发保护建设活动的基本依据。建立国土空间规划体系并监督实施，将主体功能区规划、土地利用规划、城乡规划等空间规划融合为统一的国土空间规划，实现'多规合一'"。通过梳理发现，在经历了不同的发展阶段之后，随着治理体系和治理能力的提升，我国的空间规划现在已经到了"多规合一"阶段，根本目的是实现空间发展和空间治理转型，就是在一张底图上体现所有规划，这样才能将协调性与一致性真正落实。这种变化可以从图 4-5 中直观地看到，这张图非常具象地说明了我国的空间规划从"多头多规"、各自为政的混乱现象，走向"多规合一"的协调有序。

空间规划具有尺度性、全域性、综合性、整体性、系统性和战略性等

---

① 中共中央、国务院《关于建立国土空间规划体系并监督实施的若干意见》。

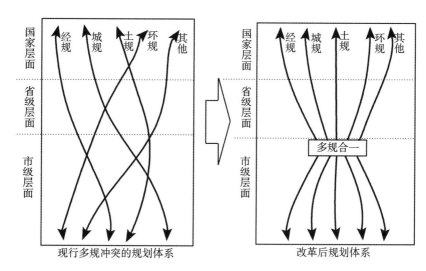

国家层面　省级层面　市级层面

经规　城规　土规　环规　其他

现行多规冲突的规划体系

国家层面　省级层面　市级层面

经规　城规　土规　环规　其他

多规合一

改革后规划体系

**图 4-5　空间规划的演变**①

特征。空间尺度通常指一个区域的时空范围，是指一个特定的时空范围。生态系统格局与过程的发生、时空分布、相互耦合等特性都是尺度依存的，具有时空尺度特征。因而，只有在特定的尺度序列上对其考察和研究，才能把握空间规划的内在规律，以实现生态系统结构和功能的整体协调。空间规划建立在完整的生态系统之上，应站在城乡尺度上看待生态系统的完整性、连续性和持续性。不同尺度的生态系统，其功能有不同的表现，产生的生态效益也不同。必须充分认识和把握不同尺度空间规划的特点和规律，才能实现系统的自我维持和自我恢复能力，提升生态系统的服务功能。

空间规划的功能主要是防止国土空间的功能失调或退化，从规划角度对国土空间进行结构优化，并指导改造建设工作，以提高国土空间的效率、品质和整体功能。其主要目标和内容是调整人地关系、改善国土空间品质、提升国土空间效能和治理国土空间环境，建设山水林田湖草沙生命共同体，促进城乡可持续发展。② 其本质是着眼于治"未病"（相对于

---

① 何子张、蔡莉丽：《以"多规合一"推动规划体系和规划体制改革 —— 厦门的实践与思考》，中国城市规划年会论文，贵阳，2015 年 9 月。

② 何子张、蔡莉丽：《以"多规合一"推动规划体系和规划体制改革——厦门的实践与思考》，中国城市规划年会论文，贵阳，2015 年 9 月。

"已病"而言），着力于解决国土空间开发利用保护中存在的短板、限制和潜在退化危机。它是一项国家战略，目的是通过空间规划推进生态文明建设，促进人与自然和谐共生，提升资源环境承载能力，保障经济社会持续发展。而生态修复主要是治理已经失调或退化的国土空间功能，着眼于治"已病"，与空间规划一前一后共同维护生态系统健康。

2. 本质

作为一个空间变迁过程，空间规划对治理模式的动态适应性要求更高，对政府治理提出了挑战。空间规划的"本质是要进行空间修复，即通过制度、地理、技术上空间障碍的消除，修复城乡之间、市民与农民之间在公共服务品质、公民权利行使上的不平衡、不对等性，实现空间治理的正义"①。

空间规划应当是自然空间与社会空间密切结合的系统工程。在制度的建设中不应将二者割裂开来，偏废任何一个方面都实现不了真正意义上的空间规划。空间规划不仅仅是一种法律责任，更是一种政治责任、道德责任。空间规划是定义一个区域的功能，规划国土空间利用的结构和布局，决定了生态治理的功能和选择方式，区域发展是其重要的逻辑向度。长期以来，在工业化和城镇化的导向下，政府投资主要集中在城市，空间生产已经严重失衡。在空间剥夺、空间壁垒和空间失灵三大机制的作用下，农村基础设施等集体消费品供应严重不足，乡村衰败现象日渐明显，城乡空间分野进一步加剧。让空间区域内的所有公民都平等地享有公共物品和公共服务，都能得到均衡与协调的发展，是空间规划的正义追求和价值取向。如何通过空间规划，加大对乡村地区和农田基础设施的投入，提高乡村的生产、生活和生态发展水平，不断整合和优化城乡空间结构，解决长期以来形成的空间剥夺、空间壁垒和空间失灵问题，让生态文明建设的红利真正有益于民生改善，惠益于社会公平之发展，不仅是政府政治的责任底线，也是空间规划的历史使命和时代责任。所以，应该从自然生态系统内部机制和规律出发，以自然生态系统为边界，明晰规划实施的布局和范围，并反映于空间规划之中，提升民众生态福祉。

在空间规划中，需要注意以下几组关系。第一，要注意规划与过程的

---

① 朱国伟：《空间治理成为城镇化新课题》，《中国社会科学报》2013 年 11 月 15 日第 B04 版。

关系。许多环境污染的传递、生态破坏的蔓延、生态质量的溃败不单纯是行为本身的原因，更和空间布局、区域规划高度相关，甚至有可能是推波助澜、变本加厉的因素，所以格局不恰当、规划不合理、布局不协调是首先要避免的情形，因为不符合源头控制和预防为主的要求，所以规划错误才会被认为是最大的浪费。而要想避免这一最大的浪费，就必须深入了解地下与地表、聚集与效应、总量与占比等的关系，科学规划，注重过程发生的原因，对自然资源空间格局指标和地表过程指标同时监测、同时评价，为合理的空间配置提供充分的依据和指导。第二，要注意规划中变与不变的关系。自然资源指标处于动态变化之中，需要不间断地监测自然资源在不同时空尺度上的稳定性与恢复力，同时将之与内在的具有稳定性的生态规律相结合，精准识别变化趋势与未来走向，把握好变与不变的关系，科学有序地开展空间规划工作。第三，要注意规划中远与近的关系。因为空间规划具有尺度性，涉及近程与远程的关系问题，依此展开的生态治理也有一个治理空间问题，有些治理行为会由近及远形成扩散效应，本身生态也是整体性的、系统性的，不可割裂式治理的源头就是不能碎片化规划，要在空间规划时具备全域思维和广角视野。第四，要注意规划与生态福祉的关系。空间规划体现的是如何确定国土之上的主体功能区、生态功能区等的分布安排，功能主要是防止国土空间的功能失调或退化，从规划角度对国土空间进行结构优化，并指导改造建设工作，以提高国土空间的效率、品质和整体功能。空间规划的主要目标和内容是调整人地关系、改善国土空间品质、提升国土空间效能和治理国土空间环境，建设生命共同体，促进城乡可持续发展，持续供给更多良好生态产品，拓宽生态福利的供给内容和供给途径，既保护生态环境，又发展当地经济，形成良性循环，助力于城乡之间协调发展。所以，不要简单地认为空间规划仅仅是个技术问题，它同时是社会问题、是关涉空间正义的问题，比如不断涌现的邻避运动就是很好的例证。

通过以上论述可知，尊重自然山水格局，建立严格的空间规划制度并予以管控，形成人口、资源、环境相协调的国土开发格局和城镇格局，是城乡生态连体建设的必要手段，优化空间开发格局也是构建城乡生态连体结构的空间载体。现在我国的城乡空间规划还面临着不足，规划的科学性、前瞻性、严肃性、强制性、公开性不够，重外延扩张轻内涵发展，导致还处在发展初期的许多地方的资源环境承载力已经大为减弱，为可持续发展敲响了警钟。所以，要着力建设城乡空间规划制度，形成稳定而成熟的城乡空间，充分发展的同时又预留空间，实现空间正义及代际使用。

（二）坚持城乡一体规划

一是缘于生态系统的整体性。这决定了城乡生态治理必须在系统内部整体进行，不能割裂式治理。单一要素的环境治理不能解决当前结构性的、复合型的区域环境问题，只能进行多要素综合治理。就治理效率而言，有限的管理资源也难以应对数量庞大的环境污染项目。城乡一体规划要求统筹资源用于城乡整体生态质量的提高，在考察城乡区域整体生态基础之上制定规划并予以实施，既提高了治理效率又节约了治理成本。

二是缘于城乡转型发展的内在需要。随着社会发展，城乡也处于不断转型之中，最大的转型就是从城乡二元化转型为城乡一体化，这就使得如何实现城乡"同"构、城乡"统"筹、城乡"融"合成为空间规划中要面对的最为重要艰巨的问题，如何克服空间规划中的各自为政、不开放、不透明、不共享、不公开现象迫在眉睫，解决方案只有一个，唯有"多规合一"方能统领这些问题的解决，满足城乡转型发展的内在需求。空间规划的功能主要是防止国土空间的功能失调或退化，从规划角度对国土空间进行结构优化，并指导改造建设工作，以提高国土空间的效率、品质和整体功能。其主要目标和内容是基于从生态整体主义中发展出的空间整体主义，用以调整人地关系，改善国土空间品质，促进城乡可持续发展。[1] 围绕城乡生态连体结构建设，城乡一体规划也能协调"条块"关系，利用城乡一体规划撬动结构完善和制度改革，要注意这个规划的性质并不是"城乡"规划，虽然是在城乡之间展开的，也不是关于如何利用土地的规划，本书称为要城乡一体规划，指的是一种规划方法（城乡结合起来考量），它的性质应该是国土空间规划。既然是国土空间规划，说明是把城乡作为整体来看待的，城乡都作为国土空间的一部分，也当然决定了要坚持城乡一体规划。

三是缘于多规合一的内在诉求。正如为什么要多规合一的理由一样，城乡也要一体规划，融合到多规合一当中去。否则，那也不是多规合一，因为连城乡都没有一体规划，多规合一决定了城乡也必须一体规划。"在社

---

[1]　何子张、蔡莉丽：《以"多规合一"推动规划体系和规划体制改革 —— 厦门的实践与思考》，中国城市规划年会论文，贵阳，2015年9月。

会发展和转型的长期实践中，为了应对不同发展阶段所面临的问题，我国已形成了一套特色鲜明的空间规划体系，形成了国民经济和社会发展规划、城乡规划、土地利用总体规划及环境保护规划等涉及城乡空间的规划在目标、内容、对象、期限、层次和约束力等方面不尽相同的局面，导致现阶段任一个部门的空间规划已经无法综合统筹城乡转型发展所需应对的问题。"① 所以，空间规划中的多头多规、各自为政的乱象已不能再持续下去了，否则越规划越混乱、越规划越无序，不仅没有形成合力，反而内部损耗严重。最终必然走向"多规合一"的协调有序，因为只有在一张底图上体现所有规划，才能将协调性与一致性真正落实，才能实现空间发展和空间治理的转型，才能统筹应对城乡发展中出现的生态环境问题。

（三）注重城乡差异规划

坚持城乡一体规划，并不是同一化、同质化，不是城与乡一样、城与城一样、乡与乡一样，反而是尊重客观现实的前提之下，城与乡差异化规划、异质性规划。并且，不同的城乡之间也是如此，不可雷同，不能照搬。

第一，城乡定位不同。城与乡的差别显而易见，各方面的定位也截然不同。不能片面、错误理解前文的城乡一体规划内涵，带来对农村、农业发展和农民利益的严重损害。城乡一体化的内涵是指在城乡发展中一体考量、如何发展，绝不是要城市把农村吸纳为新的市区，不是要把农村全部都变成城市，城市是城市，农村是农村。不能重城轻乡，没有农村发展城镇化就会缺乏根基。城镇化是相对于农村而言的，如果没有了农村，何来城镇化？

第二，城乡生态差异。区域内城乡的生态环境状况以及经济社会发展状况是不同的，地理位置、资源环境状况、气候条件、经济社会发展状态等条件不同，城乡出现的生态环境问题也不同，相应地，生态治理方式也不同，所以城乡生态治理必然是差异性治理。在现有的生态治理缺乏对特殊环境问题的识别和规制，是匀质化治理模式，对城乡的生态差异也重视不足，而差异性治理能精准区分治理目标采取针对性措施。主体功能区划制度将国土区分为优化开发区、重点开发区、限制开发区、禁止开发区，集中体现了区域环境治理的差异性原则，这些不同的区域要求的质量标准

---

① 何子张、蔡莉丽：《以"多规合一"推动规划体系和规划体制改革 —— 厦门的实践与思考》，中国城市规划年会论文，贵阳，2015 年 9 月。

和采取的环保措施是各不相同的，落实下来能有效促进区域主体功能的实现。所以，需要根据城乡环境状况、生态承载力、发展潜力、开发程度等，综合考量城乡自然资源、环境容量资源以及经济社会资源，识别城乡各自的生态功能和治理目标，注重城乡差异规划，采取不同的治理措施，实施城乡差异治理。

（四）实施城乡空间规划

1. 几点要求

（1）注重战略性。空间规划是国家基于自然资源禀赋和发展阶段判断确定的重要发展战略，是"整体谋划新时代国土空间开发保护格局，综合考虑人口分布、经济布局、国土利用、生态环境保护等因素，科学布局生产空间、生活空间、生态空间，是加快形成绿色生产方式和生活方式、推进生态文明建设、建设美丽中国的关键举措，是促进国家治理体系和治理能力现代化的必然要求"[①]。多规合一后的国土空间规划最根本的是要解决好新时期国土空间开发保护的格局，国土空间开发保护格局是生态文明建设的重要载体，"五位一体"也要在这个格局当中实现。空间规划是战略性规划，需要明确现在的国家战略是"五位一体"发展和生态文明建设，应该据此做好顶层设计，在规划中贯彻执行国家意志，即如何用空间体现生产、生活、生态的"三生统筹"、城乡融合如何落实为空间发展目标等，并通过空间规划的上下结合和层层编制实现既定目标。

（2）注重科学性。空间规划的实效性和权威性来自科学性。其一，注重综合。多角度、多领域把握，综合行政逻辑和技术逻辑，充分估计未来发展，以生态优先绿色发展为导向，适度超前。其二，适当预留。为了真正实现可持续发展，实现代际公平，作为当代人必须要在规划中预留发展空间以满足未来需要，这也是一种规划中的"留白"。预留空间除了是为代际使用，也还因为社会发展迅速，人们对未来发展导向的了解和把握能力尚有不足，对事物客观规律的认识也还远远不够，在自然面前要保留谦卑之心。对于预留的空间不能进行永久性建设、开发性建设，但可以进行生态性建设、保护性建设。其三，尊重规律。空间规划是一项科学工作，需要遵循客观规律，包括历史规律和现实规律，后者又包括生态规律、经济规律、社会规律和城乡发

---

① 中共中央、国务院发布《关于建立国土空间规划体系并监督实施的若干意见》，2019年5月。

展规律等，要依据客观实际进行规划编制。特别要注意生态规律的制约作用，要基于生态承载力和国土空间开发适宜性，来划定生态保护红线、永久基本农田、城镇开发边界等空间管控边界以及各类海域保护线，强化底线约束，为可持续发展预留空间。在规划中坚持预防为主、综合治理、风险防范等原则，加强对"三生"空间的合理统筹，注重城与乡的有机融合，优化国土空间结构和布局，综合利用地上地下空间，最终形成成熟而稳定的城乡空间，形成和谐安宁的城乡生态秩序。其四，公众参与。空间规划不仅仅是专家学者和技术部门的事情，空间规划是为了空间中的"人"，所以公众参与必不可少。公众参与可以增加规划过程的透明性、科学性、民主性，增强规划实施的可行性，避免技术主义、机械主义。要注意规划中公众参与的条件、途径、方法与后果，避免流于形式。

（3）注重严肃性。空间规划体现国家意志，是有相应效力的，具有上下层级的约束力与服从性，即由上向下传导，上级规划对下级规划有约束力，总体规划对详细规划有约束力，各专项规划必须与总体规划衔接，体现规划的战略统领和刚性作用。应该基于生态承载力和国土空间开发适宜性双评价的基础，以预防为主、综合治理、风险防范为原则，划定生态保护红线、永久基本农田、城镇开发边界三条控制线（即"三线"），并严格遵照执行，赋予规划严肃性，因为规划是为了运用，而不是把划定的"三线"作为摆设。严肃性还表现在规划中有约束性指标，有刚性管控要求，有明确编制程序，有严格管理要求，应充分符合规范，并给予实施保障。

（4）注重操作性。只有规划契合实际需求，才能具有操作性，而不是"活在空间""活在云端"。所以，要充分调研群众需要，符合地方实际；要充分考察生态环境状况，符合自然实际；要充分考量能力水平现状，符合工作实际；要充分考虑未来利用，适当超前，符合发展实际。只有具有操作性的空间规划，才是有生命力的规划，才是高效益的规划，否则就是最大的浪费和严重的失败，甚至会因不具有操作性，严重瓦解规划的严肃性，使得视规划如无物。另外，规划越具有可操作性，越会降低后期治理成本。也就是说，"能用、管用、好用"应该是规划必备的要求。

（5）注重协调性。包括两个方面：一是形式的协调性。国土空间规划包括五级三类，五级是国家、省、市、县和乡，三类是总体规划、与空间结构相关的专项规划和详细规划。规划体系内部要协调一致，注意协调纵向、横向关系。总体规划是统筹性和综合性的，详细规划是对此的具体展开，专项规划是专门性的，要注意规划之间的约束力和衔接性。二是内容的协调性。在规划中保护与发展应该内容适当、比例协调，平衡二者关系。在具体职责方面也要衡平兼顾，包括国土空间用途管制、生态保护、生态修复等职责，这些都要积极融入整体的空间规划管控，强化国家发展规划的统领作用和国土空间规划的基础作用。

2. 实施保障

第一，实施主体功能区战略和制度。2010 年国务院印发《全国主体功能区规划》，这是我国第一个国土空间开发总体规划，将国土空间按开发方式分为优化开发区、重点开发区、限制开发区和禁止开发区 4 类。2017 年中共中央、国务院印发《关于完善主体功能区战略和制度的若干意见》，要求将国家和省级层面主体功能区战略格局在市县层面精准落地，进行开发管制。主体功能区是指以资源环境承载能力、经济社会发展水平、生态系统特征以及人类活动形式的空间分异为依据，划分出具有某种特定主体功能、实施差别化管控的地域空间单元。其中的主体功能区，按开发方式可划分为优化开发区、重点开发区、限制开发区、禁止开发区，按开发内容可划分为城市化地区、农产品主产区、重点生态功能区。根据 2019 年自然资源部《市县国土空间规划分区与用途分类指南（试行)》，国土空间规划分区是以全域覆盖、不交叉、不重叠为基本原则，以国土空间的保护与保留、开发与利用两大管控属性为基础，根据市县主体功能区战略定位，结合国土空间规划发展策略，将市县全域国土空间划分为生态保护区、自然保留区、永久基本农田集中区、城镇发展区、农业农村发展区、海洋发展区 6 类基本分区，并明确各分区的核心管控目标和政策导向。①

---

① 以武汉市为例，自 2013 年该市编制基本生态控制线规划以来，实行环境分区管理。根据对生态环境保护要求严格程度的不同，采用"三线法"将武汉划分为严格保护区（红线区）、控制性保护利用区（黄线区）、引导开发建设区（绿线区），根据武汉各个地区生态环境要素、生态环境敏感性与生态服务功能空间分异规律，划分为 3 类 9 个生态功能区。同时，突出武汉市的生态中心地位，建成"一轴、两翼，九区、十八脉、三十六湖库，生态节点、生态廊道、生态绿岛的区域生态网络框架"，构成一个如同人体般可自我修复、内在循环、和谐共存的有机生态安全体系。编制基本生态控制线规划的目的就是识别不同的环境治理目标，采取不同的环境治理措施，对哪些地区可供开发建设，哪些区域必须严格保护进行明晰的界定，合理确定发展的边界和生态保护的范围，科学解决发展与保护这对矛盾，使武汉在快速发展的同时，越变越美。

　　第二，建立"三区三线"管控体系，保障重要生态空间的独立性和免干扰性。如上所述，空间规划是国家各类开发保护建设活动的基本依据。2019 年中共中央、国务院发布《关于建立国土空间规划体系并监督实施的若干意见》，明确了国土空间规划的地位和改革目标，按照空间利用的视角将国土空间分为"三区"，即城镇空间、农业空间和生态空间，并与之相对应地划定三条红线，即为城镇空间划定城镇开发边界、为农业空间划定永久基本农田和为生态空间划定生态保护红线，称为"三区三线"，旨在发挥国土空间规划的强制管控功能，组成严密的分类管控体系，"确保生态功能不降低、面积不减少、性质不改变"①，形成了国土空间规划的核心内容。随着国土空间规划体系的逐步建立，"三区三线"的刚性管控作用日益凸显。该管控体系的核心要点是，"三区三线"原则上不交叉、不重叠，这对保障生态空间的独立性和免干扰性具有重要作用。

　　第三，建立空间规划与扶贫减贫协同发展模式，提升空间规划双重功效。显而易见，生态保护的重点区域与贫困地区和生态脆弱区在空间上是高度重合的。因此，将空间规划与扶贫开发、改善民生相结合，既是扶贫减贫的需要，也是生态保护的长久之计。通过生计替代及生态旅游等方式可以减少对当地资源的依赖，同时也增加了当地百姓的收入，能逐步探索以形成空间规划保护与扶贫减贫协同推进模式。

　　在图 4-6 中，直观地反映了国土空间规划体系的总体框架，包括总体发展战略和三类空间管控，这是空间治理新途径。根据国家的发展战略，约束性地层层分解向下，在一张国土空间规划上通过不同类别、不同级别的规划予以实施。

　　总之，城乡空间规划是一个区域城乡自然地理状况、经济社会发展综合的结果，应聚焦人民群众的需求，管住最重要的空间格局，最重要的控制指标。为此，一要更加着力规划城乡的发展功能，从整体上优化空间结构和布局。这一轮的国土空间规划调整和重构，原来叫"拆改留"，现在改了顺序叫"留改拆"，这个顺序的改变体现了整个理念方式的重大变化，既体现在逻辑次序、节奏、分寸的不同，也体现了发展阶段的变化。二要更加着力城乡统筹发展，将以往单一的田、水、路、林、村、城割裂

---

　　① 2015 年，《中共中央、国务院关于加快推进生态文明建设的意见》明确要求："在重点生态功能区、生态环境敏感区和脆弱区等区域划定生态红线。"

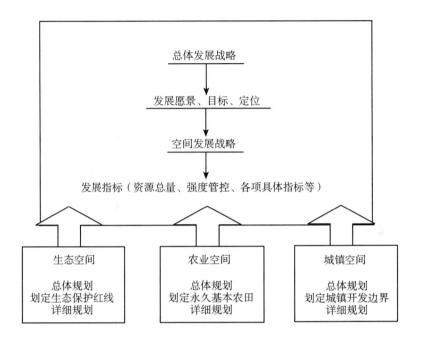

**图 4-6 空间规划制度的实施及保障**

开来或把各项工程分开实施的整治活动，扩展为把城镇和乡村放在一个整体的治理空间下进行，找准限制因素，补齐设施短板。在统筹中注意空间规划之间的衔接，否则带来严重的负外部性。三要更加着力以人为本，通过科学合理地空间规划，使生产、生活、生态空间统筹有序地分布，既节约又集约，确保同时评估、双重满足生态承载力和国土空间开发适宜性，提高发展质量，创造出更多的空间福利，实现空间正义，让人民有更多获得感，满足人民日益增长的对美好生活的需要。四要更加着力打造山水林田湖草沙生命共同体，以"三生"空间的合理配置为发展目标，适应我国正在推进的治理体系和治理能力的现代化，缓解或解决资源承载能力趋紧、生态安全与粮食安全等问题，满足生态文明建设与城乡一体化建设的需求，实现农业用地与建设用地的科学规划、"三生"空间的合理配置和国土资源的空间布局优化，构建城乡一体化生态基础设施、保护生物多样性及提升生态系统服务功能。

## 五　城乡生态修复制度

（一）生态修复制度概述

1. 概念

生态修复这一概念最早由日本学者提出，认为生态修复是采用外界力量使受损生态系统得到恢复、重建和改进，但不一定与原来的状态相同。生态系统是一个复杂的网络，其复杂性主要指生态系统结构和功能的多样性、自组织性及有序性。生态修复强调以生态系统本身的自组织和自调控能力为主，而以外界人工调控能力为辅。近年来，越来越多的学者认为生态修复的概念应该是广义的，不能再局限于恢复一个方面，应该包括三大部分，即包括生态的恢复、重建和改建，甚至认为应该包括再野化，使某一区域回归到野性、自主的状态，让自然重获自由是生态修复的一种重要方式。

随着生态文明建设进程的深入，关于生态修复的理论研究和实践在我国也已展开，但仍有许多认识不清不明之处，如将灾后重建等同于生态修复，将生态修复视为一种恢复过程，或者将生态修复理解为土地复垦、国土整治、治理污染等，这些多侧重关注环境要素的治理，未考虑生态修复概念及其内涵是复杂多样的，理解过于狭隘，而生态修复是包括环境污染治理与社会治理在内的系统工程。随着生态修复的成效显现，这一理念日益受到重视，逐步成为生态文明建设的重要举措，生态文明理念也赋予了生态修复更为丰富的内涵。党的十八大报告提出实施"重大生态修复工程"，党的十八届三中全会正式提出完善"生态修复制度"的要求，日渐成为生态文明及其制度体系建设的重要内容，即是以生态化手段达到促进社会进步的目的。在建设生态文明的过程中，生态系统维护与环境污染的治理都是手段，社会进步才是最终目的。为适应生态文明建设的需要，生态修复就不仅仅是恢复原貌与否的问题，还应关注生态修复是否对社会经济发展带来效用，这使得生态修复内涵既包括"生态"的内容，也包括"文明"的内容，生态修复的内涵因此拓展得更加丰富。《全国重要生态系统保护和修复重大工程总体规划（2021—2035年）》也明确要求推进森林、草原、荒漠、河流、湖泊、湿地、海洋等自然生态系统保护和修复，统筹山水林田湖草沙一体化保护和修复，建设内容既包括自然生态空间和自然资源保护，又包括自然生态空间和资源量的扩展，还包括自然生态系统质量的提升。由此可见，生态修复"不仅仅是对污染环境的治理，还包括了对社会的补偿，应把开发者的还原性修复、污染者的治理性修复、使用者的增殖性修复也纳入法学生态修复规制范畴"①。

在理解生态修复的内涵时，应注意辨别几组相关概念。（1）生态修复不同于生态恢复。生态恢复是修复由于人类活动引起的原生生态系统生物多样性和动态损害，包括帮助恢复和管理原生生态系统的完整性过程，协助已经退化、损害或者彻底破坏的生态系统回复到原来发展轨迹的过程，② 回复到生态系统干扰前状态，即恢复到"原貌"。生态修复中有一大部分内容是生态恢复，但对于无法恢复到以前状态的受损生态仍然要进行修复，使遭到破坏的生态系统逐步恢复或使生态系统向良性循环方向发展，并且生态修复还包含社会修复部分，所以生态恢复是生态修复的一部分。（2）生态修复不同于环境修复。环境是影响有机体生长、生存和发展的外界物理条件的总和，生态是有机生命的主体与无机生命的客体的组合，生态包括环境。环境修复是指对被污染的环境采取物理学、化学和生物学技术措施，使存在于环境中的污染物质浓度减少或毒性降低或完全无害化的过程，环境修复是生态修复的一部分。（3）生态修复不同于国土整治。国土整治是为整体改善国土空间要素和系统防治国土空间退化以及为满足新的功能需要，采取综合措施对某一空间范围内国土进行开发、利用、整治、保护的全部活动，国土整治是生态修复的一部分。关于生态建设这部分内容有关的概念还有重建、改良、改进、修补、更新、再植、再野化等，这些概念各有侧重，也与生态修复有一定的交叉，但都只是某个方面的生态治理活动，不能等同于生态修复。

从总体上来看，生态修复旨在使生态系统重回整体平衡状态，并不仅仅是针对环境要素的技术层面的治理工作。生态修复是为实现空间格局优化、生态系统健康稳定和生态功能提升的目标，按照山水林田湖草沙是一个生命共同体的原理，对长期受到高强度开发建设、不合理利用和自然灾害等影响造成生态系统严重受损退化、生态功能失调和生态产品供给能力下降的区域，采取工程和非工程等综合措施，对生态系统进行生态恢复、

---

① 方印、高赟、张海荣：《中国环境资源法治大数据应用问题探究》，《郑州大学学报》（哲学社会科学版）2018 年第 1 期。

② 吴鹏：《生态修复法律概念之辨及其制度完善对策》，《中国地质大学学报》（社会科学版）2018 年第 1 期。

生态整治、生态重建、生态康复的过程和有意识的活动。它是在查明生态系统病症、病因和病理的基础上，进行物种修复、结构修复和功能修复。其对象是受损生态系统，目的是维护生态系统的整体平衡和可持续发展，采取的路径包括自然修复和社会修复在内的双重修复。例如陡坡地水土流失的生态修复，既包括退耕还林还草的"结构调整"和"生态移民"等社会修复，也包括植树造林等自然修复。再例如采煤塌陷地的生态修复，既包括了对因采煤塌陷而受污染土地的环境修复以及生态破坏的修复，也包括对由此引发的失业、经济转型等的社会修复。生态修复具有修复规模大、区域性强、工程类型多、技术复杂、修复时间长、治理措施综合和整体效益显著等诸多特色，是国家可持续发展的重要战略之一。

综上所述，生态修复是为适应生态文明建设需要，以生态系统整体平衡维护为出发点，由国家统一部署并实施的治理环境污染和维护生态系统平衡的系统工程，以及在此基础上进行的促进当地社会经济转型发展，逐步缩小地区发展差距，实现国家社会经济均衡发展的一系列政治、经济和文化等社会综合治理措施。[①] 而生态修复制度，即是实施生态修复行为、保障生态修复系统工程及其社会综合治理措施顺利开展的一系列规范的总称。

2. 特征

第一，具有尺度性。空间尺度通常指一个区域的时空范围，是指一个特定的时空范围。生态系统是有时空分布的，其中的污染行为、结果产生、破坏后果都是在一定尺度范围内发生的，相互的耦合作用更是离不开时空尺度的存在，天然地具有时空尺度特征的。不同尺度范围的生态系统在结构复杂性、功能多样性等方面存在较大差异，即生态系统具有尺度效应。所以，只有基于这个前提，在一定的时空尺度之上看待、分析和理解生态环境问题，才是符合客观实际和自然规律的，也才能科学地开展生态修复工作，而不是囿于眼前和局部，才能实现生态系统结构和功能的整体恢复。生态修复是一个完整的生命系统，站在大尺度上看待生态系统的完整性、连续性和持续性是应有之义。生态修复具有从全国到区域、地方、村庄、农田等不同大小尺度，不同尺度的生态系统，其功能有不同的表现，产生的生态效益也不同。必须充分认识和把握不同尺度生态修复的特

---

① 吴鹏：《论生态修复的基本内涵及其制度完善》，《东北大学学报》（社会科学版）2016年第6期。

点和规律，才能实现系统的自我维持和自我恢复能力，提升生态系统的服务功能。

第二，具有整体性。不同资源环境要素之间是普遍联系、相互影响、彼此制约的，是一个不可分割的整体。人类活动对某种自然资源的不当开发，会对其他自然资源、生态环境乃至整个生态系统产生影响。生态修复应以山水林田湖草沙生命共同体为整体修复对象，改变传统单一治理手段导致的割裂模式，将各个方面需求统一纳入，倡导"大生态修复"，有整体思维和广角视野，对自然资源及其环境开展整体性保护和规模性修复。

第三，具有系统性。不同资源环境要素通过物质循环与能量流动形成了形态各异、功能多样的生态系统，某个部分遭受到破坏，会对整个生态系统功能的正常运行产生影响，生态修复是动态过程，不同要素在生态系统中所处的位置、功能等属性存在差异，地域分异规律导致的地域间自然资源本底、社会经济差异、生态足迹和资源承载能力都有所不同，不同类型的生态系统在结构、功能等基本特性上也不同，使得生态保护与修复侧重点各异，要从整体系统角度出发，采取适地、适时、适宜的生态修复手段。

第四，具有综合性。生态修复涉及面广，修复工程类型多，生态系统功能复杂，是工程措施和非工程措施的综合运用，后者包括规划、权属调整、政策制度创新等。生态修复涵盖空间内的所有自然资源，将所有自然资源纳入修复范畴，调和趋于失调的生态关系，整合现有分散的自然资源治理手段，推进生命共同体综合修复。

3. 内容

生态修复是从自然科学技术逐步发展而来的，但它的内容不仅仅局限于自然修复，它包含了丰富的内容。根据生态系统的整体性，有学者将生态修复概括为五大方面，[①] 并认为生态修复的过程既包括"退耕还林

---

[①] 有学者在研究汶川灾后重建问题时将灾区的生态修复等同于"生态建设"，认为生态修复的目的就是"恢复、改善生态环境，继而使生态系统正常有效运行"。还有学者在研究采煤塌陷区生态修复法律制度的过程中，也认为生态修复就是一种恢复过程。二者都仅仅将生态恢复的概念套用到了生态修复概念中，并未认识到生态修复内涵的复杂性。更有甚者在论述矿区生态修复制度时，竟然将生态修复理解为土地复垦。此外，还有学者引入所谓的"状态责任"来解释生态修复责任。相类似的，也有学者将生态修复等同于污染环境的修复，认为生态修复责任仅仅是法律责任，其主体是污染者，而国家要承担补充责任。参见吴鹏《论生态修复的基本内涵及其制度完善》，《东北大学学报》（社会科学版）2016 年第 6 期。

（草）"等自然环境的恢复过程，也包括对影响生态系统平衡的社会发展问题的治理，例如"调整结构"和"生态移民"等。① 在生态文明建设的总体要求中，生态修复不仅要实现对自然环境的修复，还要实现对社会的治理，这说明生态系统的维护必须与人类社会的自身建设相结合才有意义。生态修复的内涵也应当包含生态自然修复和社会修复两方面。例如我国的"三北"防护林工程不仅恢复、改造自然环境，同时将这种改造与当地民众生活状况的改变乃至与社会发展相结合，这就是生态修复工程的一个具体缩影，所以，"必须承认，在我国水土保持只有与发展区域经济和改善人民生活紧密联系起来，才能把工作搞好"②。因此，生态修复应从自然环境治理与社会综合治理两方面结合去实施。

第一，生态修复中包含自然修复。为了维护生态系统的平衡，运用各种技术手段，对污染、废弃、退化的生态环境进行恢复、改造与重建，使受损的生态系统尽可能地予以恢复，这就是自然修复。自然修复无疑是生态修复中最重要的组成部分，也无疑是开展这一工作的最初始、最直接的目的。自然修复具体有生态安全格局修复、生态基础网络修复、生态景观修复和生态要素综合修复等诸多类型。（1）生态安全格局修复。生态安全格局修复就是针对空间格局受损和退化的状态，通过结构、强度、用途、布局等方面的生态修复，为水源涵养、洪水调蓄、生物多样性保护等提供更加合理、持续、安全的空间结构，筑牢国家生态安全防线。（2）生态基础网络修复。生态系统基础网络是用来提供基本生态服务的保障系统，有赖于这一基础网络系统人们才能获得持续性的生态产品与生态服务，是非常关键的空间环节，如果这一基础网络受损后不予以生态修复，将带来不可逆转的生态后果。例如廊道、绿道和遗产等都是重要的生态系统基础网络，生态廊道主要由植被、水体等生态性结构要素构成，如果这些廊道受损将会严重破坏生态系统之间的有机联系，破坏其"网络性"，所以受损后必须要予以生态修复。当然，随着生态文明建设的深入，"生态化"的人工基础设施也被认为是生态基础网络的组成部分。（3）生态景观修复。生态景观是自然景观、经济景观和文化景观的多维

---

① 吴鹏：《论生态修复的基本内涵及其制度完善》，《东北大学学报》（社会科学版）2016年第 6 期。

② 吴次芳、肖武、曹宇、方恺：《国土空间生态修复》，地质出版社 2019 年版，第 156 页。

生态网络复合体，是国土空间表层的生态联系。它强调生态系统内部与外部环境之间的和谐、系统结构和功能的耦合，以及人与自然之间的融洽性。通过对生态景观破损的修复，可以提升生态景观功能，可以维护生态景观的健康和美学价值。（4）生态要素综合修复。是指对山、水、林、田、湖、草、海等要素，采取"缺什么补什么、破什么修什么"的思路，统筹各要素进行综合治理，让生态系统的"疮疤"得到系统修复。它需要有效协调各个修复主体的关系，确保各生态要素得到系统修复，避免某一生态要素过度修复，而其他要素修复不足等现象。只聚焦于单个要素的生态修复将区域的功能性整体解体了，缺少总控和协调，结果不但实现不了修复目标，反而会出现"按下葫芦浮起瓢"的现象。例如我国东北、华北、西北地区，特别是西北地区，地下水的水文地质过程是一个连续的整体。如果局部地区利用咸水资源整治修复盐碱地，咸水资源被利用完后，更大区域土壤会更加盐渍化甚至变成盐漠，这会在短时间内造成极大的生态灾难。通过开采地下水种植水稻来改良利用盐碱地的情况也相似，改良了流域内某一片区盐碱地，却极可能引发了另一片区的土地盐渍化。所以，生态要素综合修复非常重要，也是生态修复的当然组成内容。

第二，生态修复中包含社会修复。经济发展、社会问题和生态环境交织在一起，前两者甚至是产生一系列环境问题的关键性因素和根本性原因。社会发展的不平衡业已影响到生态建设的资金、技术等方面的投入能力，从而产生维护生态系统平衡能力上的巨大差距。由此导致恶性循环，造成社会生态系统的失衡。因此，要从根本上维护生态系统平衡，就需要在进行自然修复的同时关注社会生态系统失衡状态的修正，即对我国当前社会经济发展不平衡状态进行彻底修复。这一过程包括通过生态修复工程资金投入促进当地社会经济发展；通过经济利益补偿来弥补不同地区间经济发展的巨大差距；帮助经济落后且生态脆弱的地区获得转型发展的原动力从而降低转型风险；以分配正义促进环境公平的实现等环节，以全社会共同参与方式进行生态修复的措施和过程，这就是社会修复。[1]

因此，自然修复与社会修复是生态修复内涵的两个重要方面。二者相互联系，不可分割，社会修复以自然修复为依托，自然修复以社会修复为

---

[1]　吴鹏：《论生态修复的基本内涵及其制度完善》，《东北大学学报》（社会科学版）2016年第6期。

最终目的。一方面，自然修复必须通过生态修复工程来实现，即对环境问题进行技术上的治理。但是这种治理本身并不能带来社会效益的最大化，它又需要与社会发展问题的解决相结合，否则只能沦为面子工程。另一方面，要让生态修复工程的绿色效应切实惠益于普通民众，就应当最大限度解决社会发展的不平衡及其引发的一系列社会问题。从生态文明制度体系建设的需要来看，自然修复必须最终落实到社会修复中来才对社会正义的实现有实际价值。可见在生态修复过程中，自然修复与社会修复均不可偏废，在相应制度建设中不能以偏概全。①

4. 意义

为什么要开展生态修复？因为进行生态修复是重要的治理手段，通过修复受损生态环境使之重回生机与活力，生态系统回复健康平衡状态。生态环境受损就如一个人生病一样，当然要通过治疗（即"生态修复"）使人重回健康状态。具体而言，有以下意义：

一是有助于改善生态系统。我国生态系统基础薄弱，生态系统制约因素多，人地矛盾和区域结构失衡状态在我国长期存在，庞大的人口数量、强烈的发展欲望和人地矛盾的日益加剧，导致了生态系统的不断退化。另外，我国生态问题积累和欠账多，工业化和城镇化快速推进，国民经济和社会高速发展的资源环境代价巨大，生态问题积累越来越多，如土壤环境问题不断加剧、农业面源污染严重、生物多样性和生态系统服务功能下降等。西方发达国家一两百年积累和发展起来的生态环境问题，在我国一下子集中显现，不仅历史欠账难以归还，新的环境问题又不断涌现。从总体上看，从1996年开始，我国整体上处于生态赤字期，人均生态赤字超过0.31全球公顷。② 所以，进行生态修复正当其时。

二是满足对生态优美生活的向往。随着生态文明建设深入，社会正在从"生存性需求"向"发展性需求"升级。在"生存性需求"阶段，发展的核心议题是"生产性努力"，解决这一议题的基本路径是"经济—温饱—发展"。可是在"发展性需求"阶段，社会需求的"内容多样性"和"内涵精神性"是其基本特征，"更好存在"和"更好活着"等非物质的

---

① 吴鹏：《论生态修复的基本内涵及其制度完善》，《东北大学学报》（社会科学版）2016年第6期。

② 吴次芳、肖武、曹宇、方恺：《国土空间生态修复》，地质出版社2019年版，第172页。

和精神性的需求会上升为主导性需求，生态就是这种主导性需求的核心内容之一。当下人们开始对生态环境有更高的期望，期望更优美丰富的生态产品和更优质便捷的生态服务，希望有更多由生态带来的更多内容、更高层次的愉悦与享受，这赋予了生态修复以历史使命和时代责任。因此，在这样的时代背景和人民群众呼求之下，必须贯彻在生命共同体理念下实施生态修复行为，构建多维多体生态基础网络。

毋庸置疑，生态修复制度非常重要，但这一制度在我国尚不健全，具体规范非常少，多见于相关文件精神之中，已有的法律规定极不完善。并且，我国现有生态修复制度的设置是建立在片面认识生态修复内涵基础之上的。故而造成其设计也不尽合理，例如《水土保持法》《土地复垦条例》《退耕还林条例》《水污染防治法》等法律法规，虽规定了对环境污染进行修复的具体制度，但土地复垦制度、退耕还林制度、水土保持制度都是对相应环境要素的治理，只关注到要进行自然修复，尚未充分意识到社会修复也应一并规定，整体上缺少相关内容。由于分散、分片、分类管理，以及时代背景与部门职能侧重点不同，过去往往只关注某一单一要素，对整体性生态修复的重视程度不够，修复的整体协同性不强。现在，退化的、废弃的、污染的城乡空间都需要生态修复，如何落实修复主体？加之内生动力亦有不足，无法确保生态修复的可持续，需要进行系统完善。而这一制度对于城乡生态治理极为重要，可以协调城乡发展，对于建设城乡生态连体结构不可或缺，极有必要构建城乡生态修复制度。城乡是以山、水、林、田、湖、草等不同的资源环境要素所组成的复杂系统，是多层次、多尺度资源环境要素的相互作用关系及人地协同关系。生态修复应当将城乡生态系统视为不可分割的整体，科学认识不同生态资源之间存在物质、能量流动与交换，改变过去对单一要素进行生态修复的割裂格局，实现对生态系统的整体保护、系统修复和综合治理。

（二）遵循城乡生态修复的要求

（1）全域性修复。全域性修复包括了区域的全域性和整治内容的全面性两个方面。以往的生态修复局限于单一目标，对区域社会经济条件、自然条件、生态环境、人口与政策条件等因素缺乏考虑，对土地资源的适宜性、节约集约用地、生物多样性保护、景观格局的优化及生态环境的改善等缺乏较为成熟的研究。"全域性"要求逐步告别传统模式向全面修复发展，促进生态修复总体功能的转变和多功能性的突出，力图实现修复对象的扩大，向精细型修复转变。城乡生态修复是发展的必然选择，其推进修复范围由单一独立的项目区向区域全域性转变，借助行政区划或功能区划定位生态修复对象，更好地避免了在区域内各项目区建设内容重复、互相不协调的现象。充分挖掘生态修复的整体性、协同性及差异性，以"区域—单元—项目"的多层次推进模式提升修复质量。注重绿心、绿道和绿网等生态基础设施的建设，强化城市生态空间，促进城乡朝着绿色、低碳和集约型发展。

（2）多样性修复。多样性修复旨在强调地理环境与资源要素间的系统整合，打破城乡二元结构格局的视角，对资源进行合理的空间配置。注重对生态安全格局的研究。强调山水格局的连续性与整体性，构建生物多样性保护的生态系统。"多样性"要求生态修复应坚持与新农村建设、精准扶贫、新城镇体系、产业结构调整、土地流转等方向相结合，从而更好地实现统筹部署，基于自然过程来诊断问题，分步实施，分期推进，以此制定中长期规划和短期实施计划，打造生产空间集约高效、生活空间宜居适度、生态空间山清水秀的空间格局。将城镇和乡村放置于一个整体的地域空间进行土地整治工程布局，使生态系统保持结构的完整性和功能的有效性，进而统筹"三生"空间用地的配置。

（3）功能性修复。以功能性视角开展修复，综合考虑生态资源、生产发展特点和现有基础，积极培育新兴的生态修复产业链，摸索生态修复的区域补偿，保障生态修复地区的社会福利，为生态修复地区的成功转型提供新的生存和发展路径，保障其能够获得实际经济利益，达到最大经济效益和保持良好的生态环境。"功能性"要求生态修复项目以"整村、整组、集中连片"的形式，借助田水路林村全要素综合整治，较好地与新农村建设、城镇体系建设、生态环境保护、产业结构调整及土地流转等社会修复相结合，整合社会化资源，构建开放协作、跨界融合的"生态修复+"平台，维护生态修复的内在动力、持续性和稳定性，实施"生态—经济—社会"协同整治工程，为城乡生态连体结构建设服务，构建更加公平的城乡社会。

（三）落实城乡生态修复的保障

（1）资金保障。生态修复需要充足的资金投入，应充分发挥财政资金的引导带动作用，中央财政应设立生态修复专项资金，建立生态修复财政转移支付制度，为生态修复工程提供广泛的资金支持，同时保障生态修复地区的社会福利。建立多元化投入机制，大力探索构建"政府主导、政策扶持、社会参与、开发式治理、市场化运作"的模式。积极吸纳社会资本进入生态修复领域，给予引导、指导和扶持。对于生态修复各项资金应该加强管理，并引导不同来源与类别的资金之间高效配合、无缝衔接，初步形成城乡之间生态修复资金的市场化体系，发挥资金整合效应和修复成效。[①]

（2）社会参与。生态修复为全社会服务，所以也应全社会共同参与。激励社会公众共同参与生态修复的调查评价、规划设计、工程施工和动态监管，切实提高生态修复的科学性、社会可接受性和经济可行性，夯实生态修复的社会基础。激励全社会直接参与生态修复行为，激励创业并培育新兴的生态修复服务产业链，进行惠益分享。

（3）管控保障。要注重城乡生态修复的监测预警与风险防范，对于实施生态修复行为的主体责任要予以明确，应该不间断地对修复工程进行跟踪、监测与评估，及时反馈修复进程及效果，并据此适当调整、更新修复方案，以适时满足生态修复的整体目标、标准及要求，逐步建立健全源头预防、过程控制、损害赔偿、责任追究等一系列生态修复中的管控保障。

（四）遵守城乡生态修复的程序

城乡生态修复的成效很大程度上取决于是否依据生态修复的程序进行，程序能够保障修复过程的科学性与合法性。自然资源开发利用和保护贯穿人类活动"源头、过程、后果"的全链条，生态修复是人类对自然生态系统退化的修补和改善，也是人类通过其作用的正确发挥改善并提升自然资本价值的过程，当然应遵循严格的程序。一般而言，城乡生态修复的程序如下：

首先，调查评估生态本底状况。

生态本底状况的调查与评估是生态修复的前提性基础工作，需要弄清不同类型的生态系统的结构、过程和功能特征，摸清不同区域特别是《全国生态功能区划》中所确定的不同生态功能区的生态系统类型、格局和功能状况，掌握不同区域的生态敏感性程度和生态系统服务的空间分异

---

① 关凤峻等：《系统推进自然生态保护和治理能力建设——〈全国重要生态系统保护和修复重大工程总体规划（2021—2035 年）〉专家笔谈》，《自然资源学报》2021 年第 2 期。

规律，并结合社会经济发展状况，分析生态系统管理和保护中存在的问题，从而为城乡生态修复提供基本依据。生态本底内容庞杂，其主要内容包括：（1）不同区域的自然资源、生态环境、社会经济技术等条件的发展演变；（2）不同生态系统的数量、质量和空间布局的发展演变；（3）不同生态系统的生态敏感性分异规律；（4）不同区域的生态系统服务评估及其权衡与协同的动态变化；（5）诊断当前的生态系统管理和保护中存在的问题，为未来的生态系统可持续发展指明方向。由于生态系统过程具有动态性，应对生态系统管理和保护进行动态监测，并及时对调查与评估结果进行补充更新。通过摸清"本底"，对生态系统结构的复杂性、过程的合理性、功能的稳定性、生物多样性等内在机制进行逐一研判，并据此对生态系统在整体格局和局部区域的健康程度进行诊断。在此基础上，根据基础数据和相关方法对不同生态系统的敏感性和脆弱性进行等级划分和系统识别，讨论生态系统对于外界压力的抗干扰能力和自我恢复能力，为生态修复模式与路径提供科学参考。根据基础数据和相关理论对生态系统状态的演变趋势进行情景模拟与综合研判，以此增强生态修复的针对性和有效性。

生态本底状况的调查与评估要遵循真实、科学、规范的要求，利用时空天地一体化的调查方法技术，结合各门类资源的属性特征，对自然资源的质量、生态价值或效益开展综合评价，为生态修复提供准确可靠的基础支撑。同时还要有系统性思维，生态系统不可分割，调查与评估中要统筹考虑不同的生态要素、流域上下游和区域之间的生态功能互补关系，同时考虑各类规划和政策因素的影响，增强调查与评估结果的内在关联性。另外，还要有预见性思维，调查与评估既要反映生态系统的现实状况，为生态修复提供必要的基础资料，也要对生态系统未来的发展演变具有一定的预见性，便于进一步优化生态系统管理和保护。

其次，设计生态修复规划。

生态修复需要充分认识生态系统的基本属性，认识生态稳定性、生态可塑性及生态系统的稳态转化等。它需要对生态系统的结构、功能及影响生态系统结构功能的物理过程、化学过程和生物过程进行充分的分析研究后，才能制定出科学的生态修复方案。

一是规划总体思路。根据调查评估分析明确的突出问题，重点从开发格局优化成效、生态环境质量改善效率、工程项目任务完成量等方面，综合制定生态修复评价指标体系。二是重点修复空间识别。在调查收集经济、社会、生态环境现状及历史数据资料的基础上，开展区域生态状况评估和生态系统演变分析，初步确定开展生态保护修复的重点区域。开展生态评估，按照生态保护红线划定的技术要求，初步判定规划区生态功能重要、生态系统敏感脆弱区域的空间分布。开展生态系统演变分析，识别受损生态系统空间分布。三是协调衔接。将通过空间分析得出的生态修复优先区域与主体功能区规划、土地利用规划、国民经济和社会发展规划等相关空间规划区划政策进行衔接，确保生态保护修复措施的制定，能够精准施策于生态环境质量改善和生态环境管理的需要。四是生态修复分区方案拟制。结合生态功能敏感重要区域和受损严重区域的空间分布，提出开展生态修复的重点区域，作为规划实施的优先区。对重点区域进行空间结构分析，进一步理清重点区域内部的生态修复问题、优先区域、修复方向等，据此进一步优化设计任务设置与工程选择。五是生态修复任务路径确定。识别拟开展生态修复的区域原有生态系统类型和结构，以尽可能恢复自然状态和生态系统整体性为目标，以近自然、生态化为标准，合理选择生态保护或修复技术措施，并配套制定相关管理措施，从而有效选择生态修复措施和解决路径选择问题。

总之，要遵循"问题诊断—目标导向—整体把握—系统梳理—方案优化—确定规划"的思路展开，通过生态诊断分析，探索区域内受损生态的修复定位、规模、布局和时序优化方法，明确生态修复侧重点与目标，提出生态修复规划。统筹把握生态修复板块，在空间优化配置的基础上，以待修复的环境要素的结构优化与功能修复为原则，结合用地组合、流域尺度、水土林资源禀赋，明确生态修复的重点内容和关键区位，结合发展定位和控制标准，系统梳理完善生态修复规划设计内容。

第三，实施生态修复工程。

生态修复包括了基于生态系统恢复力的自然生态修复和人类干预的人工生态修复，反映了特定阶段、特定区域的自然、社会、经济、文化、人类心理等多种要素对生物多样性、生态系统结构、过程和功能修复的综合作用，还有对生态系统服务的修复，主要侧重于生态系统为人类提供的惠益的完整性和多样性。生态修复工程具有涵盖要素多、覆盖范围广、系统性强、时间跨度大等特点，不仅要考虑自然生态系统本身，还要综合考量社会经济文化等因素，只有统筹兼顾才能促进在不同区域和不同时段的合理有序展开。

　　构建一套遵循生态系统演化规律的动态的、发展的生态修复模式，是提升生态修复科学性和有效性的必由之路。通过将人类活动和社会经济等因素融入已有的生态修复模式，有学者提出了"点""线""面"和"多维立体"相整合的动态的、多层次的生态修复模式，分别对应物种修复、生态系统的复杂结构及其相互关系修复、社会经济等因素的影响、人的思想文化和行为的修复，层层递进，环环相扣，最终实现生态系统的整体性修复。① 因此，生态修复模式是一项动态开放式的课题，需要在多学科交叉融合的基础上探索生态修复的新技术、新方法，并对生态修复的理论进行不断的补充和更新，从而在实践中对生态修复工程产生更加积极有效的指导作用。

　　生态修复综合运用物理修复、化学修复、生物修复以及工程技术等多种方式，对于不同退化程度的生态系统进行修复，从而使退化生态系统恢复并维持稳定状态的实践路径。生态修复是涵盖众多要素的复杂的系统工程，为确保生态修复工程过程的科学规范有效，应加强生态修复模式与技术的研发和应用，以维护和提升区域整体生态系统功能为目标，统筹考虑各类生态要素和各项修复工程，研究制定区域生态修复的技术指南、标注规范、技术路线、主要内容、标准方法、动态监测、成效评估、绩效评估等相关规范和标准，以此增强生态修复的制度化和规范化。不同于传统的碎片化的生态修复，城乡生态修复是多层次、立体化的复杂系统工程，因此必须建立上下联动的生态修复统一管理体制机制和形成多方参与的生态修复治理格局，对生态修复过程进行及时有效的动态监管，做好生态修复的信息整合和系统管理，提升生态修复的综合效益。

　　第四，监管生态修复实施。

　　在生态修复工程具体实施过程中，应基于生态系统状况调查与评估的结果，充分发挥现代信息科学的技术优势并不断创新技术模式，构建覆盖全要素的、一体化的山水林田湖草沙生态修复监测预警体系和智能管控体系，提升信息化程度，形成部门协作、数据共享、统一监管的工作机制，确保生态修复工程的顺利实施。根据生态修复的整体目标和工程布局，在已有的自然资源和生态环境监测体系中补充与更新生态修复的内容，并重

---

① 张红宇：《农业农村优先发展》，《中国农村科技》2019 年第 10 期。

新设计与调整生态修复监测点位的布局，集成多种方式、各方力量和技术手段，搭建生态修复工程的动态监测数据平台。在此基础上，要基于科学的理论与方法构建生态修复预警评价指标体系，确定预警的指标阈值和不同级别，把握预警尺度，采用有效的预警方法，验证预警信号输入与输出的灵敏性，从而形成完善的生态修复动态监测预警系统。要充分发挥人工智能的技术优势，提升生态修复动态监测预警的智能化和精细化程度。积极发挥生态修复动态监测预警系统的功能优势，对生态修复工程进行全覆盖、全指标、全过程跟踪监督，对于工程实施过程中存在的问题，应及时进行反馈与响应，总结经验教训。同时，应对工程成效进行实时动态评估，以确保生态修复工程的科学、有序、高效推进。

生态修复是对生物多样性、生态系统结构及过程和功能的修复，致力于实现物种多样性和基因多样性、生态系统的稳定性和可持续性、生态系统为人类提供的惠益的完整性和多样性。人们不断认识到，自然系统与社会系统是相互依存的，需要将两个系统纳入同一个体系中，从多尺度的复合演进中去理解和研究国土空间生态修复的稳定性和持续性，才能从根本上解决生态恢复力问题，也才能最大限度地解决因为社会不平衡发展所引发的生态系统退化问题。自然修复和社会修复的关系是非常直接而紧密的交融关系，虽然是两种不同类型的修复方式，但在实际中并不截然分开，反而是互相依存、互相借力，共同完成受损的生态空间的修复工作，彼此不能缺少，特别是现在追求综合性修复目标之后，这一点格外凸显，绝不能认为生态修复是个单纯的技术工作，只是一种自然修复，这种理解窄化了生态修复的丰富内涵，且会带来机械主义的恶果，应予以避免。生态修复本质上是要建立一种"社会—生态"的协同机制，提升国土空间"社会—生态"系统基本结构、过程和不发生实质性变化的能力。① 这种能力是内生的，是动态的，受制于空间结构的基本布局、受制于是否突破了生态承载力、受制于生态功能类别。"社会—生态"系统具有自我调节性，也会由此产生一定的稳定状态，但也容易受到各种干扰，尤其是在临界点和阈值附近，干扰易引发突变与巨变。相对而言，社会修复是人为建构色彩更为浓厚的修复手段，往往更为间接与隐蔽，但也是影响广泛的，它通过制定相应的法律制度、形成一定的经济结构、赋予自主的财产权利、干

---

① 吴次芳、肖武、曹宇、方恺：《国土空间生态修复》，地质出版社 2019 年版，第 316 页。

预人口变化、控制资源的获取等途径来影响生态系统，所以是生态修复中重要的一环，且地位日益提升。生态修复进程中社会修复和自然修复的耦合研究将成为未来发展的重要方向。如果社会修复和自然修复的理论框架不完善，研究尺度界线不清晰，概念内涵缺乏统一定义，耦合机制从生长、适应、成型到增强或崩溃的过程无法评估等，可能连简单的修复也会变得困难或难以进行。诸如此类问题是单一学科难以完成的，需要建立一种生态修复的"多学科联盟"，建立"统一规程、目标衔接、要素融合、政策协同"的城乡生态修复长效机制。通过生态修复工程，施以恢复、重整、重建等举措，最终是为了生态系统的健康与平衡，即葆有完整性和本真性，具备充足的提供生态产品与服务的功能，兼顾发展与保护、利用与保护等多重关系，促进城乡河湖水系相通、林草复合成网、田园错落有致，使生态系统"通经络、强筋骨"，充分发挥生态系统的整体效能。

为了我们和我们的子孙后代，需要建立人与自然共生系统，修复受损的生态空间，还绿水青山以生生不息。这是一种历史使命和当代责任双重价值的诗意栖居之境——适然世界，更是人类文明的象征和存在境界。无论是上帝造人说，或是达尔文进化说，我们都经历了由"竞争"和"共生"所组成的交响过程。"竞争"激发了生命的活力，而"共生"则触发了生存的新基因。当今世界竞争已经白热化，关注国土空间生命"共生"的生存方式已经是必然选择。唯国土空间有树有花有果，有无限生命，能包容世界万物，人类才能与自然共同重塑生命的存续。"它的繁花预示着我们从天而降的果实，神圣、拯救和对必死者的爱"①，海德格尔（Martin Heidegger）这一让人难忘的诗句展示了国土空间之美妙，让人不禁引用至此，让我们共赴自然之约，共建美好生态。

---

① 转引自徐刚《森林之门》，《生态文化》2017 年第 5 期。

# 结　　语

城乡各有其优缺点，只有城市—乡村才能避免两者的缺陷。

——埃比尼泽·霍华德

行文至此，我们对"城乡生态连体结构建设的法律制度研究"初步告一段落，脑海中不禁浮现出一句话：这是一个研究环境法治最好的时代，可能也是研究环境法治最难的时代。中华人民共和国成立以来丰富曲折的发展历程，正在如火如荼展开的生态文明建设，为研究环境法治提供了最为多彩的实践素材和最为多元的观察视角，作为研究者是幸运的，因为有着浓厚的研究氛围容易催生新颖的研究成果。同时，我们也面临着最为困难艰辛的治理过程和最为复杂深奥的研究内容，由此产生的研究难度可想而知。对于"城乡生态连体结构建设的法律制度研究"正是如此，本书以消除城乡生态治理中的二元结构为出发点，以城乡融合发展为目标，试图构建一个全新的生态治理结构和围绕这一结构建设的法律制度，其研究任务之艰巨、研究过程之困难、研究成果之难产，超乎研究之初的设想。最终，是作为生态文明建设的一分子和环境法学的研习者的双重身份，激励我们迎难而上，尽其所能地开展研究，并试图形成一些论述，为城乡生态治理助力。概括起来，主要有以下结论：

第一，城乡生态治理结构具有社会建构性，建设城乡生态连体结构是必然的要求和现实的选择。随着我国城乡生态治理背景的变迁、城乡关系认知视角的转换和城乡生态治理阶段的演化，与之相伴随的城乡生态治理结构也不是一成不变的，否则就会产生严重的不适应，极大影响城乡生态治理成效。所以，城乡生态治理结构必须修正，已有治理结构难以为继。因为城乡生态治理中存在众多内生性问题，必须要从内在结构方面寻找解决之道，而不仅仅是寻求外力，更不仅仅是投入更多的治理资金、研发更先进的治理技术所能解决的。同时，在出现了城乡结构性矛盾和结构性症结的情形之下，也充分说明了已有治理结构不能胜任治理之道，而要调整结构性矛盾必须彻底修正旧结构，对旧有结构予以解构，有解构就有建构，由此而来的建设新结构就成为必然的要求和现实的选择。当前生态治理存在的最突出问题还是集中于没有城乡一体建设，是二元化割裂式治理，没有系统、整体、协同思维，所以建设新的城乡生态治理结构就必须克服这些内生性问题、结构性矛盾，以适应新时期对于城乡生态治理的要求。我们把这一新的治理结构称为城乡生态连体结构。城乡生态连体结构是从系统性、结构性角度出发统筹城乡生态治理问题，是对城乡生态环境问题的系统治理、综合治理、源头治理。同时，现在建设时机成熟、条件具备，对于城乡生态连体结构应该要建设，必须要建设。

第二，城乡生态连体结构的构建践行着由理性认识到实践认识的转身，应从社会运行和可持续发展的历史向度来把握其内涵。城乡生态连体结构是改变以城市为中心的固有模式，环境要素、自然资源、生态服务等在城乡之间一体配置，组成城乡整体生态系统的各部分协调发展，形成相互融合、相互依托、相互促进的城乡生态治理新构造类型。通过建设城乡生态连体结构，将逐步建立城乡协同发展机制，构建城乡生态化互补共生关系和多元多维生态链，形成合理的城乡生态布局与空间结构，提升城乡生态治理水平，实现城乡共建、共享、共生、共荣。城乡生态连体结构是协调、绿色、开放、共享的创新型结构，有利于五大发展理念的贯彻执行，特别强调统筹兼顾、均衡发展、整体推进，它以消除城乡二元结构为出发点，是城乡融合的结构依托，是生态治理的路径依赖，是城乡关系的时代产物，是基于自然的解决方案，是利益共同体与责任共同体，是多重功能的集大成者，通过建立新城乡反哺机制，辅之以制度建设，有助于消除城乡环境剪刀差。

第三，城乡生态连体结构建设是对城乡融合发展的结构性关怀。——检视城乡生态治理中存在的问题，可以清楚看到城乡不在同一个起跑线上，长期以来更为重视城市污染防治和城市居民环境权益保障工作，对比之下，农业农村污染防治还处在初级阶段，农民环境权益还停留在对人居环境的初步改造，甚至部分地区尚不具备最基本的生态治理行为和最基础的生态治理设施，个别地区还在遭受环境污染之累、生态破坏之苦。城乡生态治理发展并不均衡，处于失衡状态，如果任由其发展下去，不仅会造成最为严重的城乡差距、形成最大的环境不正义现象，甚至会使城乡整个生态系统不堪重负引发灾难性后果。这种局面要想被打破，不是某个制度的修修补补所能完成的，首要的是在结构上予以"同"构而不是"异"构，才有可能城乡统筹和城乡融合，否则没有实现的基本场域和结构依托。这个"同"构就是城乡生态连体结构，城乡都在这个结构里面，共同建设城乡生命共同体，是对城乡融合发展的结构性关怀。有了"同"构，才有可能同权同责，不因人而异、因地而别。当然，在城乡"同"构中，既要城乡一体式结构，还要其中的注意城乡差异性定位，"同"构不是同质化、同一化、单调化。

第四，城乡生态连体结构建设应坚持有区别的共同责任原则、最脆弱者优先原则、风险防范原则三项基本原则。建设城乡生态连体结构的基本原则是对建设这一结构基本理念的贯彻。何谓理念？理念是指"一种理想的、永恒的、精神性的普遍规范"[1]。具体到建设城乡生态连体结构的基本理念就是城乡一体化，要在坚持生态整体主义和环境正义的基础上构建生命共同体。遵循相应的基本原则也是城乡生态连体结构据此获得正当性和有效性的要求。在确定有哪些建设的基本原则时，应基于城乡生态治理历时性与共时性的统一，出于防范城乡生态治理风险目的，立足于矫正城乡生态治理失衡状况，有利于城乡环境权益的结构性调整，以及如何致力于构建城乡生命共同体等角度考量。缘此种种，在城乡生态连体结构建设中，应坚持上述原则，以充分满足建设的指导需要。

第五，法律制度是城乡生态治理的工具箱，城乡生态连体结构建设的最后落脚点是形成相应的具体制度，即城乡生态承载力制度、城乡生态福利制度、城乡生态产品制度、城乡空间规划制度和城乡生态修复制度。因为城乡生态治理是生态治理中的一种，所以一般性的治理制度都是适用的，也是城乡生态连体结构制度体系的组成部分，为了聚焦研究对象，这里探讨的是这一结构的特有制度。任何一项法律制度的建立都离不开社会背景，具有一定的目的性。从建设结构的连体性、建设内容的整体性、建设效果的融合性出发，从要满足制度的中立性（不偏向城市）、制度的交涉性（能交涉城乡生态环境问题，具有可操作性和实效性）、制度的自足性（能满足解决城乡生态环境问题所用及所需，制度

---

① 周辉、陈泉生：《环境法理念初探》，《时代法学》2004年第4期。

供给自给自足）出发，我们认为城乡生态连体结构建设的制度体系包括上述五个基本制度。因为是制度体系，所以体系观照尤为重要，关键之处在于制度体系的协同性与整体性。这些制度都是建立在城乡生态连体结构产生的社会背景、城乡关系认知视角和治理阶段变迁的基础之上，其目的性非常明确，即为建设这一结构而服务，具有鲜明的工具理性价值，同时作为制度本身也是生态文明制度体系的一部分，其特有的价值理性意义同样不可忽视。城乡生态连体结构建设的现实意义在于制度这一维度，制度建设不仅仅包括事前的必要性论证，更包括事后的制度实效评价，通过这些具体制度的建设与集成，将使城乡生态连体结构的生成具体化、可操作化。

第六，城乡生态连体结构建设的五大制度有着独特的功能和鲜明的导向，具备可供性和可及性。城乡生态连体结构建设最重要的目的是消除城乡环境剪刀差，实现城乡融合发展。这里面最为核心的环节就是城乡环境利益的产生、供给、分配、补偿、修复和保障问题，这关涉城乡环境正义的实现和全面小康社会的真谛，利益问题是法律中最为核心的命题，法律就是对利益的确认、分配与维护，环境法律制度也不例外，也是围绕环境利益这一中心思想展开构建的。例如，城乡生态承载力制度旨在解决城乡生态利益确定等问题、城乡生态福利制度旨在解决城乡生态利益供给及分配等问题、城乡生态产品制度旨在解决城乡生态利益产生及循环、补偿、交换等问题、城乡空间规划制度旨在解决城乡生态利益分布等问题、城乡生态修复制度旨在解决城乡生态利益修复等问题。可见，选取的这些制度是高度契合城乡生态连体结构建设的，它们共同组成了该结构的制度体系，同时有着引导、调控、分配的鲜明功能，有着目标、问题、运行的强烈导向，具有可操作性，能充分发挥建设城乡生态连体结构的作用。

应该说，本内容的研究还在进行之中，囿于学识与能力的不足，加之这是一个全新的结构及其法律制度研究，一些方面没有展开论述，一些方面还有不完善之处。我们会继续为之努力，让我们坚定不移的是"为了改变一切，我们需要每一个人"①，让我们充满信心的是"自然最

---

① 陈泉生：《环境法哲学》，中国法制出版社 2012 年版，第 556 页。

有智慧"① 和 "我们的危机源于无意识的逆转自然规律，我们的幸运源于自然蕴涵的无限可能"②。

---

① 这是巴里·康芒纳提出的生态学第三法则，也被称为 "自然最知" 法则、生态智慧法则。美国生态学家巴里·康芒纳提出了生态学的四条法则："每一种事物都与别的事物相关"（生态关联原则），"一切事物都必然有其去向"（物质不灭定律），"自然界所懂得的是最好的"（生态智慧原则），"没有免费的午餐"（生态代价原则），这些规律不仅是生态学的重要理论基础，也可以成为新的法律内在理论来源和法则。参见 ［美］巴里·康芒纳《封闭的循环：自然、人和技术》，侯文蕙译，吉林人民出版社 1997 年版，第 35 页。

② 大自然保护协会：《基于自然的解决方案（NbS）解锁自然的力量》，"大自然环保协会TNC" 微信公众号，2020 年 7 月 30 日访问。

# 参考文献

## 一　中文译著

〔美〕埃德加·博登海默：《法理学：法律哲学与法律方法》，邓正来译，中国政法大学出版社 1999 年版。

〔英〕埃比尼泽·霍华德：《明日的田园城市》，金经元译，商务印书馆 2010 年版。

〔美〕安东尼·奥格斯：《规制：法律形式与经济学理论》，骆梅英译，中国人民大学出版社 2008 年版。

〔英〕安东尼·吉登斯：《第三条道路——社会民主主义的复兴》，郑戈译，北京大学出版社 2000 年版。

〔美〕巴里·康芒纳：《封闭的循环：自然、人和技术》，侯文蕙译，吉林人民出版社 1997 年版。

〔美〕彼得·S. 温茨：《环境正义论》，朱丹琼、宋玉波译，上海人民出版社 2007 年版。

〔美〕查尔斯·A. 比尔德：《美国宪法的经济观》，何希齐译，商务印书馆 1984 年版。

〔美〕E. 拉兹洛：《用系统论的观点看世界》，闵家胤译，中国社会科学出版社 1985 年版。

〔德〕卡尔·拉伦茨：《法学方法论》，陈爱娥译，商务印书馆 2003 年版。

〔美〕刘易斯·芒福德：《城市发展史：起源、演变与前景》，宋俊岭、宋一然译，上海三联书店 2018 年版。

〔美〕罗伯特·诺齐克：《无政府、国家与乌托邦》，何怀宏译，中国社会科学出版社 1991 年版。

〔美〕罗斯科·庞德：《法理学》（第 1 卷），邓正来译，中国政法大学出版社 2004 年版。

　　［美］曼纽卡·卡斯特：《网络星河——对互联网、商业和社会的反思》，郑波、武炜译，社会科学文献出版社 2007 年版。

　　［英］S. 巴金汉、M. 透纳：《理解环境议题》，蔡依舫译，韦伯文化国际出版有限公司 2010 年版。

　　［美］史蒂芬·布雷耶：《打破恶性循环——政府如何有效规制风险》，宋华琳译，法律出版社 2009 年版。

　　［英］托马斯·霍布斯：《利维坦》，黎思复、黎廷弼译，商务印书馆 1985 年版。

　　［英］维克托·迈尔·舍恩伯格、肯尼思·库克耶：《大数据时代：生活、工作与思维的大变革》，盛杨燕、周涛译，浙江人民出版社 2013 年版。

　　［德］魏德士：《法理学》，丁晓春、吴越译，法律出版社 2005 年版。

　　［德］乌尔里希·贝克：《风险社会：新的现代性之路》，张文杰、何博闻译，译林出版社 2018 年版。

　　［加］约翰·汉尼根：《环境社会学》（第二版），洪大用等译，中国人民大学出版社 2009 年版。

　　［美］约翰·罗尔斯：《正义论》，何怀宏等译，中国社会科学出版社 1988 年版。

　　［美］詹姆斯·萨尔兹曼、巴顿·汤普森：《美国环境法》（第四版），徐卓然、胡慕云译，北京大学出版社 2016 年版。

## 二、中文著作

　　蔡守秋：《调整论：对主流法理学的反思与补充》，高等教育出版社 2003 年版。

　　蔡守秋：《人与自然关系中的伦理与法》，湖南大学出版社 2009 年版。

　　陈海嵩：《国家环境保护义务论》，北京大学出版社 2015 年版。

　　陈泉生等：《环境法哲学》，中国法制出版社 2012 年版。

　　陈贻健：《气候正义论：气候变化法律中的正义原理和制度构建》，中国政法大学出版社 2014 年版。

　　杜健勋：《环境利益分配法理研究》，中国环境出版社 2013 年版。

高吉喜：《可持续发展理论探讨：生态承载力理论方法与应用》，中国环境科学出版社 2002 年版。

高奇琦、阙天舒、游腾飞：《"互联网+"政治：大数据时代的国家治理》，上海人民出版社 2017 年版。

高誓男：《由法释义学到政策导向之行政法学》，元照出版有限公司 2018 年版。

李德顺：《价值论》（第二版），中国人民大学出版社 2007 年版。

李泉：《城乡一体化进程中的新型城乡形态研究》，中国社会科学出版社 2015 年版。

刘茜：《生态福利法律制度研究》，法律出版社 2019 年版。

陆学艺：《"三农"新论》，社会科学文献出版社 2005 年版。

陆学艺：《当代社会结构》，社会科学文献出版社 2010 年版。

吕忠梅主编：《超越与保守：可持续发展视野下的环境法创新》，法律出版社 2003 年版。

吕忠梅主编：《环境法原理》（第二版），复旦大学出版社 2018 年版。

秦鹏：《生态消费法研究》，法律出版社 2007 年版。

单飞跃：《经济法的理念与范畴的解析》，中国检察出版社 2002 年版。

孙立平：《断裂——20 世纪 90 年代以来的中国社会》，社会科学文献出版社 2003 年版。

唐代兴：《生态理性哲学导论》，北京大学出版社 2005 年版。

唐双娥：《环境法风险防范原则研究：法律与科学的对话》，高等教育出版社 2004 年版。

陶蕾：《论生态制度文明建设的路径：以近 40 年中国环境法治发展的回顾与反思为基点》，南京大学出版社 2014 年版。

钭晓东：《论环境法功能之进化》，科学出版社 2008 年版。

王莉：《中国环境法律制度研究》，中国政法大学出版社 2018 年版。

魏后凯、杜志雄主编：《中国农村发展报告 2019：聚焦农业农村优先发展》，中国社会科学出版社 2019 年版。

魏后凯、闫坤主编：《中国农村发展报告 2018：新时代乡村全面振兴之路》，中国社会科学出版社 2018 年版。

吴次芳、肖武、曹宇、方恺：《国土空间生态修复》，地质出版社

2019 年版。

习近平：《习近平谈治国理政》（第二卷），外文出版社 2017 年版。

习近平：《论坚持人与自然和谐共生》，中共中央党史和文献研究院编辑，中央文献出版社 2022 年版。

杨士弘、廖重斌、郑宗清：《城市生态环境学》，科学出版社 1996 年版。

张锋：《自然的权利》，山东人民出版社 2006 年版。

张璐：《环境产业的法律调整——市场化渐进与环境资源法转型》，科学出版社 2005 年版。

张璐主编：《环境与资源保护法学》（第三版），北京大学出版社 2018 年版。

张志铭、于浩：《转型中国的法治化治理》，法律出版社 2018 年版。

郑少华：《生态主义法哲学》，法律出版社 2002 年版。

中共中央党史和文献研究院：《习近平关于总体国家安全观论述摘编》，中央文献出版社 2018 年版。

中共中央文献研究室：《习近平总书记重要讲话文章选编》，中央文献出版社、党建读物出版社 2016 年版。

中共中央宣传部：《习近平总书记系列重要讲话读本》，学习出版社、人民出版社 2016 年版。

## 三　中文论文

柏仇勇：《环境监测事权划分与管理体系改革》，《中国机构改革与管理》2017 年第 3 期。

包庆德、张燕：《系统探求：经济生态一体化制约因素分析》，《自然辩证法研究》2004 年第 10 期。

蔡守秋：《我国环境法治建设的指导思想与生态文明观》，《宁波大学学报》（人文科学版）2009 年第 2 期。

曹卫东、王梅、赵海霞：《长三角区域一体化的环境效应研究进展》，《长江流域资源与环境》2012 年第 12 期。

陈海嵩：《国家环境保护义务的溯源与展开》，《法学研究》2014 年第 5 期。

陈海嵩：《环境治理视阈下的"环境国家"——比较法视角的分析》，

《经济社会体制比较》2015 年第 1 期。

陈虹：《流域法治何以可能：长江流域空间法治化的逻辑与展开》，《中国人口·资源与环境》2019 年第 10 期。

邓海峰：环境容量的准物权化及其权利构成，《中国法学》2005 年第 4 期。

邓亚静：《区域生态评价的伦理与理念》，《资源环境与发展》2006 年第 2 期。

董宪军：《长江三角洲地区资源开发与环境保护一体化构想与对策》，《华东理工大学学报》（社会科学版）2005 年第 1 期。

董正爱：《社会转型发展中生态秩序的法律构造 ——基于利益博弈与工具理性的结构分析与反思》，《法学评论》2012 年第 5 期。

杜辉：《环境司法的公共治理面向——基于"环境司法中国模式"的建构》，《法学评论》2015 年第 4 期。

杜辉：《论环境私主体治理的法治进路与制度建构》，《华东政法大学学报》2016 年第 2 期。

杜辉：《公私交融秩序下环境法的体系化》，《南京工业大学学报》（社会科学版）2020 年第 4 期。

杜健勋：《从权利到利益：一个环境法基本概念的法律框架》，《上海交通大学学报》（哲学社会科学版）2012 年第 4 期。

杜健勋：《环境正义：环境法学的范式转移》，《北方法学》2012 年第 11 期。

杜健勋：《环境利益：一个规范性的法律解释》，《中国人口·资源与环境》2013 年第 2 期。

杜健勋：《生态文明进展中的环境法治进阶》，全国环境资源法学研讨会（年会）论文，乌鲁木齐，2013 年 6 月。

杜健勋：《我国城乡发展差距和环境利益分配异化的结构逻辑及演变》，《农业现代化研究》2013 年第 9 期。

杜健勋：《差异与分配：环境污染与利益分配的城乡基础、规则与原因》，《中国农村研究》2013 年第 12 期。

杜健勋：《环境利益的社会分层：结构、演变与原因》，《经济法论坛》2013 年第 12 期。

杜健勋：《邻避运动中的法权配置与风险治理研究》，《法制与社会发展》2014 年第 7 期。

杜健勋、陈德敏：《环境利益分配：环境法学的规范性关怀》，《时代法学》2010 年第 5 期。

范恒山：《推进城乡协调发展的五大着力点》，《经济纵横》2020 年第 2 期。

方印、高赟、张海荣：《中国环境资源法治大数据应用问题探究》，《郑州大学学报》（哲学社会科学版）2018 年第 1 期。

傅伯杰：《系统重构"山水林田湖草"调查体系》，《中国自然资源报》2020 年 11 月 10 日。

龚向和：《国家义务是公民权利的根本保障》，《法律科学》2010 年第 4 期。

谷德近：《区域环境利益平衡》，《法商研究》2005 年第 4 期。

谷德近：《巴厘岛路线图共同但有区别责任的演进》，《法学》2008 年第 2 期。

顾晓薇、胥孝川、王青、刘剑平：《露天矿最终境界的经济——生态一体化优化》，《东北大学学报》（自然科学版）2013 年第 9 期。

关凤峻等：《系统推进自然生态保护和治理能力建设——〈全国重要生态系统保护和修复重大工程总体规划（2021—2035 年）〉专家笔谈》，《自然资源学报》2021 年第 2 期。

郭红欣：《论环境公共决策中风险沟通的法律实现——以预防型环境群体性事件为视角》，《中国人口·资源与环境》2016 年第 6 期。

国家统计局能源司：《环境保护效果持续显现 生态文明建设日益加强》，《中国信息报》2019 年 7 月 19 日。

郭杰群：《可持续性概念及发展变迁》，《供应链管理》2020 年第 8 期。

郭永园：《跨区域生态治理的软法之治》，国家治理的现代化与软法国际研讨会论文，北京，2014 年 7 月。

郭忠兴：《农村环境整治：从行政主导到村民自觉》，《中国社会科学报》2016 年 2 月 26 日。

韩文龙、吴丰华：《新时代城乡融合发展的理论内涵与实现路径》，《马克思主义与现实》2020 年第 3 期。

何建莹：《用生态文明思维提升乡村垃圾治理水平对策研究》，《中国生态文明》2020 年第 3 期。

何士青：《生态文明的法律构建》，《湖北大学学报》（哲学社会科学版）2008 年第 3 期。

何子张、蔡莉丽：《以"多规合一"推动规划体系和规划体制改革——厦门的实践与思考》，中国城市规划年会论文，贵阳，2015 年 9 月。

洪大用：《西方环境社会学研究》，《社会学研究》1999 年第 2 期。

洪大用：《试论环境问题及其社会学的阐释模式》，《中国人民大学学报》2002 年第 5 期。

洪大用：《环境社会学：彰显自反性的关怀》，《中国社会科学报》2010 年 12 月 28 日。

洪大用：《推进基本环境服务城乡均等化》，《中国社会科学报》2015 年 7 月 15 日。

侯佳儒：《论我国环境行政管理体制存在的问题及其完善》，《行政法学研究》2013 年第 2 期。

侯佳儒、尚毓嵩：《大数据时代的环境行政管理体制改革与重塑》，《法学论坛》2020 年第 1 期。

胡鞍钢、门洪华：《绿色发展与绿色崛起——关于中国发展道路的探讨》，《中共天津市委党校学报》2005 年第 1 期。

胡元聪：《论生态法的生态本位思想》，载《经济法论坛》（2005 年卷），群众出版社 2005 年版。

黄晶：《重温"绿色经典"，追寻可持续发展轨迹》，《可持续发展经济导刊》2020 年第 1—2 期。

黄萍：《大保护背景下的长江水权问题探讨》，《南京工业大学学报》（社会科学版）2019 年第 6 期。

黄其松、刘强强：《大数据与政府治理革命》，《行政论坛》2019 年第 1 期。

黄晓春、周黎安：《政府治理机制转型与社会组织发展》，《中国社会科学》2017 年第 11 期。

纪骏杰：《环境正义：环境社会学的规范性关怀》，环境价值观与环境教育学术会议论文，台南，1996 年 8 月。

晋海：《我国城乡环保一体化的制度建构：理念、原则与路径》，《中国人口·资源与环境》2009 年第 6 期。

晋海：《走向城乡环境正义》，《法学杂志》2009 年第 10 期。

柯坚：《当代环境问题的法律回应——从部门性反应、部门化应对到跨部门协同的演进》，《中国地质大学学报》（社会科学版）2011 年第 5 期。

［德］克劳斯·鲍斯曼：《只见树木，不见森林：环境法上的还原主义》，张宝译，《南京工业大学学报》（社会科学版）2019 年第 4 期。

孔爱国、邵平：《利益的内涵：关系与度量》，《复旦学报》（社会科学版）2007 年第 4 期。

雷明、赵欣娜：《可持续发展下的绿色投入产出核算应用分析——基于中国 2007 绿色投入产出表》，《经济科学》2011 年第 4 期。

李钢：《中国社会转型与代价选择》，《社会科学辑刊》2000 年第 1 期。

李汉林、魏钦恭、张彦：《社会变迁过程中的结构紧张》，《中国社会科学》2010 年第 2 期。

李培超：《论环境伦理学的"代内正义"的基本意蕴》，《伦理学研究》2002 年试刊号。

李培林：《另一只看不见的手：社会结构转型》，《中国社会科学》1992 年第 5 期。

李启家：《中国环境立法评估：可持续发展与创新》，《中国人口·资源与环境》2001 年第 3 期。

李启家：《环境法领域利益冲突的识别与衡平》，《法学评论》2015 年第 6 期。

李雪松、孙博文：《长江中游城市群区域一体化的测度与比较》，《长江流域资源与环境》2013 年第 8 期。

李扬勇：《论共同但有区别责任原则》，《武汉大学学报》（哲学社会科学版）2007 年第 4 期。

李志强：《城乡融合演进历程的乡村振兴：阶段特征、动力逻辑与发展导向》，《贵州社会科学》2020 年第 9 期。

廖华、孙林：《论环境法法益：对环境法基础的再认识》，《中南民族大学学报》（人文社会科学版）2009 年第 6 期。

林毅夫：《关于制度变迁的经济学理论：诱致性变迁与强制性变迁》，

载［美］科斯等《财产权利与制度变迁——产权学派与新制度学派译文集》，刘守英等译，上海三联书店 1991 年版。

刘长兴：《环境利益的人格权法保护》，《法学》2003 年第 9 期。

刘超：《环境风险行政规制的断裂与统合》，《法学评论》2013 年第 3 期。

刘超、王金照：《试析西部地区的城乡一体化与生态环境建设》，《生态经济》2004 年第 S1 期。

刘春芳、张志英：《从城乡一体化到城乡融合：新型城乡关系的思考》，《地理科学》2018 年第 10 期。

刘海霞：《不能将生态文明等同于后工业文明——兼与王孔雀教授商榷》，《生态经济》2011 年第 2 期。

刘江晖：《城乡生态一体化建设探讨——城乡生态修复之路》，中国环境科学学会会议论文，昆明，2013 年 8 月。

刘美辰、李丁：《生态伦理视角下的西部城乡一体化规划研究》，中国城市规划学会论文，青岛，2013 年 11 月。

陆军、秦昌波：《生态环境"根本好转"要有六个特征 以辩证思维看待生态环保任重道远》，《中国环境报》2020 年 11 月 6 日。

罗曙辉：《万物共生之路——生物多样性溯源》，《可持续发展经济导刊》2020 年第 10 期。

吕忠梅：《论环境法的沟通与协调机制——以现代环境治理体系为视角》，《法学论坛》2020 年第 1 期。

吕忠梅、窦海阳：《以"生态恢复论"重构环境侵权救济体系》，《中国社会科学》2020 年第 2 期。

吕忠梅、吴一冉：《中国环境法治七十年：从历史走向未来》，《中国法律评论》2019 年第 5 期。

马晶：《农民环境利益的法学分析》，《当代法学》2005 年第 2 期。

马可：《文明演进中利益衡平的法律控制——兼论通向生态文明的法律理性》，《重庆大学学报》（社会科学版）2010 年第 4 期。

马克明、傅伯杰、黎晓亚、关文彬：《区域生态安全格局：概念与理论基础》，《生态学报》2004 年第 4 期。

毛寿龙、骆苗：《国家主义抑或区域主义：区域环保督查中心的职能定位与改革方向》，《天津行政学院学报》2014 年第 2 期。

聂德宗：《对法律制度功能与效率的经济学阐释》，《学习与探索》1996 年第 4 期。

牛书丽、王松、汪金松等：《大数据时代的整合生态学研究——从观测到预测》，《中国科学：地球科学》2020 年第 8 期。

潘岳：《环境保护与社会公平》，《今日中国论坛》2004 年第 1 期。

彭绪庶：《激活生态产品价值转化的新动能》，《光明日报》2020 年 8 月 22 日。

钱弘道：《法律经济学的理论基础》，《法学研究》2002 年第 4 期。

秦川申：《对政府规制风险的思考——评〈打破恶性循环〉》，《公共管理评论》2016 年第 2 期。

渠敬东、周飞舟、应星：《从总体支配到技术治理——基于中国 30 年改革经验的社会学分析》，《中国社会科学》2009 年第 6 期。

任远：《社会融合不足使城乡面临"发展陷阱"》，《中国社会科学报》2016 年 4 月 13 日。

沈清基：《城乡生态环境一体化规划框架探讨——基于生态效益的思考》，《城市规划》2012 年第 12 期。

石敏俊：《生态产品价值实现的理论内涵和经济学机制》，《光明日报》2020 年 8 月 25 日

史玉成：《环境法学核心范畴之重构：环境法的法权结构论》，《中国法学》2016 年第 5 期。

宋昌素：《以生态系统价值核算助力生态产品价值实现》，《学习时报》2020 年 11 月 25 日。

宋林飞：《观念、角色、社会结构的三重转换》，《江海学刊》1994 年第 2 期。

宋言奇：《长三角生态安全一体化研究》，《南通大学学报》（社会科学版）2005 年第 4 期。

宋言奇：《高速城市化视域下的苏南地区生态安全一体化》，《城市发展研究》2007 年第 4 期。

苏杨、马宙宙：《我国农村现代化过程中的环境污染问题及对策研究》，《中国人口·资源与环境》2006 年第 2 期。

孙立平：《我们在面对一个断裂的社会?》，《战略与管理》2002 年第 2 期。

孙立平：《中国社会结构的变迁及其分析模式的转换》，《南京社会科学》2009 年第 5 期。

孙立平等：《改革以来中国社会结构的变迁》，《中国社会科学》1994年第 2 期。

孙岩、刘红艳、李鹏：《中国环境信息公开的政策变迁：路径与逻辑解释》，《中国人口·资源与环境》2018 年第 2 期。

孙玉中、陈德敏：《论环境侵害的共同但有区别的责任原则》，《重庆大学学报》（社会科学版）2014 年第 4 期。

谭海波、孟庆国：《政府 3.0：大数据时代的政府治理创新》，《学术研究》2018 年第 12 期。

汪燕、何伟军：《武陵山片区扶贫开发中的区域生态立法研究》，《湖北民族学院学报》（哲学社会科学版）2014 年第 4 期。

王国莲：《基本必需品视阈下环境信息的问题逻辑》，《理论导刊》2017 年第 10 期。

王慧：《试论环境税与环境利益公平分享的实现》，《中共南京市委党校南京市行政学院学报》2007 年第 1 期。

王金南、董战峰、蒋洪强、陆军：《中国环境保护战略政策 70 年历史变迁与改革方向》，《环境科学研究》2019 年第 10 期。

王露璐：《经济正义与环境正义》，《伦理学研究》2012 年第 6 期。

王萌：《泛珠框架下可持续发展环保法律保障机制初探》，《当代法学论坛》2009 年第 3 辑。

王萌、李志江：《从"共同但有区别的责任"到"有区别的共同责任"——全球气候合作的理念转换》，《阅江学刊》2013 年第 1 期。

王清军：《我国排污权初始分配的问题与对策》，《法学评论》2012年第 1 期。

王树义：《生态安全及其立法问题探讨》，《法学评论》2006 年第 3 期。

王树义、周迪：《回归城乡正义：新〈环境保护法〉加强对农村环境的保护》，《环境保护》2014 年第 10 期。

王苏春、徐峰：《气候正义：何以可能，何种原则》，《江海学刊》2011 年第 3 期。

王婷：《城乡并重的环境治理体系建设研究》，《社会治理法治前沿》

年刊 2018 年 1 月。

　　王婷：《建设城乡融合发展的生态治理体系》，《中国教育报》2018年 3 月 23 日。

　　王婷：《社会主义生态文明观的核心内涵》，《中国教育报》2018 年 1月 25 日。

　　王曦：《中国环境治理概念模型：一个新范式工具》，《环境保护》2020 年第 Z2 期。

　　王小钢：《义务本位论、权利本位论和环境公共利益——以乌托邦现实主义为视角》，《法商研究》2010 年第 2 期。

　　王小钢：《"共同但有区别的责任"原则的解读———对哥本哈根气候变化会议的冷静观察》，《中国人口·资源与环境》2010 年第 7 期。

　　王小钢：《以环境公共利益为保护目标的环境权利理论——从"环境损害"到"对环境本身的损害"》，《法制与社会发展》2011 年第 2 期。

　　王晓丽：《共同但有区别的责任原则刍议》，《湖北社会科学》2008年第 1 期。

　　王雪飞：《关于推进我国城乡生态环境建设和保护一体化进程的几点思考》，《四川经济管理学院学报》2010 年第 1 期。

　　王影、殷格非：《自然资本助力企业可持续发展》，《可持续发展经济导刊》2020 年 10 期。

　　王忠诚、胡曰利：《长株潭区域一体化的生态制约因素及其成因分析》，《改革与战略》2008 年第 6 期。

　　文同爱、甘震宇：《长株潭城市群生态一体化的问题及法律对策》，《中南大学学报》（社会科学版）2009 年第 6 期。

　　邬晓燕：《基于大数据的政府环境决策能力建设》，《行政管理改革》2017 年第 9 期。

　　吴鹏：《论生态修复的基本内涵及其制度完善》，《东北大学学报》（社会科学版）2016 年第 6 期

　　吴鹏：《生态修复法律概念之辩及其制度完善对策》，《中国地质大学学报》（社会科学版）2018 年第 1 期。

　　吴平：《全面推进国家生态治理体系和治理能力现代化》，《中国经济时报》2016 年 8 月 2 日。

　　吴卫星：《宪法环境权的可诉性研究——基于宪法文本与司法裁判的

实证分析》，《华东政法大学学报》2019 年第 6 期。

　　吴兆喆：《生态系统服务价值的实现路径：生态价值核算》，《中国绿色时报》2020 年 11 月 10 日。

　　徐刚：《森林之门》，《生态文化》2017 年第 5 期。

　　严厚福：《公开与不公开之间：我国公众环境知情权和政府环境信息管理权的冲突与平衡》，《上海大学学报》（社会科学版）2017 年第 2 期。

　　杨承训：《略论城乡生态连体结构与循环体系》，《创新科技》2013 年第 11 期。

　　杨承训、张新宁：《简论中原经济区城市与郊区生态一体化工程》，《管理学刊》2012 年第 4 期。

　　杨佶：《政府信息公开法律规范必须转变视角——以保障公民知情权为宗旨》，《政治与法律》2013 年第 2 期。

　　杨解君：《面向低碳的法律调整和协同：基于应然的分析与现实的检讨》，《法学评论》2014 年第 2 期。

　　杨龙：《中国国家治理中的区域治理》，《中国社会科学报》2015 年 10 月 14 日。

　　姚莹：《"海洋命运共同体"的国际法意涵：理念创新与制度构建》，《当代法学》2019 年第 5 期。

　　姚毓春、梁梦宇：《新中国成立以来的城乡关系：历程、逻辑与展望》，《吉林大学社会科学学报》2020 年第 1 期。

　　于文轩：《生态环境协同治理的理论溯源与制度回应——以自然保护地法制为例》，《中国地质大学学报》（社会科学版）2020 年第 2 期。

　　于文轩、杨胜男：《环境法视域下的生物安全风险规制》，《中国环境管理》2020 年第 6 期。

　　俞可平：《全球治理引论》，《马克思主义与现实》2002 年第 1 期。

　　余敏江：《论区域生态环境协同治理的制度基础——基于社会学制度主义的分析视角》，《理论探讨》2013 年第 2 期。

　　余敏江：《环境精细化治理：何以必要与可能?》，《行政论坛》2018 年第 6 期。

　　翟勇：《生态环境法治能力建设进程》，《环境与可持续发展》2020 年第 1 期。

　　张宝：《从危害防止到风险预防：环境治理的风险转身与制度调适》，

《法学论坛》2020 年第 10 期。

张红宇：《农业农村优先发展》，《中国农村科技》2019 年第 10 期。

张瑾：《大数据时代社会冲突治理结构转型：价值、形态、机制》，《上海行政学院学报》2018 年第 3 期。

张浪：《中国长三角区域生态网络结构分析——上海市基本生态网络规划展望》，中国风景园林学会会议论文，北京，2013 年 5 月。

张璐：《环境法学的法学消减与增进》，《法学评论》2019 年第 1 期。

张亚明、刘海鸥：《京津冀晋蒙生态一体化互动发展模式研究》，《北京行政学院学报》2013 年第 3 期。

章志远：《迈向公私合作型行政法》，《法学研究》2019 年第 2 期。

赵建军：《超越"技术理性批判"》，《哲学研究》2006 年第 5 期。

郑石明、刘佳俊：《基于大数据的空气污染治理与政府决策》，《华南师范大学学报》（社会科学版）2017 年第 4 期。

郑重、于光、周永章、高全洲：《区域可持续发展机制响应：资源环境一体化中的京津冀产业转移研究》，《资源与产业》2009 年第 2 期。

中国社会科学院邓小平理论和"三个代表"重要思想研究中心：《论生态文明》，《光明日报》2004 年 4 月 30 日。

周辉、陈泉生：《环境法理念初探》，《时代法学》2004 年第 4 期

周明海、贾凯君：《马克思主义公共产品理论及其现实意义》，《探索》2009 年第 5 期。

周肇光：《提升长三角区域城市生态文明建设法制协调力——基于政府责任视角》，《管理学刊》2014 年第 2 期。

朱国伟：《空间治理成为城镇化新课题》，《中国社会科学报》2013 年 11 月 15 日。

## 四　网络文献

大自然保护协会：《基于自然的解决方案（NbS）解锁自然的力量》，"大自然环保协会 TNC"微信公众号，2020 年 7 月 30 日访问。

贾彦鹏：《资源环境承载力监测预警机制研究》，中国改革网：http：//www.chinareform.net/index.php？m = content&c = index&a = show&catid = 99&id = 39021，2020 年 6 月 4 日访问。

陆昊：《在全国国土空间规划视频培训会议上的讲话》，"环境生态

网"微信公众号, 2019 年 11 月 25 日访问。

　　杨朝霞:《生态文明观的科学内涵》, 光明网: https: // theory. gmw. cn/2019 - 12/25/content _ 33429579. htm, 2020 年 10 月 5 日访问。

## 五　英文著作

　　Amartya K. Sen, *The Standard of Living*, Cambridge: Cambridge University Press, 1987.

　　Amartya K. Sen, *Inequality Reexamined*, Cambridge: Harvard University Press, 1992.

　　Jared Diamond, Collapse, *How Complex Societies Choose to Fail or Survive*, New York: Penguin Press, 2005.

　　Martin V. Melosi, *Equity*, *Eco-racism and Environmental History Review*, Cambridge: Harvard University Press, 1995.

　　Roscoe Pound, *Interpretations of Legal History*, Cambridge: Harvard University Press, 1923.

## 六　英文论文

　　Bartley T., "Transnational Governance As the Layering of Rules: Intersections of Public and Private Standards", *Theoretical Inquiries in Law*, 2011, 12 (2).

　　Loughran Kevin, "Book Review: Hillary Angelo, How Green Became Good: Urbanized Nature and the Making of Cities and Citizens", *City & Community*, 2022.

　　Martin V. Melosi, "Humans, Cities, and Nature: How Do Cities Fit in the Material World?" *Journal of Urban History*, Volume 36, Issue 1, 2010.

# 后 记

　　我轻轻地把书稿合上又打开，思绪万千，有终于完成的如释重负，有丑文章羞于见人的忐忑，有对过往的留恋，有对未来的期盼……

　　这是我的国家社科基金项目"城乡生态连体结构建设的法律制度研究"（15BFX150）和湖北省教育厅重大项目"建立和优化城乡生态连体结构的法律制度研究"（15ZD021）的研究成果，其完成过程很艰辛但更难忘。难忘亲友支持的点点滴滴，难忘悲欣交集的时时刻刻，其间认识了一些人遇到了一些事，他（她）们看到了我的起起落落，也见证了我的心路历程。在某些时刻，我会在东湖边走啊走，让那些树、那些路、那座山陪着我，会在那个亭子间坐上半天，然后出门上路向前行，继续做地上的小蜗牛、天上的小星星。

　　我写作的窗外有几株竹子，伴随着我从秋天开始。它们从苍绿变为黄褐色，我也正经历着头绪万千、无从下笔的痛苦，常常不知所以然地在房间里走来走去，晃过一天又一天，适逢很多琐事，心情灰暗，一度甚至想到放弃，不时盯着那几株竹子焦虑着、茫然着。慢慢地，有一天我猛地从书本中抬起头发现它们竟然一下子全绿了，那种浅绿真是鲜嫩欲滴，哦，春天来了。我也开始奋笔疾书，时间不等人啊。整个春天里，我一片忙乱，经常在电脑前坐到天亮，夜深人静之时，似乎都能听到竹节啪啪的生长声。家里的沙发被我坐出了一个窝，我常常笑说可与马克思媲美，据说他为写作《资本论》在大英博物馆阅览室勤奋读书时曾把水泥地磨出了脚印。终于，春末时分，我完成了书稿的写作，"城春草木深"，竹子们已是一片翠绿，在亭亭玉立中又多了一轮岁月。我紧张的情绪与生活稍有缓解，虽然书稿实在是问题多多，但自然界万事万物不都在轮回之中吗？从写作到完成，再到修改完善，我要做的是在这个过程中竭力而为，顺其自然，随着条件的不断具备再努力吧。

　　国家社科基金、湖北大学法学院和湖北省教育厅对本书的及时出版给予了鼎力支持和经费资助，中国社会科学出版社为本书的顺利问世予以了一切支持，责任编辑梁剑琴博士为本书的完成及内容的完善进行了悉心的指导，付出了辛勤的劳动，对于这些机构和个人的支持，谨致谢意！

我的家人让我感慨万分，你们长期的付出和永远的爱我懂得，长相守，不言谢。还有几位挚友，几首老歌，几本小书，没有你们的陪伴，生活无法想象。

一切一切，唯有坚强，唯有坚持，唯有感恩。

王　婷
2022 年春于武汉东湖梨园